头条号+大鱼号

运营从入门到精通

王明良　编著

清華大學出版社
北　京

内 容 简 介

本书分为“头条号”和“大鱼号”两篇，详细介绍了这两个热门自媒体平台的整体运营思路和操作方法，具体内容包括平台入驻、内容创作、运营推广、数据运营、商业变现 5 个专题模块，共 10 章，总计 170 多个干货技巧，帮你清晰、透彻、完整地认识自媒体运营。本书会一步步介绍如何操作头条号和大鱼号，帮助读者有效提升头条号和大鱼号的运营能力，实现快速变现。

本书结构清晰、内容精练、图表丰富、实用性强，适合准备做新媒体/自媒体的用户，做自媒体遇到瓶颈的用户，想在头条号和大鱼号等平台发展的企业老板、个体创业者、网络达人、微商销售人员等，以及从事文案写作、视频创作的人群阅读，同时还可作为相关专业的培训机构和大专院校的辅导教材。

图书在版编目(CIP)数据

头条号+大鱼号运营从入门到精通/王明良编著. —北京：清华大学出版社，2020.6（2022.11 重印）
ISBN 978-7-302-55585-8

Ⅰ. ①头…　Ⅱ. ①王…　Ⅲ. ①保险企业—网络营销　Ⅳ. ①F840.41 ②F713.365.2

中国版本图书馆 CIP 数据核字(2020)第 089934 号

责任编辑： 张　瑜
装帧设计： 杨玉兰
责任校对： 李玉茹
责任印制： 宋　林
出版发行： 清华大学出版社
　　网　　址： http://www.tup.com.cn, http://www.wqbook.com
　　地　　址： 北京清华大学学研大厦 A 座　　**邮　　编：** 100084
　　社 总 机： 010-83470000　　**邮　　购：** 010-62786544
　　投稿与读者服务： 010-62776969, c-service@tup.tsinghua.edu.cn
　　质量反馈： 010-62772015, zhiliang@tup.tsinghua.edu.cn
印 装 者： 涿州市般润文化传播有限公司
经　　销： 全国新华书店
开　　本： 170mm×240mm　　**印　张：** 15.75　　**字　数：** 376 千字
版　　次： 2020 年 7 月第 1 版　　**印　次：** 2022 年 11月第 3 次印刷
定　　价： 49.80 元

产品编号：069840-01

前　言

- 基础差、年龄大，我适合进入自媒体行业吗?
- 新人该如何选择平台和注册，如何选择领域?
- 账号空有粉丝，却没转化，没收益，怎么办?
- 为什么辛苦创作的内容，得不到平台的推荐?
- 尝试操作自媒体，但几个月都没有开通收益?
- 实体店客户拉新成本暴涨，效果差，怎么办?
- 微商营销号被人大量屏蔽，新的出路在哪里?
- 传统电商难以获得流量，新流量洼地在哪里?

很多人在做自媒体或者其他行业时，可能都会碰到上面这些问题，那么你翻开这本书就对了。只要你愿意每天花 1～2 小时，用自己的闲暇时间换取额外收入，学习自媒体就是一个不错的选择。

如今，面对已经形成潮流的自媒体创业，以及今日头条、大鱼号、百家号、企鹅号、快手、抖音、微信公众号等各大新媒体平台的兴起，我们如何才能抓住机遇?

根据今日头条联合新榜发布的《2020 年内容创作发展趋势报告》显示，自媒体的主力人群为年轻用户和新一线的创作者，同时 60 岁以上的创作者占比也有所提升，上升至 7.3%，四线及四线以下城市的创作者占比提升至 24.2%。

同时，各个领域的创作者层出不穷，职业背景呈现多元化发展趋势，在所有头条号内容创作者中，具有相关媒体从业经验的运营者占比仅为 20.5%，而来自其他行业的运营者占比高达 40.8%。

另外，在内容形式方面，图文体裁仍然是主流，采用这种内容形式的创作者占头条号总人数的 83.7%；短视频内容体裁紧随其后，其创作者数量占头条号总人数的 45.9%。

2020 年，自媒体的发展重点仍然集中在创作者、内容、分发运营和内容变现 4 个方面。随着头条号和大鱼号平台的广告系统逐步完善，以及 KOC(全称为 Key Opinion Consumer，关键意见消费者)的商业价值被不断放大，这就要求创作者提升自身的知识内容，满足消费者日益增长的小众文化需求。

在自媒体内容的分发运营方面，流量渠道已经发生了翻天覆地的变化，过去头条号和大鱼号的推荐机制都是基于公域流量进行推荐的，如今这个比例会越来越趋向于私域流量。

例如，在头条号平台上，信息的匹配主要依据为用户、内容、感兴趣这 3 个要素，而私域流量则能够一次性满足这 3 个要素，让内容更快地获得平台的流量推荐。

最后，在内容变现方面，短视频和直播的强势发展，让自媒体人看到了更多的盈利机会，同时也有利于打造个人 IP，增强账号的商业化能力。另外，头条号和大鱼号平台不仅提供了很多基础变现工具，如打赏、电商、内容付费、直播、现金激励、流量分成等，同时还推出了各种扶持计划和奖励政策，赋能创作者变现。

既然自媒体有这么好的发展机遇，我们还考虑什么？正如微信公众号的广告语“再小的个体也有自己的品牌”一样，每个普通人都可以在自媒体平台上打造属于自己的内容 IP，实现自己的价值。

对于自媒体的 IP 打造，笔者认为其具体路径可以分为“账号定位→内容创作→运营推广→数据运营→商业变现”这 5 大步，而本书正是围绕这 5 个步骤来策划编写的，具体内容如下。

(1) 账号定位：选择正确的垂直领域入驻，打造出高权重的账号。

(2) 内容创作：高质内容输出是硬道理，帮助用户打造爆款内容。

(3) 运营推广：内容不够运营来凑，会运营是自媒体成功的前提。

(4) 数据运营：发现自己的优势和不足，提高引流、变现的效率。

(5) 商业变现：完善商业化变现能力，和平台产生强关系的纽带。

本书不仅教会你如何做自媒体，还会告诉你如何在自媒体这个热门领域中分得一杯羹，让你少走弯路，直达目标。本书的主要特点如下。

(1) 2 大平台：头条号 + 大鱼号，一本书的内容，给你带来两个平台的讲解，非常超值，不用再去购买其他书籍学习。

(2) 5 大模块：账号定位、内容创作、运营推广、数据运营、商业变现，一步到位，助你快速从零基础变成“大神”。

(3) 6 大难题：轻松解决养号、定位、创作、工具、推广、变现等问题，帮你获得百万粉丝，实现账号的稳定盈利。

总之，学运营，做新媒体，一定要趁早。本书不仅是自媒体运营者的指导手册，同时还适合零基础的大学生、上班族、宝妈、创业者、办公室人员、企业老板、企业营销人员、微商以及想兼职增加收入的人群阅读。

本书由淄博职业学院王明良老师编著，因编写时间仓促，书中内容如有不妥之处，欢迎指正。

编　者

目录

上 篇 头条号

下篇 大鱼号

上　篇

头条号

第 1 章

平台入驻：注册开通

学前提示

“信息创造价值”是今日头条平台的广告语，作为一款个性化推荐引擎软件，今日头条能够为平台的用户提供各种有价值的信息。本章便针对今日头条的注册与各方面的信息设置进行详细的讲解，希望对运营者有所帮助。

1.1　做好准备，赢在起点

在注册今日头条账号之前，运营者首先要知道自己准备注册什么样的账号，以及平台注册的条件和需要准备的注册资料，只有把这些准备工作做好，才能保证后续注册工作的进展顺利。

1.1.1　做好定位，决定方向

在进行头条号注册与运营之前，运营者还需要对账号的发展有一个清晰的定位，这样才能为后续的吸粉引流和商业变现打下良好的基础。

1．用户定位

目标用户定位主要做两件事，一是了解自己的目标用户是谁，二是了解这些目标群体的主要特征。如果运营者能够摸透弄懂这两件事，那么对后面的内容定位和服务定位都会大有好处，最重要的是，对平台的吸粉引流有很大的帮助。

用户定位的流程，通常来说分为 3 个步骤，具体内容如下。

(1) 收集信息：通过多种方式收集用户的信息，然后将这些信息制成表格，根据表格数据分析用户的基本属性。

(2) 分类：根据用户的信息分析用户的基本属性，将用户分成几大类，然后给这些分了类的用户贴上标签。

(3) 实现定位：在收集了用户信息、把用户分好类之后，就要对目标用户群体进行全方位的用户画像描述，实现精准定位。

2．内容定位

营销要求“内容为王”，不管是以前的网络营销，还是现在的新媒体营销，这都是一个永恒不变的策略。如果说用户定位是用来明确粉丝画像、为引流打基础的，那么内容定位就是用来维护粉丝，为后期的营销变现打基础的。因此，在实现营销变现之前，运营者要为平台进行内容定位。

今日头条作为一种新的信息传播媒介，它对平台内容的定位要求是很严格的，内容不仅要包罗万象，还要通过多种信息载体和多种媒体形式传达所要表达的意思。在今日头条平台上，运营者展示内容的方式包括文本、图片、直播、视频和音频等。

但是，很多运营者不知道如何给平台的内容进行定位，也不知道要放什么样的内容才能吸引人。运营者想要做好平台内容的定位，就必须对内容的表现形式进行选择，目前单用文本、图片和视频等方式展示内容是完全不够的，要想通过更独特的方式去展示完美的内容，就要对平台的内容表现和拓展形式有一定的了解。

3．服务定位

众所周知，在不同的行业里，不同产品的经营方式有很大的区别，所达到的吸粉引流的效果也不同，因此做好产品或服务的特色定位，也是至关重要的一环。

运营者想要投身到今日头条这个自媒体平台中，就必须深入地了解自己的产业特色和服务特色，有针对性地进行产品服务定位。

以小米手机为例，它和其他手机品牌的“广撒网”推广方针不同，而是巧妙地避开了与同行的竞争劣势，精准地定位了自己的客户群。小米手机将目标用户瞄准到年轻一族身上，把握好年轻人的心理特征，然后打造出属于自己的产品服务特色，从而吸引了一大群忠实的粉丝。

如今，头条号已经成为非常火热的营销工具之一，想要抢占今日头条营销高地，最终脱颖而出，就必须打造出独具特色的头条号。那么怎么打造特色化的头条号呢?运营者可以给自己的头条号进行差异化的产品和服务定位。

差异化的产品和服务定位首先需要对竞争对手有一定的了解，然后分析自己与竞争对手之间的差异和优势，最终分析出属于自己能够为用户提供的特色服务。

除了从竞争对手的角度出发之外，运营者还要从目标用户的角度，去提炼用户喜爱的差异化的内容或服务。如果运营者提供的差异化服务不是用户所需要的，那么即使提出来了，也没有任何意义。

1.1.2　了解条件，拥有权限

注册今日头条可以从两种情况来理解，一种是注册今日头条账号，另一种是注册头条号。这两种情况的注册，其注册条件是不一样的，当然所拥有的权限也会有所不同。

1．今日头条账号

运营者如果只是想要注册今日头条的账号，那么条件很低，只要运营者拥有邮箱、新浪微博、腾讯微博、QQ、微信、人人网等社交平台中任意一个平台的账号，即可快速授权登录今日头条。

当然，如果运营者只是注册今日头条账号，那么所获得的权限也是比较少的，只能浏览各种资讯，如果运营者要参与各种资讯的评论留言，以及发布微头条、写文章、提问、拍小视频、开直播等，还需要绑定手机进行认证。

2．头条号

如果要注册头条号，那么其注册条件就会相对严格一些。在注册机构类头条号时，规定运营者必须年满 18 周岁和能提供真实、可信的辅助材料。运营者能满足这两项最基本的条件，即可申请注册机构类头条号。

头条号注册通过后，运营者不但能够阅读、评论、转载平台上的各类资讯文章，还能将自己写的文章发布到平台上，成为平台上的文章的创作者，并以此获得一定的收益。

1.1.3 准备资料，提高效率

运营者在入驻今日头条平台之前，要先弄清楚注册该平台所需要的资料，并将这些资料准备好。在今日头条平台，共有两大类型的头条号注册，即个人类头条号和机构类头条号，而其中的机构类头条号又可分为 5 类，即群媒体、新闻媒体、国家机构、企业和其他组织。下面笔者将其按照“个人”和“机构”两大类分别进行介绍。

1．个人类型头条号注册资料

根据今日头条平台的要求，运营者如果要注册个人类型的头条号，那么就需要准备以下两种资料。

(1) **基本材料：**头条号名称、头像、简介内容、绑定手机号码、联系邮箱。

(2) **资质材料：**身份证、创作能力证明材料、资质认证材料等。

专家提醒

需要注意的是，如果运营者注册的是健康、财经等领域的个人头条号，还需要上传相关专业资质的证明材料。

2．机构类型头条号注册资料

运营者注册机构类型的头条号所需的资料，同样需要上述个人类型的资料，笔者在这里就不再重复，但是该类型的头条号还需要准备几种资料，即组织名称、组织机构代码证/营业执照、确认书扫描件、所在地和联系邮箱。

当然，运营者如果想要完善资料，还可以在注册时加入其他资质、辅助材料、网站和身份信息等。

1.2 不同类型，注册有方

运营者在进行了上述的准备工作之后，接下来就要真正开始入驻今日头条平台了。本节笔者为大家分别介绍个人类型和企业类型头条号的入驻方法。

1.2.1 个人账号，快速注册

运营者注册个人类型的头条号的流程如下。

(1) 进入今日头条官网首页，然后单击首页右上角的“头条产品”按钮，在弹出的菜单中选择“头条号”选项，如图 1-1 所示。进入“头条号”主页，单击该页面上的“注册”按钮，如图 1-2 所示。

图 1-1 进入今日头条官网

图 1-2 单击“注册”按钮

(2) 执行操作后，即可进入注册页面，在该页面，运营者需要选择注册方式，在此笔者选择使用手机注册，填写注册的手机号和图片验证码；单击“获取验证码”按钮，把获取的验证码输入左侧的文本框中；单击“注册”按钮，如图 1-3 所示。

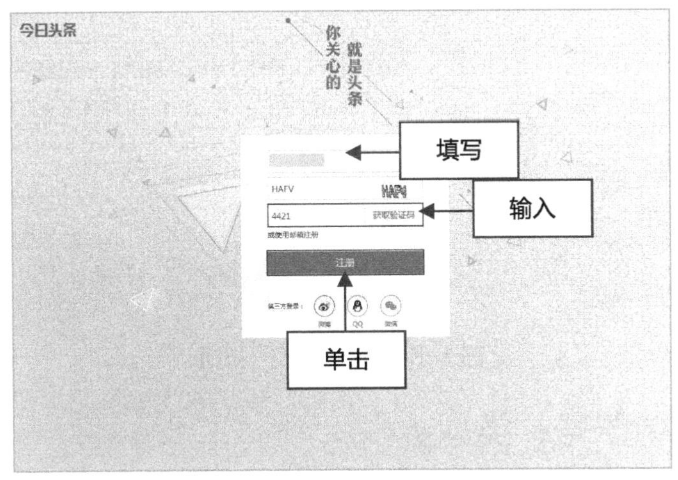

图 1-3 填写注册手机号和验证码

(3) 执行操作后，进入选择类型页面，运营者需要在该页面中单击“个人”类型头条号下方的“选择”按钮，如图 1-4 所示。

图 1-4　单击“选择”按钮

(4) 执行操作后，即可进入账号设置页面，运营者需要按照要求，将之前准备好的资料填写和上传至该页面上相对应的地方，并且选中“请同意《头条号用户注册协议》”复选框，然后单击“提交”按钮即可，如图 1-5 所示。

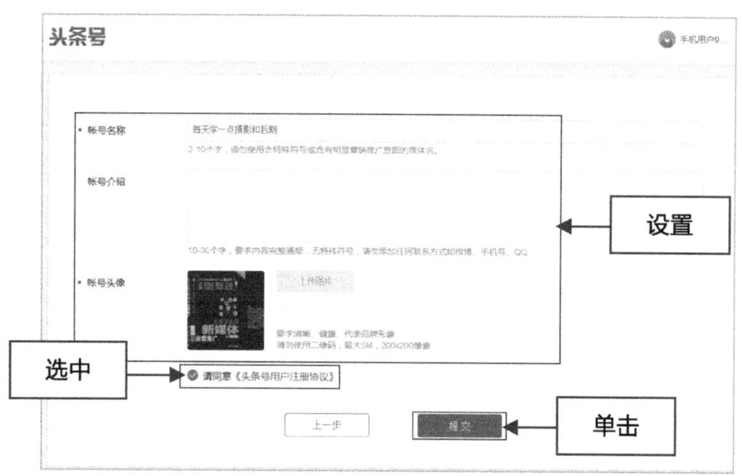

图 1-5　单击“提交”按钮

1.2.2　机构账号，类型更多

在介绍了注册个人类型的头条号之后，下面为大家介绍入驻企业类型的头条号的具体注册流程。因为注册过程中前半部分的邮箱、手机认证过程和注册个人账号一样，笔者在这里就不再赘述，直接从选择头条号类型这一步骤开始。

(1) 运营者在选择类型页面，需要单击机构类型头条号下方的“选择”按钮，进入选择机构账号类型页面，单击“企业”选项下方的“选择”按钮，如图 1-6 所示。

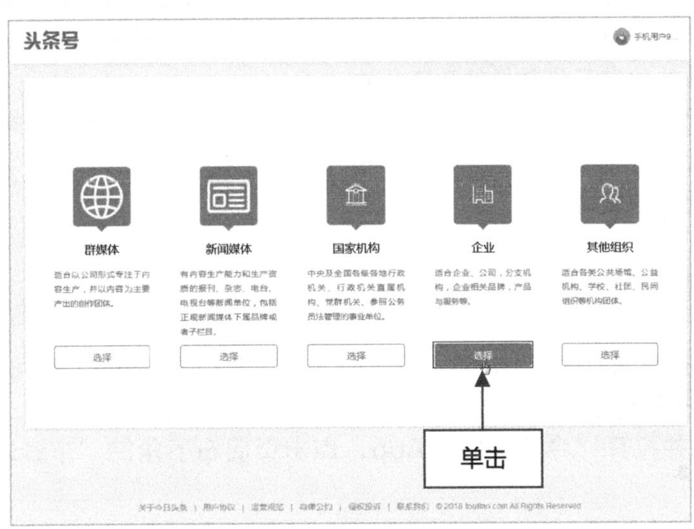

图 1-6 单击“企业”类型头条号下方的“选择”按钮

(2) 执行操作后，即可进入入驻资料页面，如图 1-7 所示。在该页面，运营者需要将之前准备好的资料填写、上传到相应的地方；并选中“请同意《头条号用户注册协议》”和“请同意《今日头条移动端数据推广服务协议》”两个复选框；然后单击“提交”按钮，即可完成注册。

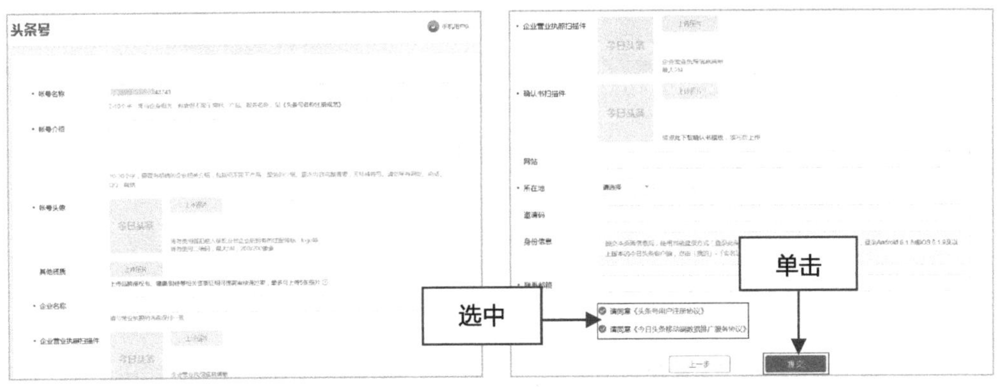

图 1-7 企业类型头条号入驻资料页面

专家提醒

在提交入驻资料并完成注册后，还需等待系统审核，审核通过后才能开通头条号。另外，无论是个人类头条号还是机构类头条号，注册完成之后还需要经历一段时间的体验期，这段时间的长短，是根据运营者发布的内容数量和系统的内容质量评估来决定的。

体验期是指在这段时间内，推送的内容只能向该头条号的粉丝推荐，而不能像那些已经过了体验期的头条号一样，可以通过机器推荐机制推荐给平台内更大范围的用户。

1.2.3 手机注册，随时随地

想入驻头条号的创作者们，除了可以在 PC 端注册头条号外，还可以在手机端快速注册，这是一种更方便的注册方式。下面介绍其具体的操作方法。

(1) 下载并打开“今日头条”App，点击页面右下角的“未登录”按钮，如图 1-8 所示。

(2) 进入相应页面，点击“登录”按钮，如图 1-9 所示。

图 1-8 点击“未登录”按钮

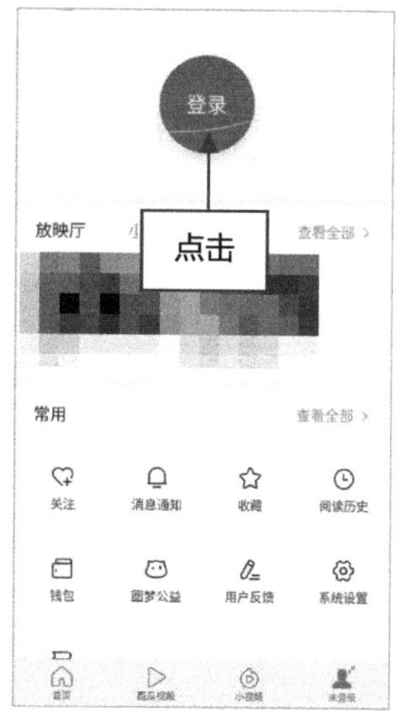

图 1-9 点击“登录”按钮

(3) 执行操作后，系统会自动识别用户手机号码，只需选中“我已阅读并同意《中国联通认证服务条款》及‘用户协议’和‘隐私政策’”复选框，然后点击“一键注册”按钮，即可快速地用手机号进行注册登录，如图 1-10 所示。

(4) 另外，用户也可以点击底部的“更多登录”按钮，使用抖音号、微信号、

QQ 号以及账号密码等方式进行注册和登录，如图 1-11 所示。运营者注册完成之后，其资料是不完整的，可以在“编辑资料”页面进行设置。

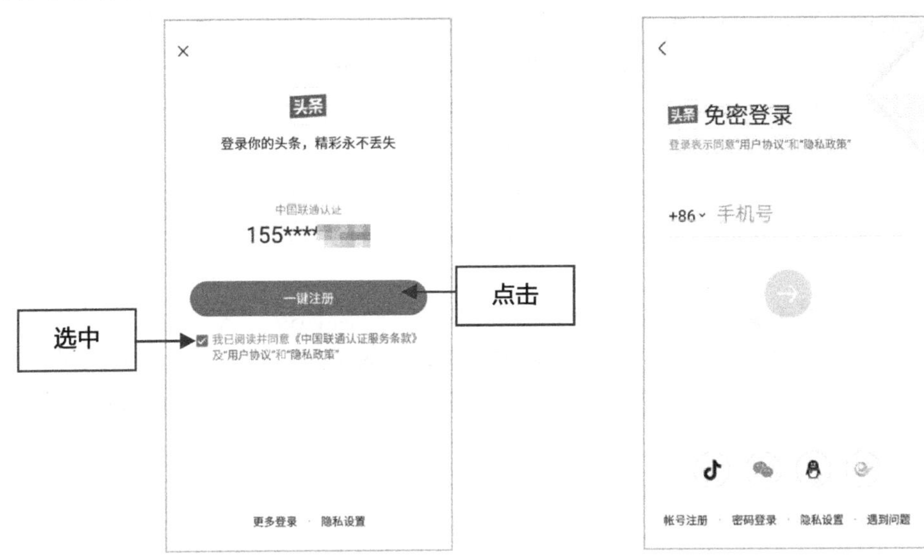

图 1-10　用手机号一键注册　　图 1-11　更多登录方式

专家提醒

在手机端，注册页面与登录页面是相同的，且未注册的手机号可直接输入手机号，并在进行验证后自动登录。不同的是，已经注册了的头条号，可以点击“密码登录”按钮进行登录，而不一定要获取验证码。

1.3　基本信息，设置技巧

对头条号而言，有几个非常关键的基础信息设置是需要大家注意的，那就是名称、头像、简介和作者二维码等。其中前面 3 个是需要运营者自己设置的，而最后一个是系统自动生成的，而且这个自动生成的二维码是可以用在多个地方进行推广的。

1.3.1　设置名称，言简意赅

在今日头条平台上，打开其官网首页，会发现每篇推送的文章除了文章本身的信息，如封面、标题、内容类型和发布时间外，就只有头条号名称是全部都有的。可见，要想运营好头条号，实现最大范围内的推广，头条号取名就极为重要，它是用户认识你的最便捷的途径。

下面介绍一些头条号取名的基本方法。

(1) 行业领域关键词。一个好的、吸睛的头条号名称，在笔者看来，首先就应该有一个关键词来表示大的行业领域，或表示更专业的内容类别，这样才会让用户更容易搜索并精准地找到你。在设置头条号名称时，运营者首先应该从植入关键词出发，这样才能更容易被用户搜索到。如“手机摄影构图大全”头条号，就是紧扣“手机摄影”这个领域进行命名的，如图 1–12 所示。

(2) 体现价值的词。在设置头条号名称时，运营者还应该从价值呈现出发来完成设置。也就是说，你设置的头条号必须充分体现你所具有的独特的价值，这样才能吸引用户注意。

(3) 品牌标签关键词。很多头条号名称都贴上了品牌标签，这样不仅可以提升用户的搜索概率，还有利于提升品牌的辨识度，另外，对于个人自媒体运营者来说，也可以直接用自己的名字作为头条号名称，这样做有利于打造个人 IP。如“胡华成”头条号，就是运营者自己的名字，如图 1–13 所示。

图 1–12　紧扣行业领域命名

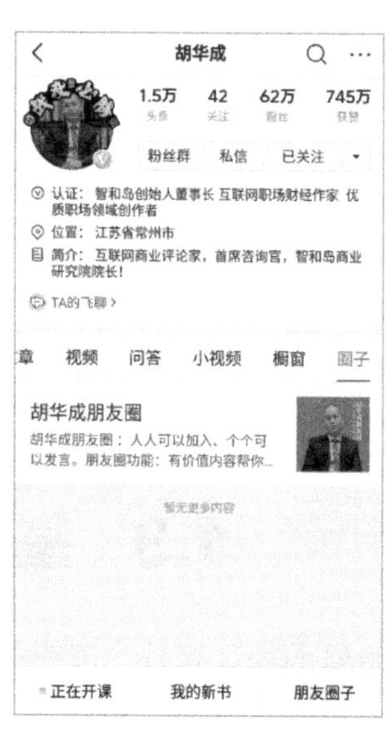

图 1–13　用自己的名字命名

1.3.2　设置头像，真实为上

在头条号的个人主页中，除了名称外，最醒目的标志就是头像了。头像通常在名称和粉丝数据的左侧以一个大的图标显示出来，主要有以下 3 种不同的思路。

1. “名称”式的头像

很多运营者在设置头条号头像时，更倾向于在其中把名称展示出来，这里的名称展示也可以是多种形式的，或是用汉语(包括拼音)，或是用外语，或是用中文与外语的结合。如华为荣耀手机官方账号，就是用的品牌中文名称“荣耀手机”作为头像，如图 1−14 所示。

这样不仅可以在了解头条号的基础上进一步加深用户对其的印象，还能在广泛传播的过程中，让读者一看到该头像就知道怎样去寻找与其相关的信息(有了名称，搜索就简单得多)。

当然，有的头条号头像，显示的并不是其全称，而是其中的关键字，至于各种表示属性、内容等元素的后缀部分则省掉了。

2. “标志图片”式的头像

在今日头条平台上，还有很多头条号头像采用的是一种能代表头条号的图片，这样的图片可以是创作者头像、企业图片、产品图片，也可以是其他能表现头条号价值与内容的图片等。如小米手机官方账号就是用的产品图片作为头像，如图 1−15 所示。

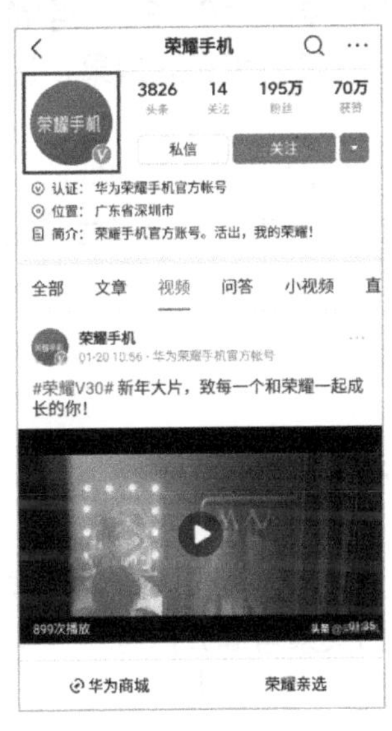

图 1−14 用品牌名称作为头像

图 1−15 用产品图片作为头像

在头像设置中，有时一张生动传神、有着独特意味或自身特色的图片，可能就成为用户关注的引导因素，胜过千言万语的阐述。

3. “名称+内容”式的头像

前面已经介绍了“名称”式的头像设置，其实，有些头条号为了更好地说明其价值和展现其内容，有时还会在头像设置中加上足以点缀名称的内容说明。这样的头像，能让读者在看到头像的第一眼，就明白它是针对哪方面来说的、将为读者呈现哪些内容。

1.3.3 设置简介，深入人心

上面已经提及，通过名称和头像，能让用户在大致方向上了解该头条号的主要思想内容，而用户要想更深入地探索，想知道关注了之后究竟有怎样的价值和意义，以及该头条号及其创作者又有怎样的地位，不仅可以通过阅读内容来了解，还可以在阅读内容的基础上根据头条号的简介进行判断，最终决定是否要关注该头条号。

在此，笔者就日常关注的一些头条号大 V，来解读一下他们是怎样设置简介内容的，具体方法如下。

1．展现内容

之所以要设置简介内容，更多的是从帮助用户了解你的角度出发，因此，在其中展现头条号推送的内容方向和领域是一种比较常见的方法。

而头条号介绍是有字数限制的，包括标点，必须控制在 10～30 个字符。因此，简介内容一定是简短、精练的语言，有时为了增强说服力和表达效果，还会采用数字、排比等方法。

当然，在展现内容的简介中，有时头条号会在其中说明创作者的地位、专业能力或头条号的性质等；有时又会着重于该头条号的特色。例如，一个名为“短秀视频”的头条号，其简介内容就是简短的 11 个字(共 25 个字符)“短秀视频，短一点，秀得更好！”，来说明其特色就在于“短”与“秀得更好”上。

2．名人元素

在简介中展现内容是一种比较大众化的方法，有些头条号则另辟蹊径，在简介内容中加入了名人元素。

这样的头条号简介内容，能借助特定领域的名人，来为头条号在该领域的内容推送提供强大的助力和支撑。当然，在利用名人元素的头条号简介内容中，头条号内容的展现也是不可缺少的，两者可以结合使用。

1.3.4 扫码关注，加强联系

作者二维码是“账号信息”页面中的一项重要内容，作者二维码是在注册头条号时自动生成的，而不是由运营者主动设置的。因此，关于作者二维码，运营者要掌握的是怎样用它进行运营推广。

1．下载作者二维码

运营者可以登录头条号后台主页，进入“个人中心→账号设置→账号信息”页面，在“作者二维码”这一栏中二维码图片的右侧，单击“点击下载”按钮，如

图 1-16 所示。

图 1-16　单击“点击下载”按钮

执行操作后，弹出“下载二维码”对话框，显示了 4 种不同尺寸的作者二维码图片，如图 1-17 所示。单击需要的图片尺寸右侧“下载链接”一栏中的“下载”按钮，即可下载相应尺寸的作者二维码图片。

下载二维码

尺寸(像素)	边长(厘米)	建议扫描距离(米)	下载链接
290 x 290	10	0.5	下载
370 x 370	13	0.9	下载
530 x 530	18	1.1	下载
690 x 690	24	1.3	下载

图 1-17　选择下载尺寸

2．二维码运营推广

作者二维码图片下载完成后，如果运营者想要在今日头条平台或其他平台上进一步推广自身的头条号，就可在各种内容中植入作者二维码图片。用户只要用手机“扫一扫”功能扫描该二维码，即可快速进入该头条号的主页。

1.3.5 更改密码，提升安全

头条号注册之后，在进行运营的过程中需要经常登录来完成头条号管理的操作。对于通过手机号注册的用户来说，通过电脑端登录一般有两种方式，一是通过账号密码登录，二是通过验证码登录。

当运营者注册好头条号之后，即可更改头条号的密码，不仅便于多个账号的管理，而且可以提升账号的安全性。运营者可以登录头条号后台主页，进入“个人中心→账号设置→安全中心”页面，在此系统会给账号的安全风险级别进行评分，同时给出对应的优化建议，其中“登录密码”就是一个非常关键的安全设置。单击“登录密码”右侧的“修改”按钮，如图 1-18 所示。

图 1-18 单击“修改”按钮

执行操作后，进入“密码修改”页面，运营者可以通过手机验证码来重新设置登录密码，如图 1-19 所示。

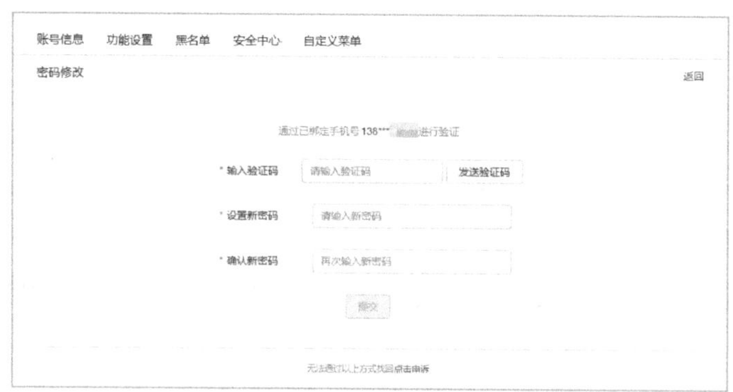

图 1-19 “密码修改”页面

专家提醒

如果运营者的手机号码已经更换、停机或注销，或者手机不在身边，无法接收到验证码，此时可以单击“密码修改”页面下方的“点击申诉”按钮，进入“手机换绑申诉”页面，上传运营者身份证正面、手持身份证半身照、运营者身份证反面等图片，并输入全新的手机号(最好是未绑定头条号的手机号码)以及短信验证码等信息，来进行申诉找回密码，如图 1-20 所示。

图 1-20 “手机换绑申诉”页面

1.4 账号认证，增强权威

前面介绍的是关于头条号注册和基础信息设置方面的内容，除了这些之外，如果运营者想要在更多方面参与到头条号的完善和发展中，就有必要先完成实名认证，这是头条号开通提现、资质认证和部分功能权限的必要条件。在此就针对如何完成头条号实名认证进行介绍，帮助运营者打造更加优质的高权重账号。

1.4.1 作者认证，独家标识

运营者在头条号中发布文章或视频内容之前，需要先完成作者认证(原实名认证)操作。为了给头条号运营者带来更好的用户体验，平台在 2019 年 6 月对今日头条客户端的实名认证入口进行了调整，由之前的“我的→实名认证”页面调整至“我的→申请认证→头条认证”页面。

点击“申请认证”按钮后，如图 1-21 所示，即可进入“头条认证”界面，可以看到有职业认证、兴趣认证和企业认证 3 种方式，如图 1-22 所示。

图 1-21　实名认证新入口

图 1-22　“头条认证”界面

运营者在进行头条号的实名认证前，需要先校验身份信息，可以点击“头条认证”界面上方的“身份未校验”按钮，进入“身份校验”界面，如图 1-23 所示。运营者可以按照提示拍摄上传有效二代身份证的正反面，点击“提交认证”按钮，进入“脸部识别”操作页面，根据提示进行脸部识别操作，如图 1-24 所示。

图 1-23　“身份校验”界面

图 1-24　进行脸部识别操作

当视频拍摄完成并检测成功后，进入“完成”操作界面，该界面会显示实名认证已通过的信息，并有“头条号审核结果会在 1 天内通知”的信息提示。

另外，运营者可以登录头条号后台主页，进入“个人中心→账号权益→账号状态”页面，在其中可以看到“身份校验”信息，状态显示为“已认证”，如图 1–25 所示。如果是未进行实名认证的头条号，则会显示为“前往认证”状态，运营者可以单击该按钮根据提示进行认证操作。

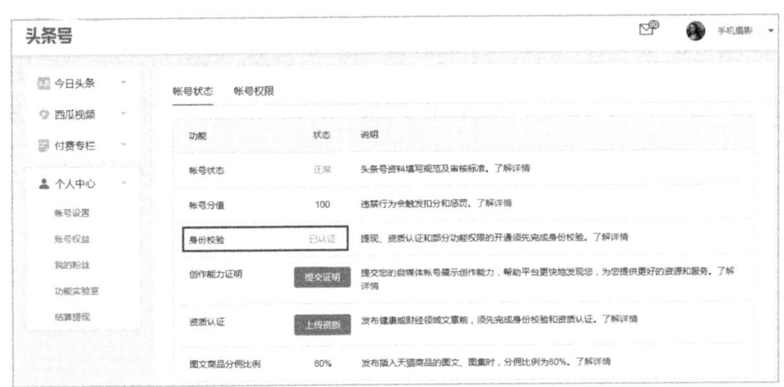

图 1–25 “账号状态”页面

切换至“账号权限”选项卡，在其中可以看到“头条认证”状态为“已开通”，如图 1–26 所示。如果是未进行头条认证的头条号，则会显示为“申请”状态，单击该按钮可以在网页端进行认证操作。

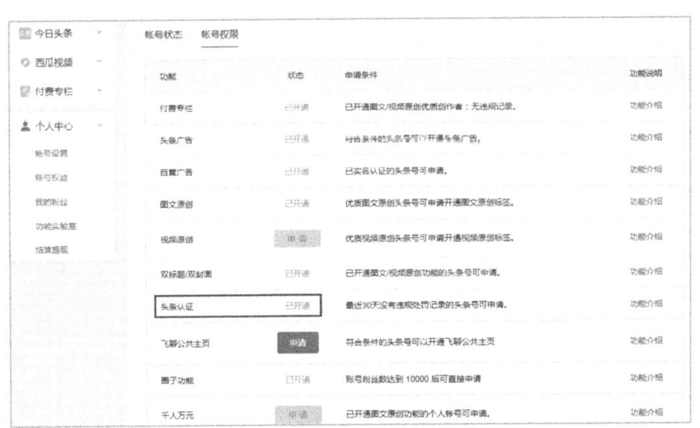

图 1–26 查看“头条认证”状态

1.4.2 职业认证，展现优势

职业认证主要是平台确认用户职业身份的一种标识，代表运营者在某个行业领域有很好的职业技能，可以增强身份权威感和内容可信度，是运营者在今日头条平台的最佳发言背书。

运营者可以进入今日头条客户端的“头条认证”界面，点击“职业认证”右侧的“去认证”按钮。执行操作后，即可进入“职业认证”界面，运营者需要完成身份校验和绑定手机操作，并提供清晰的头像、合法的用户名以及发布过的微头条内容，如图 1–27 所示。完成设置后，点击“申请身份认证”按钮提交相应材料即可，系统会在 3 个工作日内完成审核。

另外，运营者可以点击“职业认证”界面右上角的“常见问题”按钮，查看认证过程中遇到的问题和解决方法，帮助大家提高认证的成功率，如图 1–28 所示。

图 1–27 “职业认证”界面

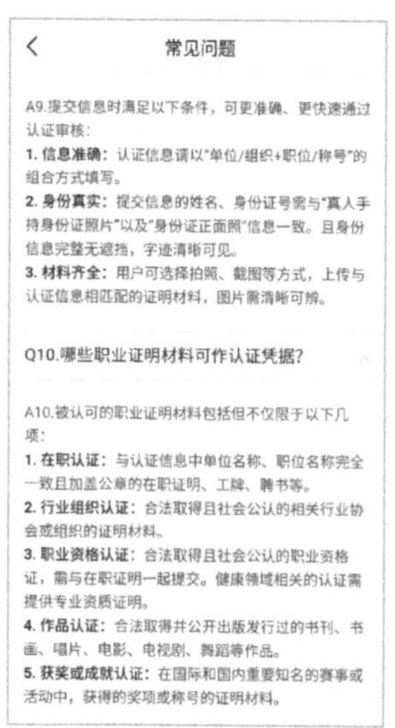

图 1–28 查看常见问题

专家提醒

需要注意的是，职业认证是免费的，运营者切勿相信各类第三方付费平台提供的“帮助认证”的信息，谨防诈骗。

1.4.3 兴趣认证，体现价值

对于自由职业、待业、下岗人员等运营者来说，头条号平台目前暂不支持职业认证操作。如果运营者没有工作单位，或者担心个人隐私泄露，想隐藏自己的单位信息，可以进行不需要提供职业信息的“兴趣认证”，申请成为头条号创作者。

运营者可以进入今日头条客户端的“头条认证”界面，点击“兴趣认证”右侧的“去认证”按钮。执行操作后，即可进入“兴趣认证”界面，在此申请兴趣认证并选择感兴趣的领域即可，如图 1–29 所示。

兴趣认证审核通过后，可以在个人主页和发布内容的账号名称下方看到认证信息的显示，同时是运营者在某一垂直领域持续贡献内容的能力表现，如图 1–30 所示。

图 1–29 “兴趣认证”界面

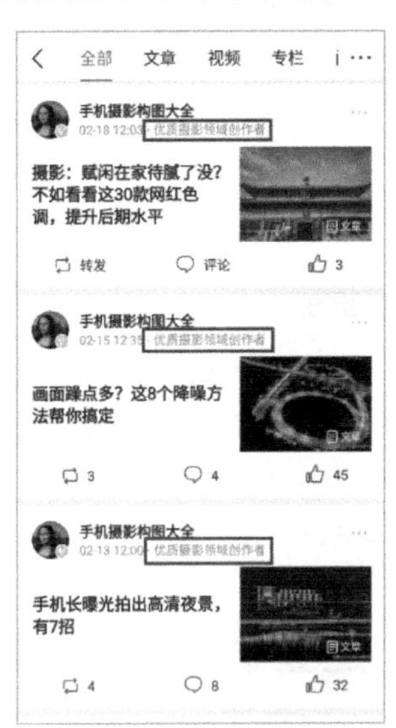

图 1–30 兴趣认证显示标识示例

运营者在申请兴趣认证后，平台会有 30 天的考核期，运营者需要在这段时间内提供 4 条本领域的优质回答内容，才能通过考核，并获得兴趣认证信息永久展示权益。如果运营者没有通过考核，则平台会取消兴趣认证标识，同时运营者需要在 30 天后才能再次申请认证。

注意，运营者在完成考核任务时，需要用优质回答内容来提升阅读量，这样能够让平台优先进行人工审核。运营者可以通过以下几种方式找到所选领域的问题。

- 进入今日头条首页的“推荐”或“热榜”页面查找问题并回答。
- 在今日头条客户端的搜索框中，输入感兴趣的问题关键词进行搜索查询。
- 进入“我的”页面，找到“答题”板块，并点击进入查看问题。

同时，建议运营者一定要找自己擅长领域的问题进行回答，在编辑答案时可以增加一些相关的配图进行说明，让回答内容更加丰富和真实。

1.4.4 黄 V 认证，彰显身份

对于优质的创作者来说，可以申请将兴趣认证升级为“黄 V”认证，获得专属的“黄 V”标识，彰显其独特身份。

当然，“黄 V”认证并不是人人都可以申请的，个人创作者还需要满足一定的条

件，具体要求如图 1–31 所示。满足这两点要求的创作者在申请身份认证并通过后，可以直接获得“黄 V”标识。

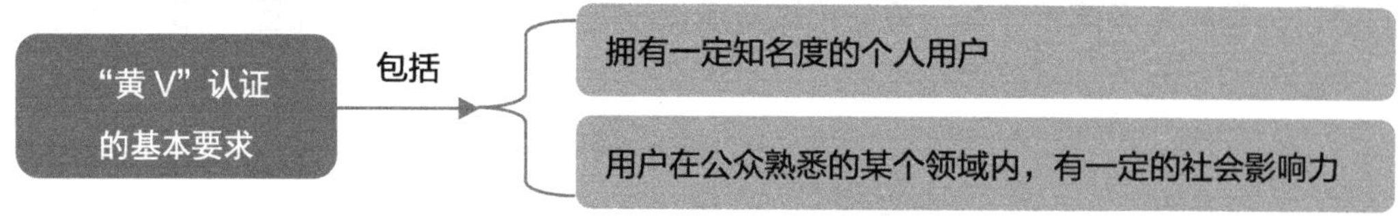

图 1–31 “黄 V”认证的基本要求

专家提醒

对于已通过兴趣认证的创作者来说，如果满足“近 30 天内发布内容数≥20，且内容优质、领域垂直”的要求，也可以主动申请“黄 V”认证。运营者可以进入个人主页，依次点击“我的认证→兴趣认证→修改认证→申请加 V”按钮，审核通过后，即可获得“黄 V”标识。

1.4.5 企业认证，增加曝光

头条号企业认证是指对账号的注册主体信息的认证方式，可以为企业提供免费的内容分发和商业营销服务。企业运营者可以进入今日头条客户端的“头条认证”界面，点击“企业认证”右侧的“查看说明”按钮，即可进入“企业认证”界面，查看认证流程，如图 1–32 所示。

图 1–32 “企业认证”界面

运营者可以根据提示，在电脑端进入今日头条企业认证页面，单击“开启认证”按钮，如图 1-33 所示。

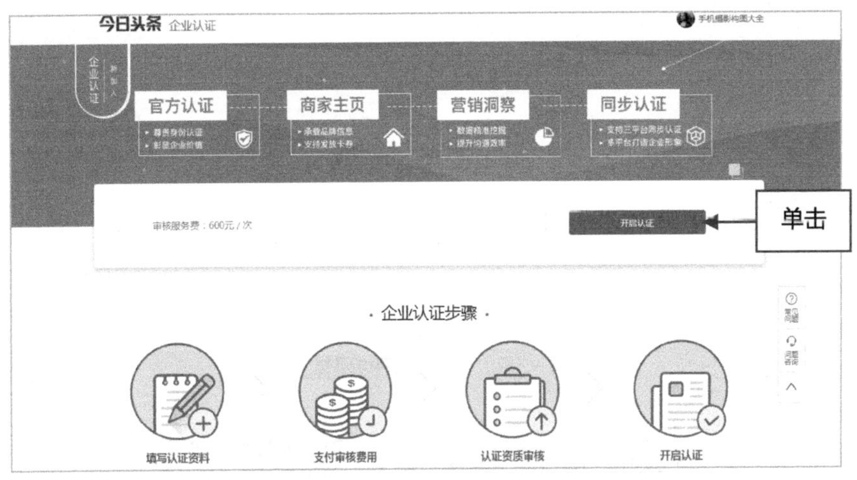

图 1-33 单击“开启认证”按钮

执行操作后，进入认证信息设置页面，如图 1-34 所示。运营者需要在此设置用户名称、认证信息、行业分类、企业营业执照、认证申请公函、运营者姓名、运营者手机号码、运营者电子邮箱、发票接收电子邮箱、邀请码(专属认证服务商提供)等选项，并勾选“同意并遵守《企业认证协议》”复选框，即可完成企业认证申请操作。

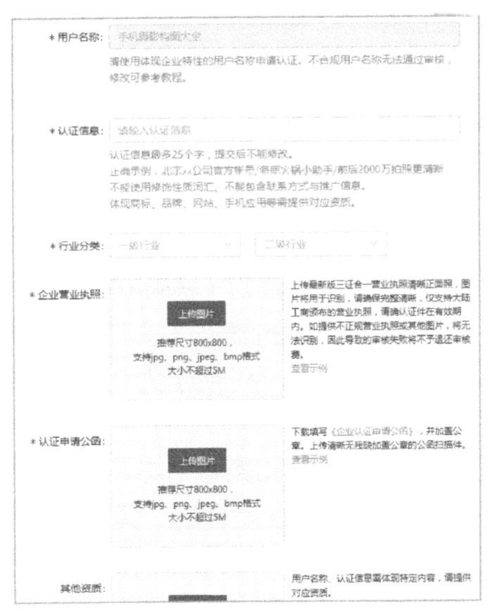

图 1-34 认证信息设置页面

企业认证包括普通认证和“蓝 V”认证两种类型，具体步骤如图 1-35 所示。申请通过后可以获得官方认证标识，并使用官方身份进行内容营销，同时还可以制定商家主页、卡券发放、营销洞察等多款营销以及内容创作工具。

图 1-35　企业认证的具体步骤

1.5　后台设置，管理技巧

注册了头条号后，是需要付出一定的心血和努力，才有可能实现其运营和营销目标的，而创作者可以利用其后台的众多功能模块来完善其平台设置，以便于宣传和推广。本节就从功能详情和操作出发，来介绍头条号后台的功能模块管理。

1.5.1　信息设置，完善账号

运营者登录头条号，进入后台首页的“个人中心→账号设置”页面，就会发现该页面上包含 5 个选项，即“账号信息”“功能设置”“黑名单”“安全中心”“自定义菜单”，选择相应的选项可以进入对应的页面进行账号信息的操作。

1. 哪些账号信息可修改

个人、企业或商家注册头条号后，基于一定的原因，需要对一些账号信息进行修改，这一要求还是可以满足和实现的。那么，具体哪些基本的账号信息可以修改呢？运营者可以选择“账号信息”选项进行查看或修改，如图 1-36 所示为“账号信息”页面。

从图 1-36 中可以看出，有 4 处内容可以修改，分别为头条号名称、简介内容、头像和联系邮箱。在这些可修改的信息中，其修改方式是存在差异的，具体如下。

(1) “单击+直接输入”方式：这一方式指的是通过单击“编辑”按钮 ，就会在原来的内容处显示可修改文字的文本框，运营者直接输入修改的内容以替换原来的内容即可完成修改。利用这一方式完成修改的有头条号名称、简介内容和联系邮箱这 3 项。

(2) **“单击+选择”方式**：这一方式指的是通过单击相应按钮，进入相应对话框，在其中选择相应的选项即可完成修改。利用这一方式完成修改的内容有头像。修改的方法为：单击“上传”按钮后，即可连接到头条号平台以外的文件夹中，然后在其中选取图片即可。

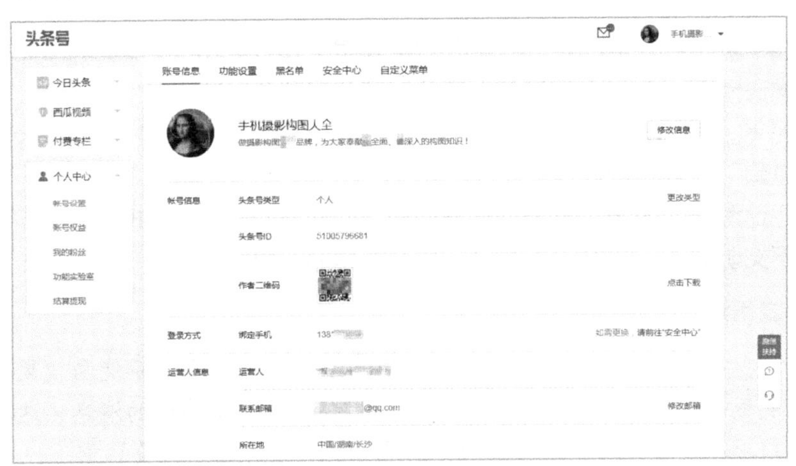

图 1-36 “账号信息”页面

专家提醒

其实，“账号信息”页面中的“绑定手机”也是可以修改的，只是不同于上面提及的 4 项内容可以在该页面直接修改，修改“绑定手机”需要进入“安全中心”页面进行相关操作或在手机客户端才能完成修改。

2．绑定手机和图片水印

选择“账号信息”右侧的“功能设置”选项，进入相应的页面，可以查看“图片水印”和“绑定淘宝联盟(PID)”状态，如图 1-37 所示。

图 1-37 “功能设置”页面

如果运营者想取消添加水印的操作，可以单击“不添加水印”按钮，然后单击“保存”按钮即可。如果运营者想要绑定淘宝联盟(PID)，可以单击“点此绑定”按钮，输入相应的淘宝联盟 PID，并单击“保存”按钮即可。

3．慎重使用“黑名单”

在添加“黑名单”用户时，运营者需要掌握一些方法和原则。

(1) 推送消息：运营者如果觉得某些头条号推送的信息或广告不喜欢，想要把它们加入黑名单，可以进入其头条号主页，点击右上角的•••按钮，在下方弹出的菜单中选择“拉黑”选项即可。

(2) 评论消息：如果运营者觉得某一用户经常在自己推送的信息中留下一些不合时宜的、不文明的或无故贬低的评论，即可将其加入黑名单。

专家提醒

需要注意的是，执行“拉黑”操作后，不仅运营者不能向“黑名单”用户发送消息，被“拉黑”的用户也不能接受运营者推送的消息，这与头条号的广泛推广目标是背道而驰的，因此在执行这一操作时要慎重。

4．“安全中心”功能

在“安全中心”页面中，运营者可以看到系统给予的账号安全评分，可以修改绑定手机号码、登录密码和开启可信校验，同时页面下方还可以查看头条号的登录记录和敏感操作，如图 1-38 所示。

登录记录　敏感操作

登录时间	IP地址	设备	设备名称	平台	登录方式
2020.02.12 17:34	101.126.***.***	未知	未知	今日头条(Web版)	短信登录
2020.01.09 11:05	113.240.***.***	未知	未知	今日头条(Web版)	短信登录
2019.12.28 11:49	113.240.***.***	未知	未知	今日头条(Web版)	短信登录
2019.11.12 11:27	113.240.***.***	未知	未知	今日头条(Web版)	短信登录
2019.11.06 07:48	113.240.***.***	未知	未知	今日头条(Web版)	短信登录

< 1 2 3 4 5 >

图 1-38　查看登录记录和敏感操作

5．怎样修改账号类型

在“账号信息”页面中，单击“账号信息”选项右侧的“更改类型”按钮，即可进入“修改账号类型”页面，运营者可以在“媒体类型”下拉列表框中选择要更换的账号类型，如图 1-39 所示。

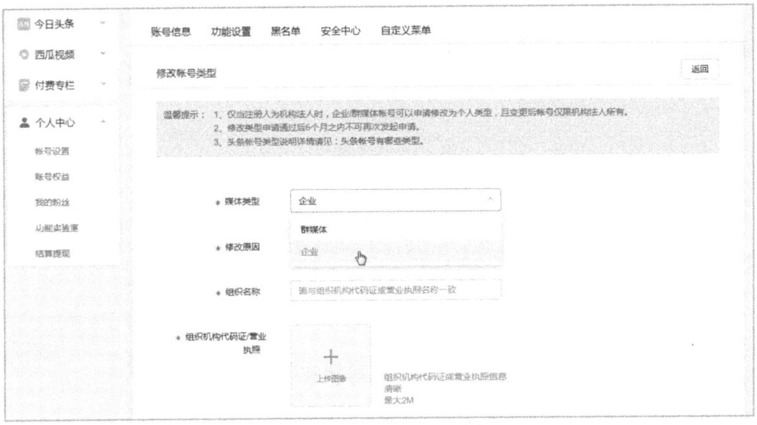

图 1-39 选择要更换的账号类型

同时，设置相应的修改原因、组织名称、手机验证，并上传组织机构代码证/营业执照、账号类型修改确认书等资料，单击“提交”按钮，即可申请修改头条号的账号类型。不同类型的账号拥有不同的功能权限，具体如图 1-40 所示。

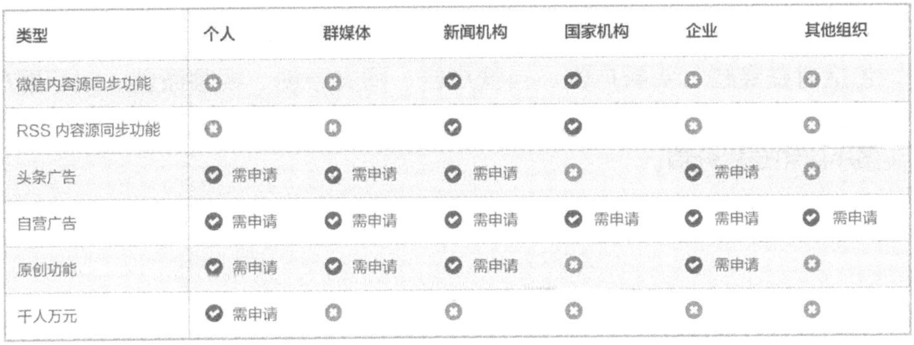

类型	个人	群媒体	新闻机构	国家机构	企业	其他组织
微信内容源同步功能	✖	✖	✔	✔	✖	✖
RSS 内容源同步功能	✖	✖	✔	✔	✖	✖
头条广告	✔ 需申请	✔ 需申请	✔ 需申请	✖	✔ 需申请	✖
自营广告	✔ 需申请	✔ 需申请	✔ 需申请	✔ 需申请	✔ 需申请	✔ 需申请
原创功能	✔ 需申请	✔ 需申请	✔ 需申请	✖	✔ 需申请	✖
千人万元	✔ 需申请	✖	✖	✖	✖	✖

图 1-40 新转正的各类型头条号权限(注：从 2016 年 7 月 26 日 12:00 起)

1.5.2 权益管理，保障收益

进入头条号后台的“账号权益”页面，可以看到该页面上呈现了两大权益，即“账号状态”和“账号权限”，它们为创作者和运营者提供了多种宣传推广和变现的实用功能。

1. 账号状态

如图 1-41 所示为头条号后台的“账号状态”页面，该页面提供了 6 大账号功能，包括“账号状态”“账号分值”“身份校验”“创作能力证明”“资质认证”

“图文商品分佣比例”，这些功能无一不与头条号账号等级相关。

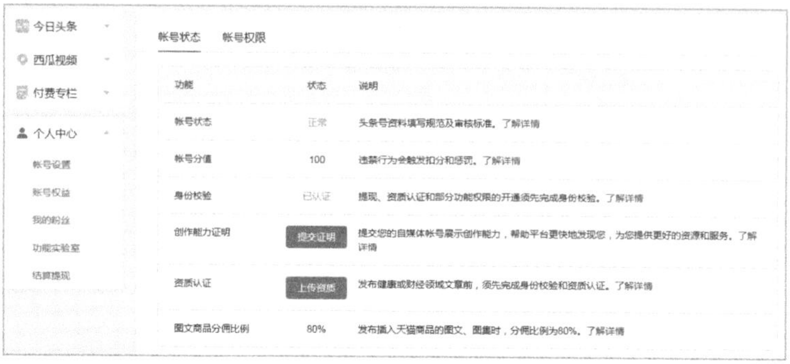

今日头条　西瓜视频　付费专栏　个人中心　帐号设置　账号权益　我的粉丝　功能实验室　结算提现

帐号状态　帐号权限

功能	状态	说明
帐号状态	正常	头条号资料填写规范及审核标准。了解详情
帐号分值	100	违禁行为会触发扣分和惩罚。了解详情
身份校验	已认证	提现、资质认证和部分功能权限的开通须先完成身份校验。了解详情
创作能力证明	提交证明	提交您的自媒体帐号展示创作能力，帮助平台更快地发现您，为您提供更好的资源和服务。了解详情
资质认证	上传资质	发布健康或财经领域文章前，须先完成身份校验和资质认证。了解详情
图文商品分佣比例	80%	发布插入天猫商品的图文、图集时，分佣比例为80%。了解详情

图 1-41　“账号状态”页面

其中“账号状态”和“账号分值”两项，只要完成了账号注册，就会分别显示为“正常”和“100”。当然，如果头条号在运营过程中出现了某些违禁行为，“状态”一栏会发生改变。另外，在每一项功能的末尾，都有蓝色字样的“了解详情”功能，单击相应功能的“了解详情”文字链接，即可进入相应页面查看其帮助内容。

2. 账号权限

如图 1-42 所示为头条号后台的“账号权限”页面，该页面上提供了 15 个功能权限，包括付费专栏、头条广告、自营广告、图文原创、视频原创、双标题/双封面、头条认证、飞聊公共主页、圈子功能、千人万元、商品功能、外图封面、即合平台、头条小店和专栏分销。

帐号状态　帐号权限

功能	状态	申请条件	功能说明
付费专栏	已开通	已开通图文/视频原创优质创作者；无违规记录。	功能介绍
头条广告	已开通	符合条件的头条号可以开通头条广告。	功能介绍
自营广告	已开通	已实名认证的头条号可申请。	功能介绍
图文原创	已开通	优质图文原创头条号可申请开通图文原创标签。	功能介绍
视频原创	申请	优质视频原创头条号可申请开通视频原创标签。	功能介绍
双标题/双封面	已开通	已开通图文/视频原创功能的头条号可申请。	功能介绍
头条认证	已开通	最近30天没有违规处罚记录的头条号可申请。	功能介绍
飞聊公共主页	申请	符合条件的头条号可以开通飞聊公共主页	功能介绍
圈子功能	已开通	账号粉丝数达到 10000 后可直接申请	功能介绍

图 1-42　“账号权限”页面

这些功能权限是头条号扩展运营渠道的重要条件，因此运营者要时刻关注每一项功能权限开通的条件，有目的地加速开通步骤。

1.5.3 菜单设置，实现跳转

在微信公众号的设置中，大多数公众号是设置了自定义菜单的。而头条号中设置了自定义菜单的却比较少见，其实，在头条号后台同样是可以设置自定义菜单的。

1. 菜单设置规范

在设置头条号自定义菜单时，是不可以胡乱进行的，而应该遵循一定的规范。具体来说，主要包括以下 4 个方面的内容。

(1) **菜单数量方面**：与公众号一样，头条号的自定义菜单在数目上也作出了同样的规定，一级菜单最多只能设置 3 个，每个一级菜单下的二级菜单最多只能设置 5 个。因此，运营者在设置时要注意分好类和做好内容的取舍。

(2) **菜单名称长短方面**：基于客户端页面的内容显示，头条号对每一级的菜单名称的长短也作出了规定，即不能超过 4 个汉字(也就是 8 个字符)。因此，运营者在为菜单设置名称时，要注意信息内容的概括，务必做到简短精练。

(3) **菜单链接方面**：由于头条号设置的自定义菜单的内容都是链接的可跳转的网页，因此在链接方面尤其要注意。下面为头条号菜单链接的规范。

- 违法、虚假欺诈、低俗、敏感、色情类等信息不能出现在菜单及其链接中。
- 菜单链接的网址不能是 PC 端网址，同时，也不支持链接二次及以上跳转。
- 在链接的网站方面有两个要求，即必须有 ICP 备案和不能含有恶意代码。
- 在网址域名方面，头条号的自定义菜单并不能支持所有域名的跳转。
- 在内容方面，有些内容是不能出现在跳转网页中的，如股票操作、健康、医疗、财经、金融、私人联系方式、彩票、微商和二类电商等。

(4) **菜单操作方面**：在设置菜单时，其操作也要规范，只有符合规范的操作才能通过审核。运营者不能恶意操作，也不能多次提交违规内容，否则就有可能出现关闭菜单权限、处罚、封号等处理。

2. 菜单设置方法

上面介绍了头条号主页自定义菜单设置的规范，接下来就具体介绍如何设置自定义菜单。一级菜单和二级菜单的设置大同小异，在此笔者就以设置一级菜单为例来介绍其具体的操作方法。

专家提醒

运营者要注意的是，如果想要在某个一级菜单下设置二级菜单，那么这个一级菜单就不能设置动作，也就是说不能添加跳转的网址，否则就无法进行二级菜单的设置。

(1) 进入头条号后台，依次进入“个人中心→账号设置→自定义菜单”页面，单击“菜单管理”右侧的“增加新菜单”按钮＋，如图 1-43 所示。执行操作后，弹出“请输入菜单名称”对话框，在文本框中输入相应的菜单名称，单击“确认”按钮。

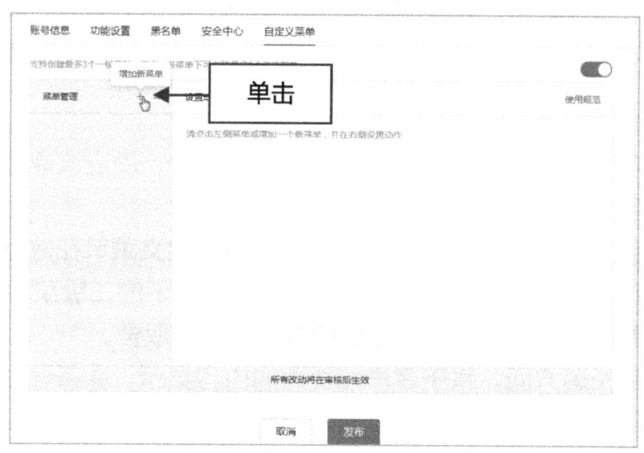

图 1-43　单击“增加新菜单”按钮

(2) 执行操作后，返回“自定义菜单”页面，在新增的自定义菜单右侧的“设置动作(请选择菜单动作)”一栏下方，即可插入网页链接或者小程序，实现菜单功能的跳转，如图 1-44 所示。

图 1-44　插入网页链接或者小程序

运营者可以按照上述方法设置其他的一级菜单，当所有的一级菜单设置完成后，单击页面下方的“发布”按钮，当审核通过后，添加的一级菜单会在今日头条手机客户端中显示出来。

第 2 章

内容创作：持续输出

学前提示

在头条号平台上，运营者可以发布多种类型、多个频道的内容，如图文、西瓜视频、微头条、悟空问答和小视频等，这些都是头条号打造爆款和树立品牌形象的内容基础。本章将对如何打造各种爆款内容进行介绍，以期帮助运营新手收获篇篇 10W+的佳绩。

2.1　10 种形式，创作内容

头条号的内容形式几乎囊括了所有的自媒体内容形式，包括文章、微头条、图集、小视频、问答、音频、视频、视频合辑、直播以及专栏等。运营者可以选择一两种自己擅长的内容创作形式，深耕某个垂直领域，创作出既能迎合平台喜好规则，又能迎合用户喜好的爆款内容。

2.1.1　发布文章，注意规范

进入头条号后台，在左侧导航栏中选择“今日头条→发头条”选项，即可进入文章内容创作页面，在该页面中运营者可以输入文章标题，并编辑正文内容，以及设置文字和图片的格式等，如图 2-1 所示。

图 2-1　文章内容创作页面

设置完内容后，在下方还需要设置文章的展示封面、声明原创、发文特权、投放广告等选项。设置好这些选项后，单击“预览”按钮，即可预览手机端的图文内容，如图 2-2 所示。

如果运营者的内容还没有编辑完成，可以先单击“存草稿”按钮，保存已经写好的图文内容，待有时间后再去编辑这篇文章。单击“定时发布”按钮，可以在 2 小时后到 7 天的时间内，选择一个最佳的文章发布时间。单击“发布”按钮，可以直接发送编辑好的文章，将其上传到今日头条平台，供以后观赏。

俗话说：“没有规矩不成方圆。”其实，今日头条的内容推送也是如此，它是有着一定规范的，不能任由账号管理者和运营者随意操作。且只有符合平台制定规范的内容，才能保证其质量并推广开来，而不符合规范的推送内容，是不能通过审核或被推荐的，甚至还可能因为严重违规而被封禁。

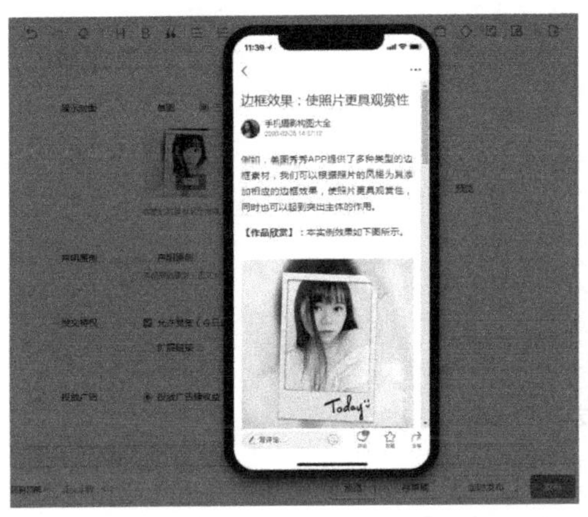

图 2-2　预览手机端的图文内容

2.1.2　发微头条，分享动态

相对于其他内容产品而言，微头条的互动性明显更强，它可以随时随地把运营者身边发生的有趣的新鲜事分享给用户，完成与他们的互动，而且这些分享是不占用头条号的正常发文篇数的。因此，运营者可以利用微头条产品功能来吸引粉丝关注，提升用户黏性，为成功打造爆款提供更好的粉丝基础。

进入头条号后台的内容创作页面，切换至“微头条”页面，在该页面上的文本框中输入微头条内容，单击＋按钮可以上传图片，如图 2-3 所示。

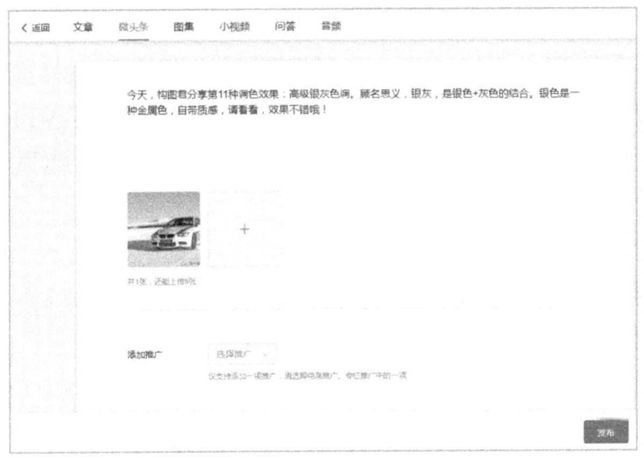

图 2-3　“微头条”创作页面

完成图与文的编辑后，单击“发布”按钮即可发布微头条，如图 2-4 所示。

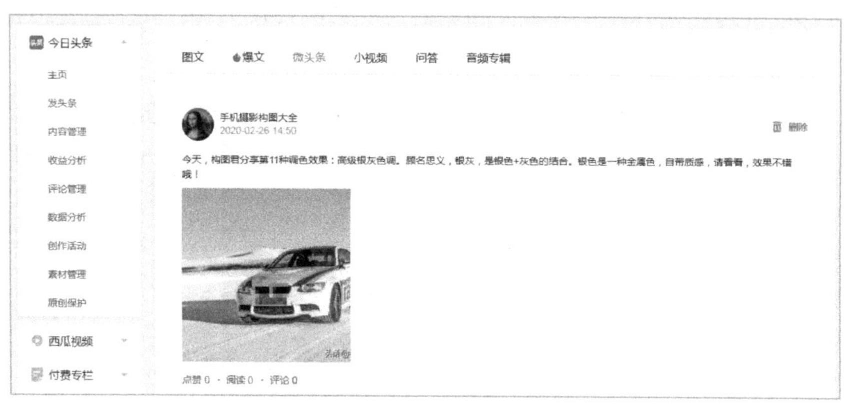

图 2-4　发布微头条

专家提醒

在进行微头条内容运营时，运营者要注意和了解微头条的一些特点，这样才有利于顺利有效地管理微头条。微头条的特点主要表现在以下 5 个方面。

- 只有个人类型的头条号才具有微头条发布功能。
- 发布微头条不会影响头条号文章的正常推荐。
- 微头条目前只能发布图文内容，不能直接发视频内容。
- 微头条的阅读量是不计入头条号累计阅读量的。
- 微头条下是不展示广告的，因而也不会有广告收益。

2.1.3　创作图集，简单快捷

在今日头条平台的图文内容产品中，除了图与文相结合的内容外，还有一种由多张图片组成的图集内容。在制作图集内容时，图片作为推送内容的构成主体，是有一定质量和内容范围要求的，要注意不能发送有违规内容的图片或其本身明显不合格的图片，具体规则如下。

- gif 格式的动态图片。
- 以手机屏幕截图为主的图片。
- 画面不清晰、画质太差的图片。
- 纯粹是由搞笑类图片拼凑而成的图片。
- 与图集的图说内容没有直接关系的图片。
- 主体内容与星座和手相等有关的图片。

- 图集中包含两张及两张以上相同内容的重复性图片。
- 截取的残留电视台、视频网站标识的图片。
- 除书法作品外，让文字占据大半篇幅的图片。
- 有单独二维码、链接和明确推广信息的图片。
- 财经走势图、统计图、表格、琴谱、棋谱等类型图片。

如果运营者发布的图集中包括上面这些违规内容，是会受到平台处罚的，轻则将图集文章退回，且当天由于发布限额使得运营者不能再发布其他文章；重则将被禁言和封号。

进入头条号后台的内容创作页面，切换至“图集”页面，其中提供了“发布图集”和“免费正版图集”两种方式，单击“添加图片”按钮，如图 2-5 所示。

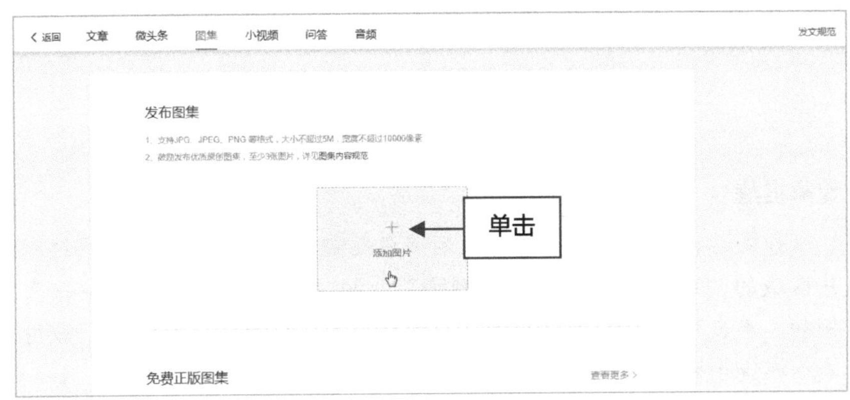

图 2-5　单击“添加图片”按钮

执行操作后，弹出相应的对话框，在该对话框中平台提供了 4 种图片选择方式，包括上传图片、免费正版图片、国风图库和素材库，如图 2-6 所示。

图 2-6　选择图集图片的操作

选择好图片后，返回“图集”创作页面，对图集内容进行编辑，如设置标题和封面、添加图片、插入商品和设置广告投放方式等，如图 2-7 所示。单击“发布”按钮，即可发表图集。

图 2-7　“图集”内容编辑页面

专家提醒

如果运营者对所选择的图片不满意或需要进行调整，可以通过所添加图片区域的“替换”“编辑”“删除”和“排序”等操作按钮来完成。例如，单击“编辑”按钮，弹出“编辑图片”对话框，可以执行裁剪图片和添加滤镜等操作，如图 2-8 所示。

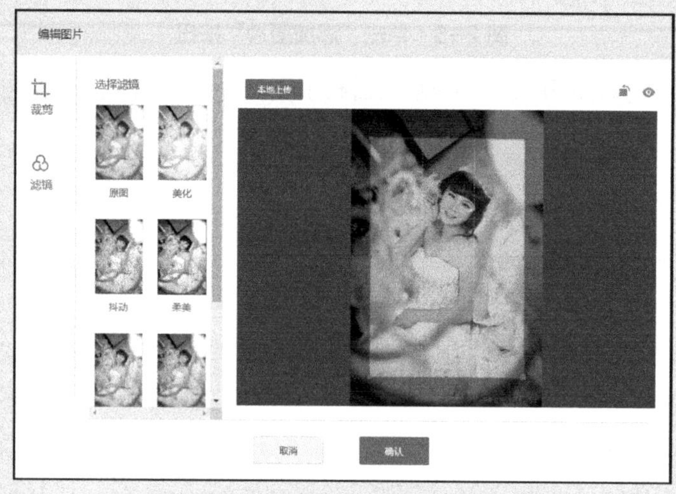

图 2-8　编辑“图集”中的图片

2.1.4 发小视频，精练创意

“小视频”是头条号后台的新增内容形式，可以帮助运营者更加便捷地创作和管理小视频内容。

运营者可以进入头条号后台的“今日头条→内容管理→小视频”页面，在此可以看到自己发布的小视频内容列表，以及对应的播放、点赞、评论等数据，并可对单条小视频进行关联专栏和删除等操作，如图 2-9 所示。

图 2-9 “小视频”内容管理页面

运营者如需发布小视频内容，可以进入“小视频”内容创作页面，单击“上传视频”按钮，上传 30 秒内的竖屏小视频，如图 2-10 所示。上传小视频素材后，运营者可以在下方添加视频描述内容，单击“发布”按钮即可，如图 2-11 所示。

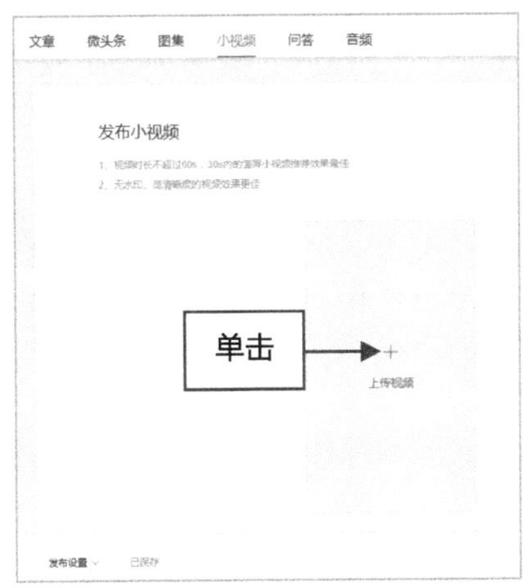

图 2-10 单击“上传视频”按钮

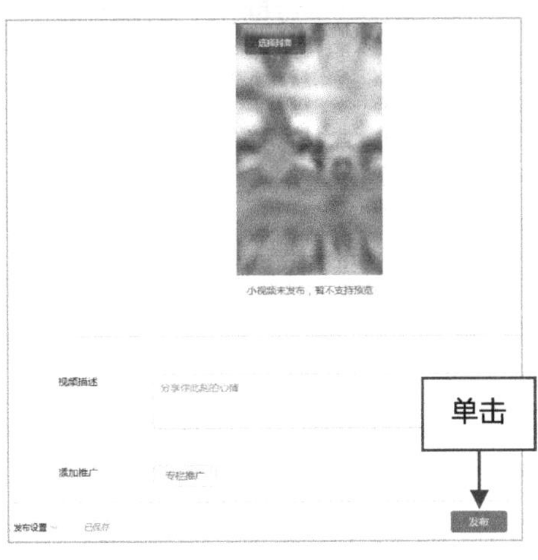

图 2-11 单击“发布”按钮

另外，运营者可以直接使用今日头条 App 拍摄原创小视频内容。下面介绍一些拍摄小视频的技巧，帮助运营者更快地引流涨粉。

- 拍摄有趣或有创意的生活画面。
- 使用竖屏拍摄，让画面铺满整个手机屏幕，提升观看体验。
- 小视频的内容要有主题，剧情逻辑清晰，同时拍摄时长要超过 5 秒。
- 拍摄时保持手机镜头的稳定，保证画面足够清晰。
- 使用适当的背景音乐、贴纸和特效，使视频内容变得更加精彩。
- 选择一张有吸引力的封面图。运营者可以在上传小视频后，单击视频预览区中的“选择封面”按钮，可以自定义上传封面或者直接选择系统推荐的封面图，如图 2-12 所示。

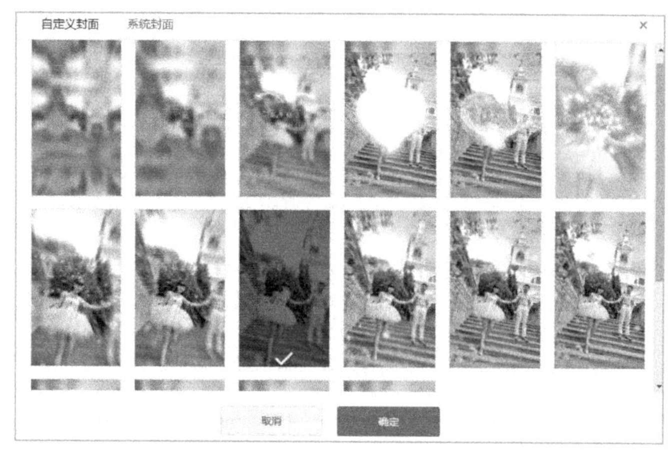

图 2-12　选择小视频的封面图片

- 积极参与平台推出的话题活动，增加视频内容的话题性，获得流量推荐。
- 视频描述内容要简短精练，尽量控制在 15 个字以内，同时突出小视频的重点内容。

专家提醒

运营者可以将自己的头条号与抖音号、火山小视频账号绑定在一起，这样在这些渠道制作和发布短视频内容时，可以选择“发布的视频同步至今日头条/西瓜视频”选项，将其同步展示到头条号的“内容管理”页面中。

2.1.5　创作问答，观点独到

作为一个类似知乎这一问答社交平台的内容产品，悟空问答不仅在短时间内吸引了众多用户的关注，更重要的是，即使你是普通用户，也有很多获利的机会。

相对于今日头条平台上的其他内容产品而言，悟空问答更具有随机性，它不是头条号创作者基于某一观点或中心而有着一定时期准备的内容，因此更能检验头条号创作者的知识水平和处理问题、解决问题的能力。

同时，在今日头条平台上，头条号创作者不仅可以通过回答问题来分享自己的知识、经验和观念，还可以通过提出问题来解决生活和工作中遇到的问题。可见，悟空问答是一个促进双方理解和相互关注的内容产品。因此，运营好悟空问答也是发展自身头条号的重要工作，运营者要多在这一方面下功夫。

运营者如需发布问答内容，可以进入“问答”内容创作页面，在这里可以看到系统推荐的一些问题，如图 2-13 所示。选择合适的问题后，单击“我来回答”按钮，弹出“发表答案”对话框，在此即可编辑答案内容，如图 2-14 所示。编辑好内容后，单击“发表答案”按钮即可。

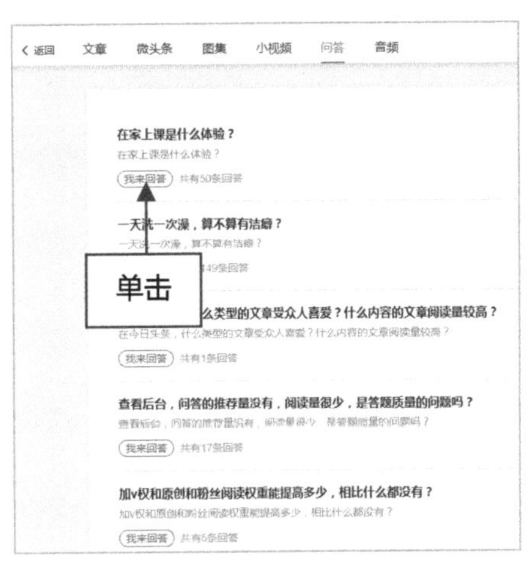

图 2-13　“问答”内容创作页面

图 2-14　“发表答案”对话框

作为一种全新的获取信息和激发讨论的内容形式，悟空问答给那些需要寻求答案和想要展示才华的用户提供了一个广阔的舞台。下面就介绍打造爆款问答内容的几个关键，从而帮助大家更好地去回答问题。

(1) 擅长领域：选择问题的关键要素。如果运营者选择的不是自己擅长的领域，那么即使通过各种渠道找到了一些答案并进行了整合，也只是一些比较表面化的理论内容，而不是自己切身的体验和经验，难以形成走心内容，也就无法打造爆款问答内容。

(2) 热门回答：提升关注的选择要点。悟空问答中的热门，可以从两个方面来解读：一是问题本身与热门话题、事件、时间节点等相关；二是提出的问题下面有热门回答内容。

(3) 筛选问题：“三要”与“四不要”。运营者在考虑有哪些问题可以选择的时候，还要考虑一下有哪些问题是应该避开不选的，这样才能更好地节省时间和精力。其中，“三要”包括有讨论价值的问题、缺乏优质回答的问题、擅长或熟悉的领域的问题；“四不要”包括只有唯一解答的问题、不再是热点的问题、具有攻击性的比较问题以及自己不熟悉的问题。

2.1.6 创建音频，声音表达

运营者可以在头条号后台发布不限制题材和场景的音频专辑内容，只要是可以用声音形式表达的内容，都可以创建为音频专辑。

运营者如需发布音频专辑内容，可以进入“音频”内容创作页面，设置相应的专辑名称、专辑详情、专辑封面、专辑分类以及预计更新章节等选项，单击“发布”按钮即可，如图 2–15 所示。

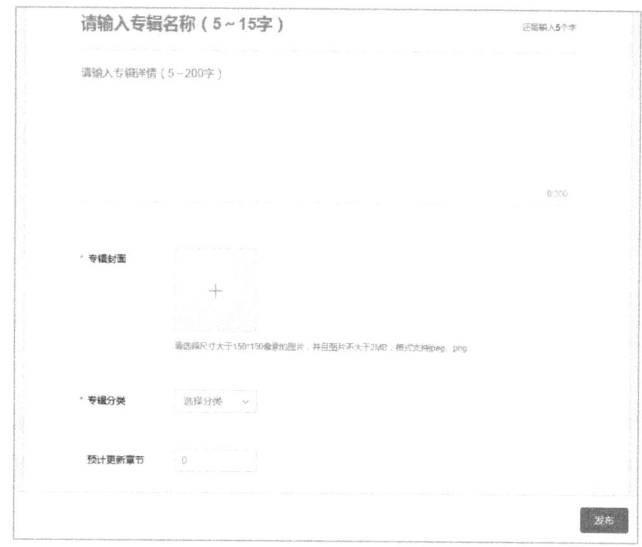

图 2–15 “音频”内容创作页面

执行操作后，即可进入音频专辑的审核流程。音频专辑通过平台审核后，运营者可以前往章节管理页面上传录制好的音频内容，平台审核通过后，即可发布音频，如图 2–16 所示。

图 2–16 发布音频专辑

选择相应的音频专辑，单击右侧的“修改”按钮，可以修改音频专辑的简介、详情等选项。单击“删除”按钮，可以快速删掉整个音频专辑以及其中的内容。

另外，运营者可以进入“章节管理”页面，对音频专辑的章节进行移除、修改以及排序等操作。

下面介绍一些发布音频专辑内容的注意事项。

- 如果运营者创作的是单条音频内容，还有机会从今日头条的信息流中获得单独曝光展示。因此，运营者在发布音频专辑的单条音频内容时，可以为其单独取标题，不要使用“第××章”或“第××期”等章节性明显的字眼。
- 在设置音频的“作品简介”内容时，运营者一定要认真填写，它可以为专辑带来更多关注。
- 除了外文歌曲外，音频的标题和内容要尽量使用中文，从而给用户带来更好的收听体验。
- 在编辑音频标题时，有些内容是不能使用的，否则很难通过平台审核，如数字、繁体字、低俗字眼、非常规符号等。另外，标题的字数也要控制在 5~15 字，不要过短或过长。
- 音频内容不能有背景杂音，音质必须清晰，否则会降低用户体验。
- 音频内容要有版权，必须为运营者原创，或者获得相关权利人的完整授权。

2.1.7 上传视频，形式多样

西瓜视频是视频平台，同时也可以看作今日头条平台上的一个内容产品，其推荐机制与头条号的图文内容并无太大差别——都是基于机器推荐算法来实现的。通过西瓜视频平台，众多视频创作者可以轻松地向大家分享优质视频内容。

图 2-17 所示为头条号后台的西瓜视频主页，该页面不仅提供了创作和编辑视频的入口，还提供了视频作品的概况数据。

在头条号后台的“西瓜视频→视频主页”页面中，单击右上角的“上传视频”按钮，或者在左侧导航栏中选择“西瓜视频→发表视频”选项，即可进入“发表视频”页面。在“视频”选项卡中，单击“上传视频”按钮，选择需要上传的视频即可，如图 2-18 所示。

上传视频后，运营者还需要设置一些基本信息，包括标题、封面、简介以及投放广告等选项，如图 2-19 所示。

图 2-17　头条号后台的西瓜视频主页

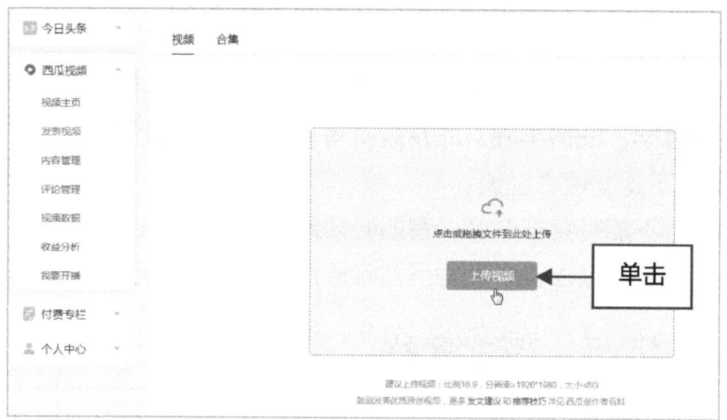

图 2-18　单击“上传视频”按钮

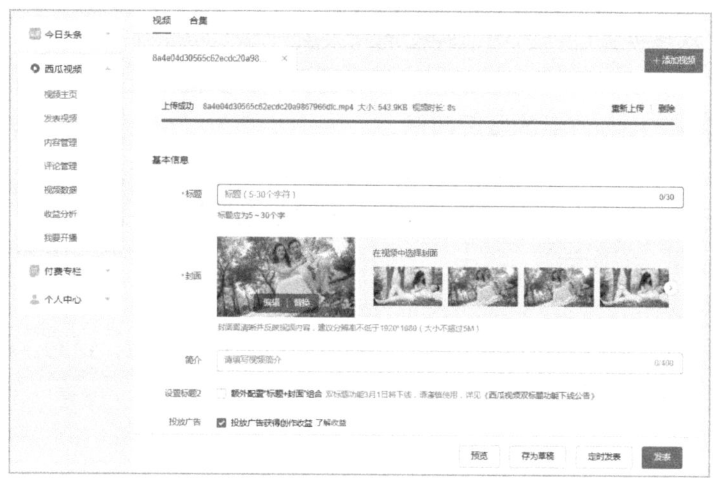

图 2-19　上传视频的基本信息设置

在该页面下方，运营者还可以设置插入商品、内容同步、视频标签和扩展链接等高级选项，如图 2-20 所示。设置完成后，单击“发表”按钮，即可发布视频。

图 2-20 上传视频的高级设置选项

视频是新的内容风口，不仅得到各个新媒体平台的扶持，而且这种内容形式能展现文字、画面、声音以及特效等，更容易被用户接受，更容易积累有效阅读用户，收益率也更高。在选择视频素材时，运营者需要注意以下事项。

(1) 画面比例：推荐使用 16 : 9 的比例，分辨率建议超过 1920×1080。

(2) 视频时长：通过西瓜视频 App 上传或拍摄视频时长通常为 5～30 秒，通过头条号后台上传视频则无时长限制。

(3) 视频大小：通过电脑最多可上传 8GB 的视频，通过西瓜视频 App 最多可上传 1GB 的视频。

(4) 视频格式：包括 mp4、flv、wmv、avi、mov、dat、asf、rm、rmvb、ram、mpg、mpeg、3gp、m4v、dvix、dv、mkv、vob、qt、cpk、fli、flc、mod、ts、webm、m2ts 等多种视频格式。

2.1.8 发布合集，主题明确

这里的“合辑”指的是视频集合，当然，这种集合并不是简单地把多个视频组合在一起，而是需要运营者对已发表的视频内容进行重新组织和整理之后的集合，是具有自己思想的、有固定主题的视频集合内容。

在头条号后台的“西瓜视频→发表视频”页面中，切换至“合辑”选项卡，设置视频合辑标题和合辑封面，单击“选择视频”按钮添加已发布的视频，如图 2-21 所示。设置完成后，单击“创建合辑”按钮，即可发布视频合辑。

图 2-21　创建视频合辑页面

2.1.9　创建直播，OBS 推流

运营者可以在头条号后台的左侧导航栏中选择“西瓜视频→我要开播”选项，进入“西瓜视频-直播”页面，单击顶部的“我要开播”按钮，显示“开播必读”内容，仔细阅读直播指南指导文档与常见问题解答，如图 2-22 所示。

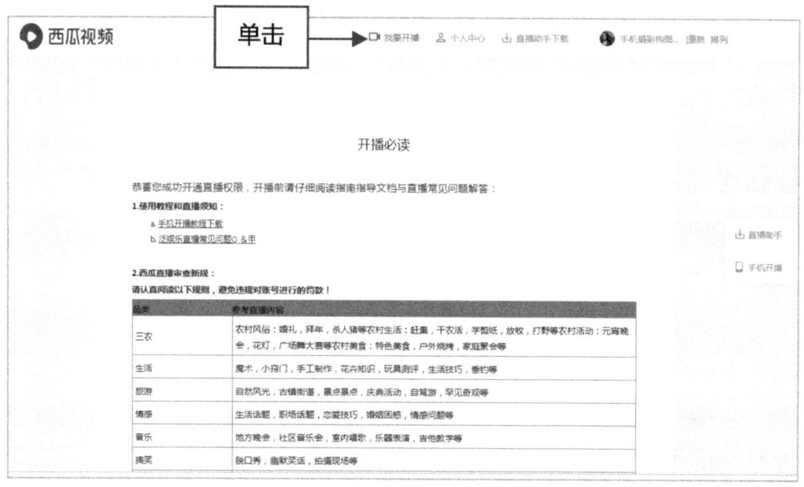

品类	参考直播内容
三农	农村风俗：婚礼，拜年，杀年猪等农村生活：赶集，干农活，学剪纸，放牧，打野等农村活动：元宵晚会，花灯，广场舞大赛等农村美食：特色美食，户外烧烤，家庭聚会等
生活	魔术，小窍门，手工制作，花卉知识，玩具测评，生活技巧，垂钓等
旅游	自然风光，古镇街道，景点景点，庆典活动，自驾游，罕见奇观等
情感	生活话题，职场话题，恋爱技巧，婚姻困惑，情感问题等
音乐	地方晚会，社区音乐会，室内唱歌，乐器表演，吉他教学等
搞笑	脱口秀，幽默笑话，拍摄现场等

图 2-22　显示“开播必读”内容

获取直播权限后，运营者可以单击“西瓜视频-直播”页面顶部的“直播助手下载”按钮，下载西瓜直播助手软件，如图 2-23 所示。在电脑上安装西瓜直播助手软件后，使用头条号进行登录，即可通过该软件添加要直播的内容。

图 2-23　下载西瓜直播助手软件

运营者需要添加直播画面素材，可添加的内容来源包括图像、视频、文本、摄像头、显示器捕获、游戏捕获、窗口捕获、音频输入捕获、音频输出捕获等。同时，运营者还需要设置直播封面和标题，选择直播分类，完成这些基础开播设置后，即可开启你的直播之旅。

另外，运营者也可以在“西瓜视频-直播”页面的左侧导航栏中选择“第三方推流直播→创建 OBS 直播”选项，进入“创建 OBS 直播”界面，输入相应的直播名称，设置直播封面，选择直播分类，单击“提交”按钮，即可获得推流码，如图 2-24 所示。优质的直播名称和直播封面，正确的直播分类能够更好地帮助主播获得推荐。

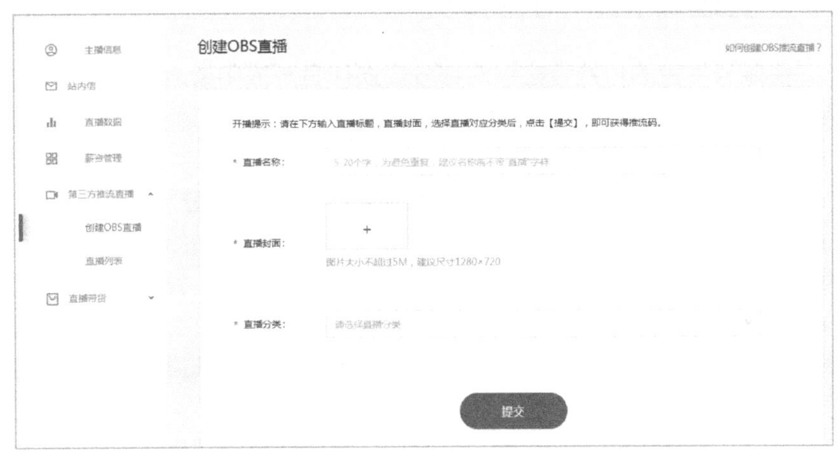

图 2-24　“创建 OBS 直播”界面

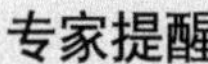

专家提醒

OBS 是 Open Broadcaster Software 的缩写，是一个免费、开源的视频录制和视频实时流软件，可以满足游戏直播、秀场直播的基本功能。

提交成功后，系统会分配“rtmp 地址”和“直播码”，运营者可以将其复制到 OBS 设置中。OBS 推流成功后，在“西瓜视频-直播”页面中选择“第三方推流直播→直播列表”选项，在“直播列表”界面中单击“开始直播”按钮即可，如图 2-25 所示。

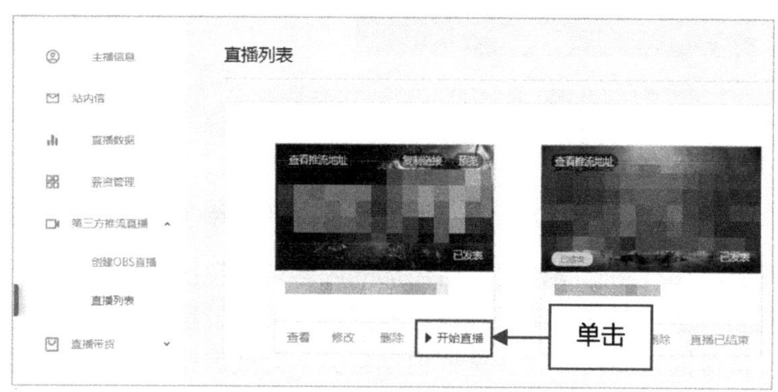

图 2-25　单击“开始直播”按钮

直播结束后，主播可以在 OBS 端单击“终止推流”按钮，运营者则需要在“直播列表”界面中单击相应的 OBS 直播下方的“结束直播”按钮，结束本场直播。

2.1.10　创建专栏，内容多元

目前，头条号平台的付费专栏仅对部分优质作者开放申请通道，运营者需要符合以下条件，才能申请开通付费专栏。

- 已开通图文 / 视频原创权限。
- 账号无抄袭、发布不雅内容、违反国家政策法规等违规记录。
- 最近 30 天没有付费专栏审核记录。

运营者可以在头条号后台进入“个人中心→创作者计划”界面，在“万粉权益”中即可看到“付费专栏”卡片，单击“申请开通”按钮，如图 2-26 所示。申请后提交相应资质，等待审核即可。审核通过后，运营者会收到系统通知，同时在头条号后台左侧导航栏中会出现“付费专栏”功能区。

运营者开通“付费专栏”权益后，即可在头条号后台的“付费专栏”功能区中创建图文、视频、音频等专栏内容。在“付费专栏”菜单中选择“创建专栏”选项，进入“创建专栏”界面，根据实际情况设置“版权类型”和“原创类型”，并选中“我已阅读、理解并确认全部内容”复选框，单击“下一步”按钮，如图 2-27 所示。

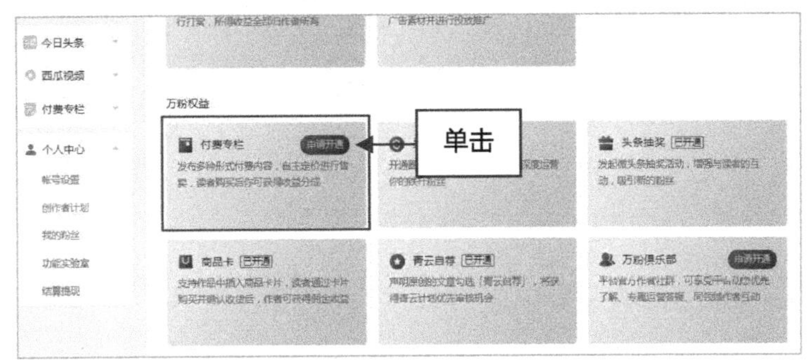

图 2-26　单击“申请开通”按钮

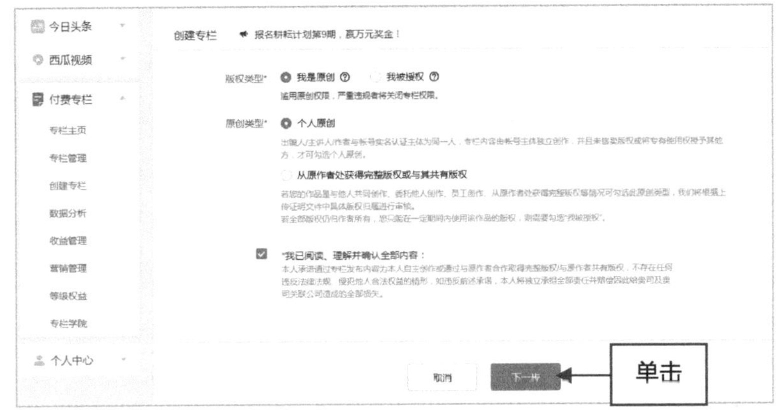

图 2-27　“创建专栏”界面

接下来运营者需要设置专栏的作品名称、作品分类、作品封面、专栏简介、专栏定价、预计更新节奏、预计更新章节、专栏介绍、讲师介绍、专栏大纲、适合人群、学习收获等选项，如图 2-28 所示。设置完成后，单击“提交”按钮，专栏提交后需要系统进行审核，审核时间为两小时左右，结果会通过头条号后台通知运营者。

运营者可以通过“付费专栏”功能创作多元化的内容形式，包括图文章节、视频章节、音频章节等。

(1) **图文章节**：创建图文章节内容时，运营者可以开启个人原创，同时使用双标题、“支持单章节售卖”“文章进首页推荐”等功能，提升专栏的付费转化率。

(2) **视频章节**：上传视频并填写相关信息，设置相应的章节试看时长，同时也可以将章节设置为限免推广，有利于获得平台推荐，让专栏被更多人看到。

(3) **音频章节**：上传音频并填写相关信息，设置付费分割线，分割免费内容和付费内容，同时支持单章节售卖。建议运营者启用“章节进首页推荐”功能，让专栏有机会获得更多流量。

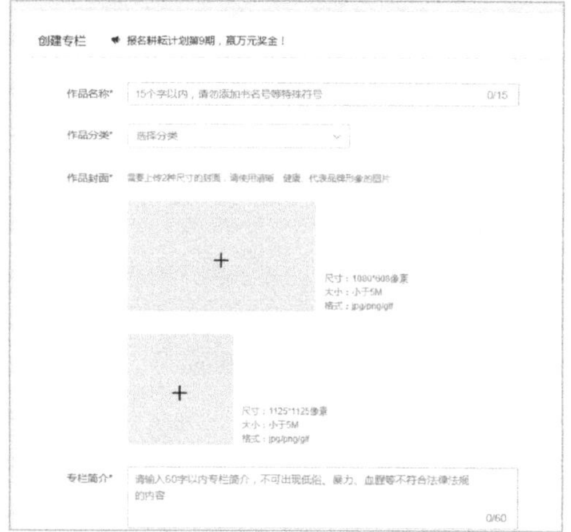

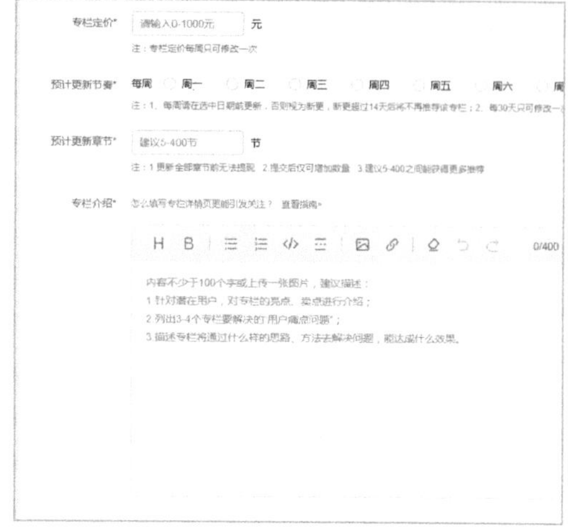

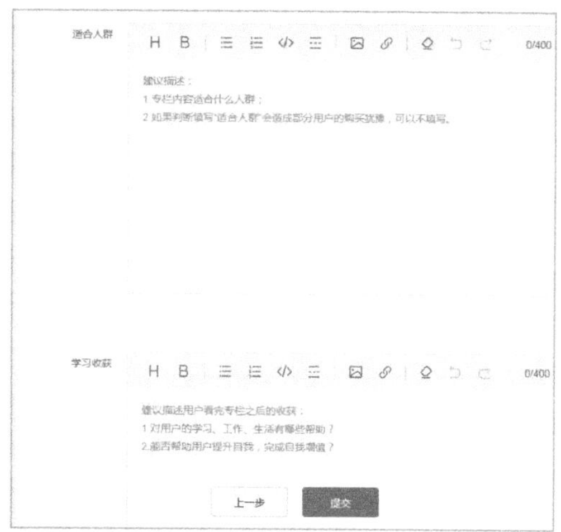

图 2-28　设置专栏的相关选项

2.2　图文创作，提高阅读

其实，运营者在进行内容运营之前，首先是要进行内容创作的，而这一工作的目的在于吸引用户关注、提高阅读量。那么，运营者应该从哪些方面入手才能打造能吸引用户的内容呢？本节以图文内容为例，介绍头条号内容创作的常见技巧。

2.2.1　把握心理，增加点击

运营者在进行头条号内容运营时，一个打通与用户联系、获取用户关注的关键点，就是能够满足用户的需求，只有这样才能够吸引用户关注。下面笔者总结了用户的6种心理，也就是用户的6种需求，来告诉大家如何进行内容运营。

(1) **学习价值需求**：部分用户在浏览网页或手机上的各种新闻、文章时，抱有获取有价值的内容、扩充自己的知识面和增加自己的技能等目的。因此，在编辑文章时，运营者可以将这一因素考虑进去，给用户一种能够满足价值需求的感觉。

(2) **探索未知需求**：人都是充满好奇心的，对于那些未知的、刺激的东西，总会有一种想要去探索、去了解的欲望。运营者可以抓住用户的这一特点，通过富有神秘感的标题，来满足用户的猎奇心理。

(3) **寻求娱乐需求**：有些人会阅读头条号里的各种文章，是出于消磨闲暇时光、给自己找点娱乐的目的。那些传播搞笑、幽默内容的文章，则会比较容易满足用户的娱乐需求，如冷笑话、幽默与笑话集锦等类型的账号，其文章内容给用户的感觉就是比较开心、愉快的。

(4) **窥探秘密需求**：人们有时候很矛盾，不想要让自己的秘密、隐私被其他人知晓，但是又会有窥探他人或者其他事物秘密的欲望。因此，运营者在编写文章标题时，可以适当地利用人们的这种欲望，写出能够满足用户窥探秘密需求的内容，从而吸引用户点击阅读。

(5) **情感感性需求**：大部分人都是感性的，容易被情感所左右，也很容易受感动，这种感性不仅仅体现在真实的生活中，还体现在倾注了感情的文章中。一篇成功的文章，需要做到能满足用户的情感需求，打动用户，引起用户的共鸣。

(6) **寻求安慰需求**：很多人养成了从文字中寻求关注与安慰的习惯，当他们看见那些传递温暖、含有关怀意蕴的文章时，都会忍不住去阅读。因此，在写标题时便可多用一些能够温暖人心、给人关注与关怀的词语，满足用户寻求抚慰的心理需求。

能够满足用户被关注需求的文章的标题，要真正发自肺腑地传递情感，最好文章内容也充满关怀，这样才能让用户不会感觉自己被欺骗。

2.2.2 重视标题，吸引用户

要做好今日头条号运营，学会拟写文章标题是非常必要的，有吸引力的文章标题，才会给头条号带来更多的粉丝和流量。经典的头条号标题有以下几种类型，下面笔者就为大家详细介绍一下。

(1) **“如何”体：一眼判定内容是否需要。**“如何”体的头条号文章标题是指在文章标题上有“如何”的字样出现，这种标题能让用户一眼就分辨出文章内容是否是自己想要的，从而决定是否继续阅读该文章。

(2) **“福利”体：传递“阅读即赚到”的感觉。**“福利”体标题是指在文章标题上向用户传递一种阅读这篇文章你就赚到了的感觉，让用户自然而然地想要去阅读文章。

(3) 借势型：传播范围更广，更易被搜索。借势型标题是指在文章标题上借助一些时事热点、新闻的相关词汇来给文章造势，增加点击量。

(4) 合集式：总结分类和数字带来冲击感。合集式标题是指在标题上对文章所涉及的内容进行总结分类，并直接写出分类后的具体数字。文章标题看起来比较集中，能给用户带来较强的视觉冲击感，用户在阅读时会感觉比较值。

(5) 速成型：让人更有动力去阅读文章。速成型标题是指从标题上给用户传递一种只要阅读了这篇文章之后，就可以快速掌握某些技巧或者知识的信心。用户在看到这种标题时，会更有动力去阅读文章里面的内容，因为他觉得学会这个技能很简单，不用花费过多的时间和精力。

(6) 专业性：更大专业价值，精准吸粉。专业性标题是指在标题中嵌入某方面的专业词语，让文章看起来更加专业，传递专业价值。这种标题能吸引那些与专业相关的用户，从而达到精准吸粉的目的，这样的用户群能给头条号带来更大的价值，而且他们的追随度会比其他粉丝更高。

(7) 本地化：利用地域优势吸引关注。本地化标题是指在标题写作时，带入当地的地名或者一些大都市的名称，这样能吸引更多的本地用户去浏览。

(8) 趣味性：营造一个愉悦的阅读氛围。趣味性标题是指在标题中使用一些有趣、可爱的词语，让整个标题给人的感觉是轻松、欢快的。这种充满趣味性的标题，会给用户营造一个愉悦的阅读氛围，因此就算文章中的内容是产品宣传的广告，也不会让用户产生反感。

(9) 揭露式：揭露隐藏秘密，传递兴奋感。揭露式标题是指通过文章的标题，为用户揭露某件事物隐藏的不为人知的秘密。大部分人都会有好奇心和“八卦”心理，而这种标题则恰好可以抓住用户的猎奇心理，给用户传递一种莫名的兴奋感，能充分引起用户的兴趣。

2.2.3 图片亮丽，吸引点击

在头条号的文章内容中，一张合适的图片有时胜过千言万语。图片能给头条号的用户带来更好的视觉效果，也能为平台上的文章锦上添花。下面笔者向大家介绍在文章中使用图片时，需要注意的一些地方。

(1) 封面。文章封面设置得好坏，会影响用户点开文章阅读的概率，漂亮、清晰的封面图片能瞬间吸引用户的眼球，从而让用户有兴趣进一步深入阅读。

(2) 修图。在使用图片给头条号增色时，运营者也可以通过一些后期处理方法给图片“化妆”，让图片更加有特色，从而吸引到更多的用户。

(3) 色彩。运营者想要让自己的图片吸引用户的眼球，那么所选的图片颜色搭配要好看，尽量给人一种顺眼、耐看的感觉。在没有特殊情况下，图片要尽量选择色彩明亮的，因为这样的图片能给头条号带来更多的点击量。

(4) **内容。**图片的内容要和标题一样，让人扫一眼就知道文章讲的是什么内容。例如，你写了一篇讲述狗狗的文章，那么你就不能放一张猫的照片，这样就会让人感觉你的内容文不对题、名不副实。

2.2.4 内容要点，创造黏性

在运营头条号的过程中，运营者除了通过内容来吸粉引流外，还应该通过内容积极建立起用户对头条号的黏性。下面介绍提升用户黏性的几个要点。

1．内容特色：3 大要求，助你抓住用户眼球

内容要有特色，首先要抓住受众的需求，也就是抓住用户的眼球。接下来笔者将从以下几个方面阐述抓住用户眼球的内容要求。

(1) **具有实用价值。**从实用性的角度提供价值，就是指运营者为用户提供对他们日常生活有帮助的内容。

(2) **具有趣味性。**受众都是喜欢有趣的信息的，头条号运营者如果能做到这点，对宣传效果必定大有裨益。

(3) **具有震撼性。**运营者在编写内容时做到意外性和稀缺性，就能够提升内容的震撼性。什么是意外性和稀缺性？就是能让人感到意外，同时题材也是十分稀缺的内容。对于越是少见的内容，用户越是感兴趣，它的传播价值也就越大。

2．提前预告：做用户期待的内容，实现有效推广

对于好的内容，运营者一定要提前对内容进行预告，就像电影上映前的宣传手段一样，通过提前预告的方式让用户对内容有一定的期待性。

3．排版布局：舒适的阅读体验，才能让用户看下去

文章的排版对一篇文章有很重要的作用，它决定了用户是否能够舒适地看完整篇文章。因此，运营者在给用户提供好内容的同时，也要注意文章内容的排版，从而让用户拥有精神与视觉的双重体验。

下面介绍一些今日头条号文章排版时应该注意的问题。

(1) **风格要选对：**选好属于自己的内容排版方式，能够形成头条号的独特风格，从而与其他头条号形成差异化，吸引更多用户。

(2) **颜色要搭配好：**运营者在进行文章内容排版时，要特别注意色彩的搭配。人们的眼睛对色彩非常敏感，不同的颜色能够向人们传递不同的感觉，例如红色可以给人以热情、奔放的感觉，蓝色可以给人以深沉、忧郁的感觉。

(3) **间距要适宜：**给文章的内容选择合适的字体大小以及合理的间距，能够让版

面看起来更和谐、美观，用户的阅读体验也会更好。

(4) **版面要简洁**：运营者在追求版式特色的同时，也要注意版面的简洁，在一篇文章中不要使用太多的排版方式。

2.2.5 运营思路，打造创意

在头条号的日常运营中，运营者要懂得创意内容的运营思路，例如利用连载的形式勾起用户的观看欲望、把热门事件插入故事中等。下面笔者将为大家介绍内容运营的几点思路。

1．内容连载：系列推送，引导用户长期关注

这里的连载并不是像小说那样，写很长的连载故事，而是指运营者可以围绕同一类话题进行写作，形成一系列的专题故事。

2．福利直白：激发好奇心，让阅读量“飞起来”

做过自媒体运营的人都知道，很多时候将福利直白地说出来会比较好。运营者可以在标题上将福利展现出来，也可以在图片上将福利展现出来，让用户一眼就知道福利是什么，例如“免费送××”“买一送一”“转发就送××”等，这样能够更好地激发用户的好奇心，从而提升文章的阅读量。

3．热门事件：凭借事件传播度，提高点击量

一个有价值、有传播度的热门事件，在今日头条中的阅读量可能上百万。有时候，运营者在标题中嵌入热门词汇，就是为了提高用户的点击率。一条有热门词和一条没有热门词的普通标题，对文章的推荐量的影响可能是几万、十几万甚至几十万的点击量的差距，由此可见，热门事件对于内容运营者来说多么重要。

4．节日话题：让传播效果更好的有效途径

在节日时，运营者发布与节日相关的话题是很有必要的，一方面可以烘托节日的气氛，另一方面可以让用户感受到过节的氛围。在节日期间，发布与节日话题相关的内容，往往比其他的普通内容引流效果更好。

2.2.6 把握时机，发布内容

编辑完头条号内容之后，运营者面临的下一个难题就是把握信息发布的时间。在什么时候发送信息比较合适？哪个时间段的阅读率最高？下面笔者总结出了几个适合头条号推送信息的时间段。

(1) **早上 8~9 点**：新的一天开始，大家对信息的需求量是最大的，同时也是信

息蜂拥而至的时候，运营者需要把握这个“黄金时段”。

(2) 中午 11 点半～1 点：这段时间一般是大家吃饭和午休的时间，聊天讨论的概率比较大，此时发送的消息很容易成为热门话题。

(3) 晚上 8～9 点：这个时间段是大家最放松的时间，人们大都在看电视或者休息，很容易接受信息。

在了解了最佳的信息推送时间后，运营者首先要做的是选择一个时间点，固定、准时地推送信息。在这样的情况下，方便用户在“推荐”和“关注”频道中快速阅读文章，而不需要去长久滑动屏幕寻找内容，从而形成用户的阅读习惯，有利于保持粉丝的关注度和增强粉丝的黏性。

2.3 内容审核，符合规范

在今日头条平台上，头条号发布的文章只有经过审核才能被推荐给用户，而且审核的时间有长有短——一般为 3~5 分钟，最长不会超过 24 小时。而今日头条平台就是利用其比较完善的审核机制，来保证内容信息的合法合规性的。当然，只有审核顺利过关的文章，才能有效地传送给用户。

2.3.1 审核规范，了解细则

文章审核的顺利通过是实现推荐的前提，而没有通过审核的文章，在修改没有达到标准的情况下，是不予推荐的。当然，对某些违规比较严重的内容，甚至连返回修改的机会都不会有，它将直接关闭该篇文章的推荐功能。如表 2-1 和表 2-2 所示，为头条号内容审核过程中，出现违规恶劣内容及其相应的扣分和惩罚。

表 2-1 头条号文章审核中发现的违规行为及扣除分值

违规行为	惩 罚
发布反动等违法内容	扣 50 分
经举报，文章确认为抄袭	扣 40 分
发布色情、低俗等内容	扣 20 分
非规范稿源发布泛时政内容	扣 20 分
发布广告或其他营销推广信息	扣 10 分
标题党	扣 10 分
发布与事实不符的各类信息	扣 10 分

表 2-2 扣除分值与相应惩罚

扣除分值	惩 罚
每扣 10 分	禁发文/禁微信和 RSS 接入 1 天
被扣 50 分	关闭头条广告和自营广告权限
被扣 100 分	封禁账号，且不可恢复

除了上述惩罚以外，其相关违规行为还有一些与之对应的惩罚，举例如下。

(1) 被判定有抄袭行为时，头条号的原创标签和赞赏功能将会被收回，且以后将不会再予以申请和开通。

(2) 当禁言惩罚在 3 天及 3 天以上时间内持续发生时，该头条号的文章推荐量也会受到较大影响。

(3) 凡是因为抄袭或发布色情、反动内容受到惩罚的头条号，将永久失去原创标签与“千人万元计划”权益。

2.3.2 文章修改，不可频繁

在新媒体阵营中，大多数平台是不支持文章发布后的内容修改的，而今日头条是个特例——在文章发布后的 14 天内，允许头条号创作者进行修改。熟悉头条号运营的用户都知道，头条号文章发布的审核过程是需要一段时间的，因此，运营者修改推送文章也存在两种不同的情况，即审核通过前修改和审核通过后修改。

(1) 审核通过前修改：头条平台系统审核的不再是修改前的版本，直接以修改后的版本作为审核的文章内容。

(2) 审核通过后修改：今日头条系统将重新对文章进行审核，显示的也将是修改后的版本。当然，修改的内容没有通过审核，则将继续显示修改前的版本。

同时，对运营者来说，平台是不鼓励反复修改推送文章的，且那些修改了 3 次及以上的文章，还有可能不会获得系统的推荐。其原因就在于反复修改存在以下两个方面的弊端。

- 除了标题外，其他内容的小修小补是不会对文章的推荐量产生大的积极作用的，反而会影响文章的及时发布和推荐量。
- 有些人认为，文章审核通过后再进行修改，可能系统就不会察觉出其中不符合规范的内容。这是大错特错的，因为系统不但会对文章重新进行审核，假如被判定为恶意修改，还会受到平台的严厉惩罚。

因此，运营者要注意，在发表文章之前最好仔细检查，文章发表之后如果想要修改，也只能进行小修小补，且切忌反复修改。如果要对文章进行比较大的改动，在笔者看来，还不如删除之后重新发布，以免影响文章的推荐量和点击量。

2.3.3 注意规范，快速通过

在审核文章的过程中，尽管其时间的长短是不影响推荐量的，但是让审核快速通过，是更好地准确把握发布时间的前提。因此，运营者要做的是思考如何才能快速通过审核，针对这一点，头条号后台专门准备了比较完备的“文章过审指南”来指导头条号文章的发布，做法列举如表 2-3 所示。

表 2-3 头条号推送文章快速过审的做法列举

过审方面	内 容	
规范标题	避免格式上的错误	(1) 除网络用户或一语双关外，不能出现错别字； (2) 要保证表意完整、通顺，不能影响用户阅读； (3) 要正确使用标点符号，且不要插入特殊符号； (4) 标题中所有的汉字都需要使用规范的简体中文
	注意标题内容质量	(1) 不要包含一些系统不允许的特殊敏感词语； (2) 要避免恶俗化，且避免使用色情、粗俗的词语
原创内容	格式方面要规范	(1) 正文中汉字必须使用简体中文； (2) 正文中不要出现乱码； (3) 正文在段落、标点方面要合理、清晰
	内容方面要优质	(1) 发布的文字和图片要具有完整性，以免给用户带来阅读困扰； (2) 文章内容要具有时效性； (3) 正文不要发布低俗内容； (4) 正文内容要避开敏感信息
推广信息	推广类信息不发布	一些含有二维码、电话号码、广告图片、广告链接等推广元素的文章不能发布
	恶意推广信息不发布	收藏、健康、手表和其他一些类别的推广类信息不能发布

2.4 内容管理，掌握技巧

在头条号后台的“今日头条”菜单下，有一个“内容管理”按钮，单击该按钮进入相应页面，可以对头条号内容进行管理，如图 2-29 所示。

图 2-29　“内容管理”页面

2.4.1　爆文管理，分享炫耀

在“内容管理”页面中，单击“爆文”标签，进入其页面，可以查看被系统评估为爆文的文章内容，如图 2-30 所示。将鼠标指针移至“炫耀”按钮上，可以快速地将爆文分享至微头条、QQ、新浪微博等渠道，以及用二维码等方式分享和炫耀爆文。

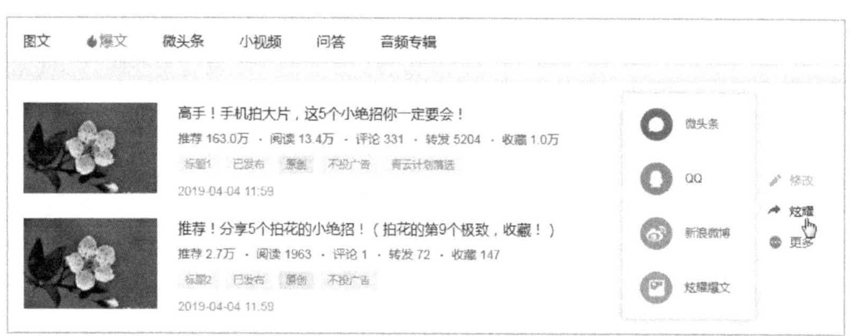

图 2-30　“爆文”管理页面

将鼠标指针移至“更多”按钮上，可以在弹出的操作菜单中执行置顶、从主页撤回、关闭评论和删除等功能。单击爆文右侧的“修改”按钮，即可进入文章编辑页面，在此可以对文章标题、内容和封面进行调整。单击“发布”按钮，即可确认修改，如图 2-31 所示。

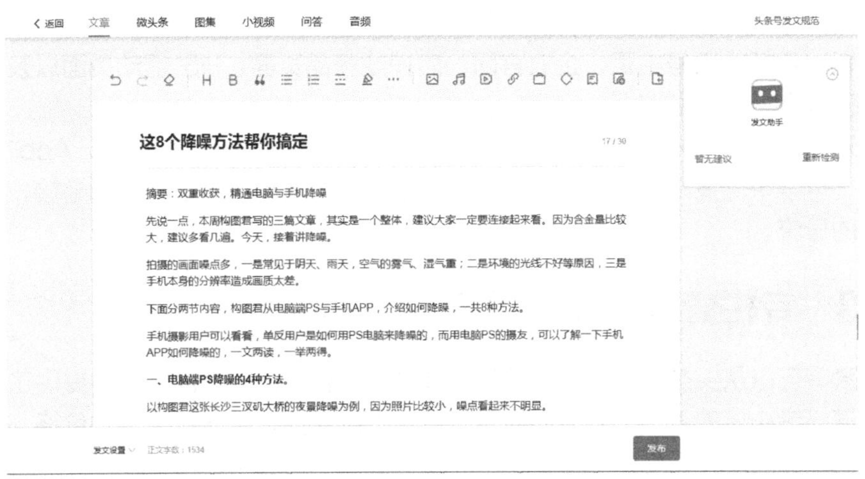

图 2-31　修改文章

2.4.2　视频管理，扩展链接

运营者可以从头条号后台进入“西瓜视频→内容管理”页面，即可看到自己发布的所有视频和视频合集内容，同时可以通过“状态”栏中的全部、已发表、未通过、草稿、仅我可见等标签，来筛选要查看的视频内容列表，如图 2-32 所示。

图 2-32　“西瓜视频→内容管理”页面

运营者还可以通过设置时间段和输入标题的方式，来查找相应的视频。在视频标题的下方，还会显示该视频的推荐量、播放量、点赞量、评论量、收藏量、分享量等数据。单击视频右侧的“数据”按钮，可以快速跳转到视频数据页面，查看详细的视频运营数据。

单击“修改”按钮，可以对视频标题、内容和封面进行调整。在修改视频内容时，运营者可以通过设置“扩展链接”功能插入外部链接，将观看视频的用户引流到其他位置，包括头条号主页、企业官网、店铺或商品页面、H5 活动页面以及其他文章/视频页面等指定链接地址。

当运营者在视频内容中添加“扩展链接”功能后，用户在今日头条 App 中观看视频时，可以单击视频下方的“了解更多”按钮，跳转到运营者指定的链接，实现视频内容的导流。

2.4.3 专栏管理，关联圈子

运营者可以从头条号后台进入“付费专栏→专栏管理”页面，其中提供了创建专栏和开通抖音小店的入口，同时还显示了专栏的购买数、发表数、专栏价格、分销比例等数据，如图 2-33 所示。

图 2-33 “专栏管理”页面

单击“专栏价格”或“设置分销”下方的修改图标，可以快速设置相应的参数。单击“新建章节”按钮，可以快速创建图文、视频、音频章节内容。单击“更多”按钮，可以执行编辑专栏、删除专栏、复制链接、生成海报、查看版权等操作。

单击专栏封面下方的“修改专栏信息”按钮，进入“编辑专栏”页面，运营者可以对专栏的各项设置进行调整。单击“关联圈子”按钮，可以将专栏与圈子关联在一起，在专栏页面中显示圈子信息，如图 2-34 所示。

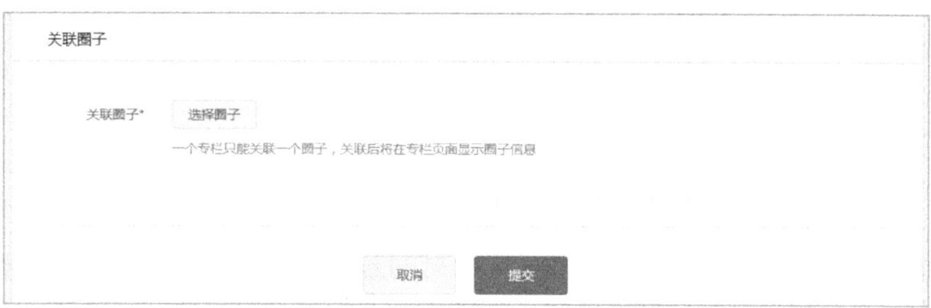

图 2-34 “关联圈子”设置页面

2.4.4 素材管理，收藏好图

在头条号运营过程中，为了获得更高的推荐量和阅读量，好的素材(特别是吸睛而又优质的图片)很重要。为此，今日头条平台专门安排了“素材管理”功能，帮助运营者获取和收藏好的图片素材。

运营者可以从头条号后台进入“今日头条→素材管理”页面，单击“上传图片”按钮即可将找到的优质图片上传到素材库中，如图 2-35 所示。

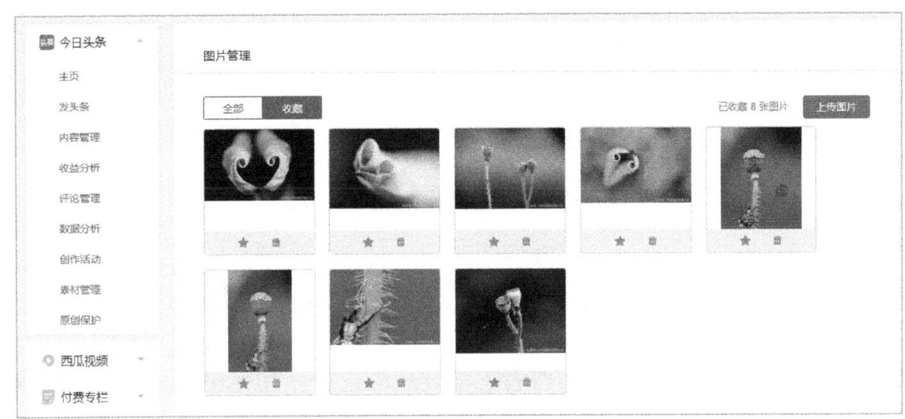

图 2-35 “图片管理”页面

有人会问，如果图片素材积累过多，想要找一个需要的图片总要耗费很多时间时，应该怎么做才能实现图片素材的有序管理呢？

此时，运营者可以通过“删除”按钮和“收藏”按钮来对其进行整理。如果运营者认为该图片是有用的，后续的运营工作中可能会用到，那么可以单击图片下方的“收藏”按钮☆对图片进行收藏；如果运营者认为该图片以后不会用到或没有太大意义，那么就可以单击“删除”按钮，把图片从“图片管理”页面中移除。

2.4.5 图片素材，免费使用

在头条号后台的“个人中心”菜单中，有一个名为“功能实验室”的板块，其中就有“免费正版图集”和“正版图库”两项与图片相关的内容。

例如，单击“免费正版图集”右侧的“前往”按钮，进入其页面，如图 2-36 所示。运营者可以单击上方的图集标签筛选图集，也可以单击“自建图集(搜索资料图)”按钮，搜索并建立自选图集。

选择合适的图集后，单击“去创作”按钮，即可进入图集创作页面，运营者可以合理地编辑、删减图片，丰富图集内容，以便通过审核和获取更多阅读。在编辑图集的图说内容时，运营者可以结合参考内容和图片内容，进行人物、地点或事件的描述，可适当地增加背景资料或进行评论，建议每张图片的图说内容都要有所差异。

图 2-36 “免费正版图集”页面

2.5 原创权益，及时开通

原创权益是头条号平台给优质作者的重要权限之一，包括图文原创和视频原创两个权益，运营者一定要及早开通针对自己内容形式的原创权益，让自己的原创内容得到更好的保护。

2.5.1 图文原创，独家发布

为文章声明原创可以获得“原创”标识、站内维权以及更多推荐与分成等权益，此时运营者应满足下列条件。

- 账号类型为“个人”“群媒体”“新闻媒体”“企业”，且已完成身份校验，入驻时间≥30 天。
- 最近 30 天，已发图文≥10 篇。
- 最近 30 天内，没有申请过“图文原创”权限。
- 无抄袭、发布不雅内容、违反国家有关政策法规等违规记录。

符合要求的运营者可以进入“个人中心→创作者计划”页面，在“基础权益”中的“图文原创”卡片上，单击“申请开通”按钮即可，如图 2-37 所示。

运营者申请开通“图文原创”权益后，平台会对头条号的原创情况和质量两部分进行审查，时间通常为 5 个工作日。如果审核没有通过，建议运营者提高内容的原创性以及发文质量，保证内容丰富翔实后，再去申请。

图 2-37　单击“申请开通”按钮

在发布文章内容时，如果是由运营者自行创作的作品，且是对作品拥有合法版权的内容，或者获得著作权人本人授权的内容，都可以开启“声明原创”功能，同时拥有“自荐青云计划”和“额外配置‘标题+封面’的组合”两项权益，如图 2-38 所示。

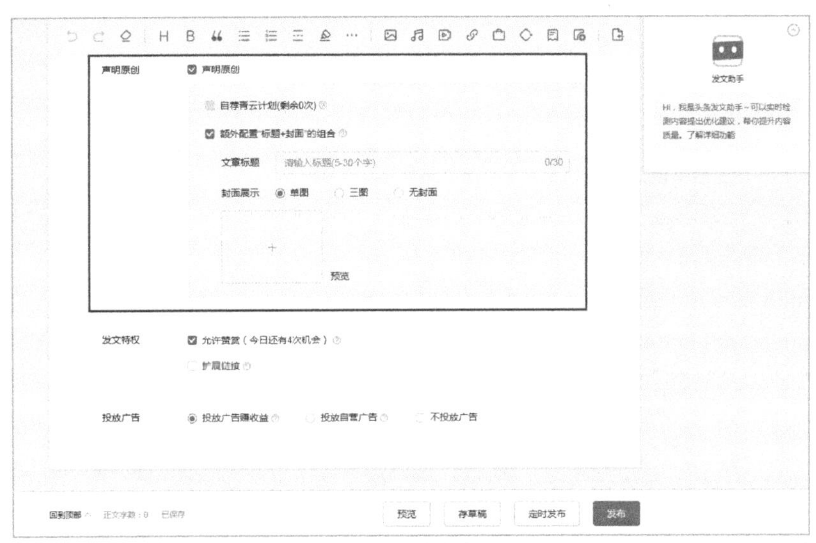

图 2-38　开启“声明原创”功能

专家提醒

需要注意的是，运营者切不可违规使用“声明原创”功能，否则被平台发现后，将会对头条号进行不同程度的处罚。例如，前两次违规的运营者，将扣除 20 分，并给予警告；如果是三次违规，则将永久关闭“原创”功能使用权限。

2.5.2 视频原创，注意规则

符合要求的运营者可以进入头条号后台的“个人中心→创作者计划”页面，在“视频原创”卡片上单击“申请开通”按钮进行申请即可，审核时间为 3~5 个工作日。“视频原创”权益的申请条件如下。

- 账号已通过作者(实名)认证。
- 最近 30 天，已发视频数≥3 个。
- 最近 30 天内没有“视频原创标签”的审核记录。

若运营者发布的视频内容存在原创占比不足、无法判断内容原创性、视频抖动/质量不佳、解说质量不佳、二次加工程度弱等其他问题，则“视频原创”权益的申请将不会通过平台的审核，具体原因如图 2-39 所示。

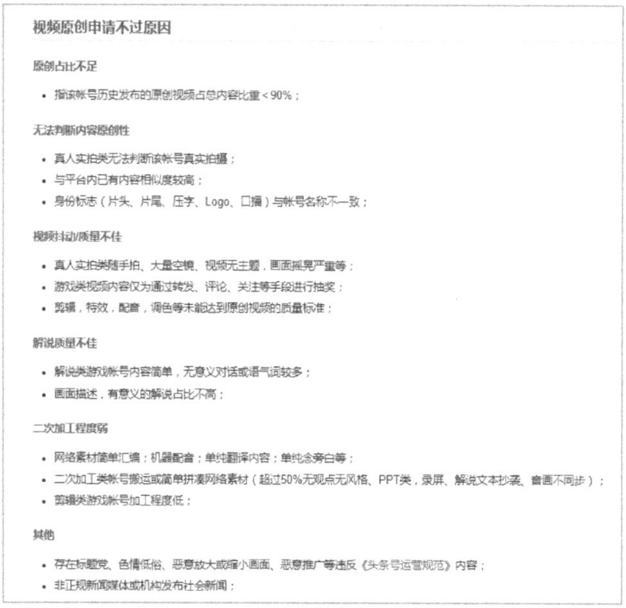

视频原创申请不过原因

原创占比不足

- 指该帐号历史发布的原创视频占总内容比重 < 90%；

无法判断内容原创性

- 真人实拍类无法判断该帐号真实拍摄；
- 与平台内已有内容相似度较高；
- 身份标志（片头、片尾、压字、Logo、口播）与帐号名称不一致；

视频抖动/质量不佳

- 真人实拍类随手拍、大量空镜、视频无主题，画面摇晃严重等；
- 游戏类视频内容仅为通过转发、评论、关注等手段进行抽奖；
- 剪辑，特效，配音，调色等未能达到原创视频的质量标准；

解说质量不佳

- 解说类游戏帐号内容简单，无意义对话或语气词较多；
- 画面描述，有意义的解说占比不高；

二次加工程度弱

- 网络素材简单汇编；机器配音；单纯翻译内容；单纯念旁白等；
- 二次加工类帐号搬运或简单拼凑网络素材（超过50%无观点无风格、PPT类，录屏、解说文本抄袭、音画不同步）；
- 剪辑类游戏帐号加工程度低；

其他

- 存在标题党、色情低俗、恶意放大或缩小画面、恶意推广等违反《头条号运营规范》内容；
- 非正规新闻媒体或机构发布社会新闻；

图 2-39 视频原创申请不过的原因

2.5.3 原创保护，维权有方

开通原创保护功能后，运营者即可针对抄袭文章进行维权，假如存在疑似抄袭的文章，就会在“今日头条→原创保护”页面中的“文章列表”中显示出来，如图 2-40 所示。

图 2-40　“原创保护”页面

单击文章“操作”栏下方的“详情”按钮，进入相应的页面，如果运营者确认了该篇文章在站内或站外存在抄袭的情况，就可以单击“操作”栏下方的“确认抄袭”按钮进行维权举报，如图 2-41 所示。

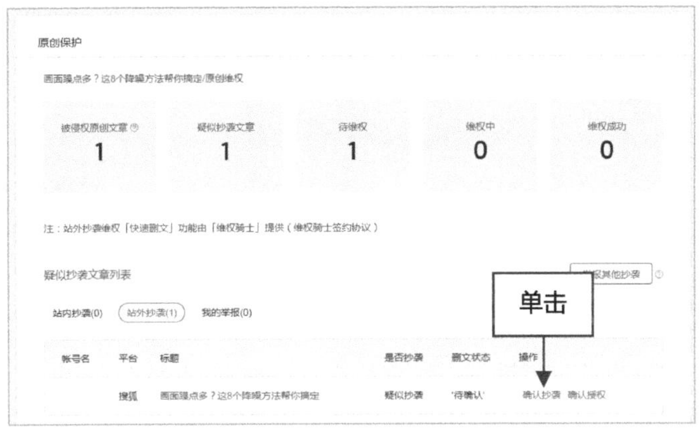

图 2-41　单击“确认抄袭”按钮

对于头条号创作者来说，大多会选择多个自媒体平台进行内容的宣传推广。在这种情况下，与今日头条平台授权签约的创作者需要进行添加白名单的操作，才不会让自己在其他平台推送的与头条号相同的内容，被系统监测到并判断为“疑似抄袭文章”，从而被纳入维权的范围。

运营者可以进入“原创保护”页面，在该页面上选择“白名单”选项，进入相应页面，单击“新增白名单账号”按钮，并根据提示完成添加白名单的操作即可，如图 2-42 所示。

图 2-42　单击“新增白名单账号”按钮

第3章

运营推广：获得关注

学前提示

一般来说，在新媒体平台上，所有的运营工作基本上都是围绕着粉丝和内容进行的，而内容在一定程度上又是为了增粉而准备的，可见运营涨粉工作的重要性。本章将重点介绍头条号的内容运营和推广技巧，帮助运营者快速找到合适、有效的增粉方法，获得更多粉丝的关注。

3.1 实用功能，不可错过

在头条号后台的“个人中心”菜单中选择“功能实验室”选项，即可进入其页面，这里列出的都是一些非常实用的内容创作和运营推广工具，包括懂车帝、热词分析、木叶文学、头条小店、小程序、大纲编辑器、免费正版图集、双标题/双封面、圈子、即合平台、热点图库等，如图 3-1 所示。

图 3-1 “功能实验室”页面

“功能实验室”不仅为运营者生产内容提供了丰富的素材资源，而且还是重要的传播、营销工具，能够帮助运营者把自己的内容推广到更多的渠道。

3.1.1 热词分析，捕捉热点

运营者可以在“功能实验室”页面中的“热词分析”板块，单击“前往”按钮进入“热词分析”页面，如图 3-2 所示。

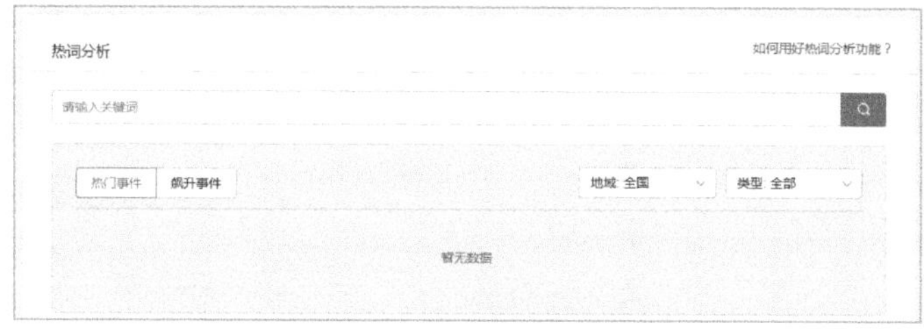

图 3-2 “热词分析”页面

今日头条平台拥有海量的用户，而“热词分析”功能就是通过挖掘与分析这些用户的行为数据，为运营者提供内容创作和推广指导，其功能包括捕捉即时热点、分析热点事件数据以及预测可能的热点等。

另外，运营者还可以在搜索框中输入相应的关键词进行搜索，即可查看该关键词的热度指数、关联分析、相关内容、人群画像、评论分析等，同时还可以添加对比词，帮助运营者围绕热点进行差异化的内容生产，如图 3-3 所示。

图 3-3 关键词分析功能

3.1.2 绑小程序，裂变传播

运营者可以在“功能实验室”页面中的“小程序”板块，单击“前往”按钮进入“小程序管理”页面，在此可以绑定和解绑小程序，如图 3-4 所示。根据页面提示可以看到，每个头条号可以绑定 5 个小程序。

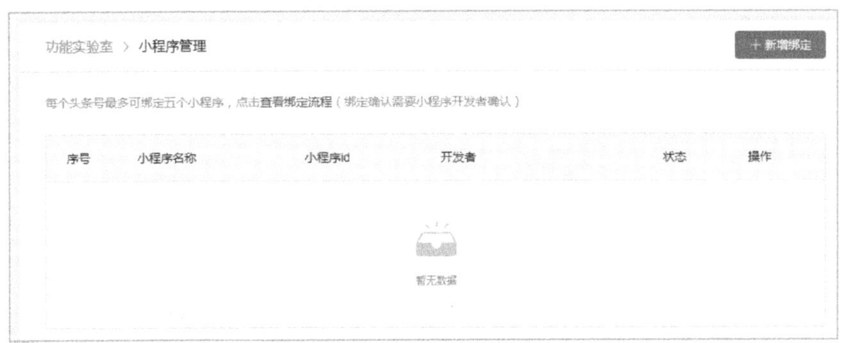

图 3-4 “小程序管理”页面

单击右上角的“新增绑定”按钮，弹出“绑定小程序”对话框，输入正确的头条小程序 ID 后，单击“确定”按钮，如图 3-5 所示。之后小程序开发者和平台会对运营者申请绑定的小程序进行审核，审核通过后即可绑定成功。

绑定小程序后，运营者可以在自己的个人主页、微头条、图文内容、自定义菜单以及抖音短视频中，插入小程序，由内容为小程序带来量变和裂变，提升品牌知名度的同时获取更多新增用户。

图 3-5 “绑定小程序”对话框

3.1.3 大纲编辑，搞定文档

大纲编辑器是头条号平台与“幕布”联合推出的大纲笔记功能，帮助运营者更好地收集灵感、构思结构和积累素材。运营者可以在“功能实验室”页面中的“大纲编辑器”板块，单击“前往”按钮进入“幕布”工具页面，即可在此创建笔记或管理文档，如图 3-6 所示。

图 3-6 “幕布”工具页面

在“幕布”高级版工具中，还拥有无上限的文档节点主题数量、思维导图模式、演示模式、插入图片、文档高级样式、思维导图高级风格、高级导出(OPML、思维导图)、回收站文件永久保留等功能，帮助运营者轻松搞定各种文档。

3.2 评论管理，增加互动

运营者在管理头条号的过程中，除了要注意内容的优质，以便吸引粉丝外，还应该注意通过与用户互动来提升用户黏性。本节笔者就从用户评论管理这一角度出发，介绍通过评论互动来提升粉丝关注度的方法。

3.2.1 图文评论，积极回复

在头条号后台的“今日头条→评论管理”页面，共有两个选项可以查看评论，即“图文评论”和“微头条评论”。如图 3-7 所示为“图文评论”页面。

图 3-7 “图文评论”页面

切换至“全部”选项卡，运营者可以查看全部文章的标题、评论状态是否正常、总评论数和粉丝评论数等内容。运营者不仅可以在此查看详细的评论内容，还可以与用户积极互动。在每一条评论下方都有评论、赞、推荐等图标按钮，运营者可以单击相应按钮进行互动操作。

关于评论内容的回复，运营者除了要回答评论者的问题外，还需要对不同的用户采用不同的回复策略，具体如下。

- 针对粉丝评论，运营者首先可以谢谢他们持续关注你，然后在回答他们的提问时要注意采用亲切的语气，仿佛老朋友在交谈一样，这样才能最大限度地提升用户的忠诚度。
- 针对非粉丝评论，运营者首先也应该谢谢他们的支持，然后回答评论者的问题。除此之外，运营者还应该在最后以简短的语言，尽可能呈现用户关注后的福利，并邀请他们关注你。

3.2.2 关闭评论，慎重选择

在“评论管理”页面中，切换至“微头条评论”选项卡，在此可以看到全部的微头条内容，同时下方会显示评论数据，以及“关闭评论”功能，如图 3-8 所示。

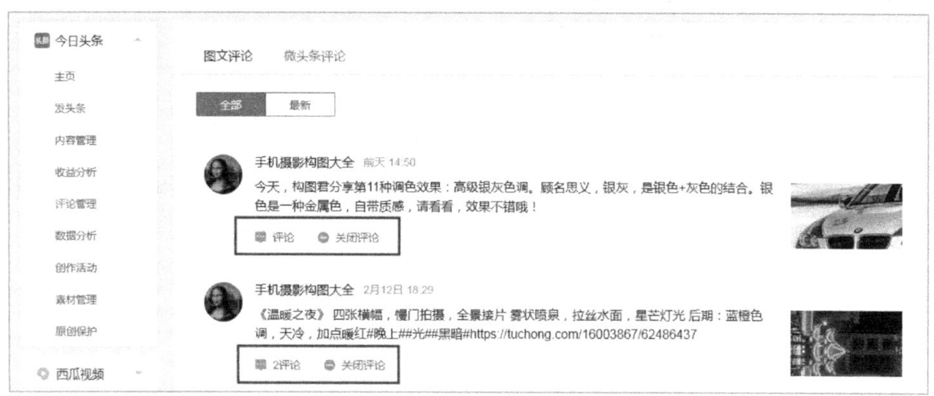

图 3-8 “微头条评论”页面

单击微头条内容下方的“评论”按钮，可以展开用户评论，查看该条微头条下的所有评论内容。对运营者来说，在管理评论内容时，不仅可以查看评论和与用户互动，还可以基于推广内容的目的而对优质评论进行突出显示，让该条评论更靠前。

单击“关闭评论”按钮，弹出“确认关闭评论吗？”提示对话框，单击“确认”按钮即可关闭评论功能。关闭评论后将清除该条微头条下的所有评论，用户也不能再进行评论。这样做将会影响粉丝活跃度和文章推荐，运营者一定要慎重操作。

3.2.3 视频评论，有效引流

在头条号后台的“西瓜视频→评论管理”页面，也有两个选项可以查看评论，即“最新评论”和“视频评论”。如图 3-9 所示为“最新评论”页面，针对粉丝的评论，会显示红色的“粉丝”标签，同时下方还可以查看评论和点赞数据，以及置顶和推荐互动功能。

对于有价值的优质评论，运营者可以单击“置顶”按钮，将其调整到评论页面的最顶部，让更多的人看到评论内容，带动大家积极发言讨论。另外，每个视频都可以推荐一条评论，推荐后该评论将取代之前推荐的评论。

打开“视频评论”页面，可以选择视频来查看对应的评论内容，同时还可以选中“只显示粉丝评论”复选框，查看粉丝评论的内容，如图 3-10 所示。

图 3-9 “最新评论”页面

图 3-10 “视频评论”页面

在评论内容中，运营者经常可以看到“分享了”“已转发”等内容，表示用户已转发这个视频，使得其在更大范围内获得推广，这是一种基于优质内容展现在评论区的吸粉方式。

当然，运营者还可以通过在大号和爆款内容下方发表有影响力的评论内容，最好是在比较靠前的位置进行评论，让阅读该文章或观看视频的其他用户注意到你，这也是一种能有效大量吸粉的方式。然而，运营者在选择头条号大号和爆款内容时要注意，只有当双方头条号拥有共同潜在用户的情况下，其吸粉目标才能更快实现。

3.3 内容推广，增加推荐

有了好的内容，运营者还需要掌握一些推广技巧，让自己的内容在平台上获得更多推荐，能够被更多用户看到，这样内容才能为运营者带来回报。本节介绍一些基于头条号平台功能的内容推广技巧，帮助运营者打开内容变现的大门。

3.3.1 标题封面，双重推广

运营者在发布文章时，可以使用“双标题/双封面”功能设置两套不同的标题/封面，这样平台的推荐系统会根据用户的实际点击率等数据，来分析用户偏好，帮助运营者选择更好的标题/封面组合，增加内容的推荐量。

“双标题/双封面”功能是通过平台评估头条号来邀请开通的，运营者无法自主申请，评估依据主要包括内容质量、原创度、活跃度等维度。

开通“双标题/双封面”功能后，运营者可以在发布图文、图集和视频等内容时，先开启“声明原创”功能，之后即可在展开的相关设置选项中，添加双标题/双封面，如图 3-11 所示。

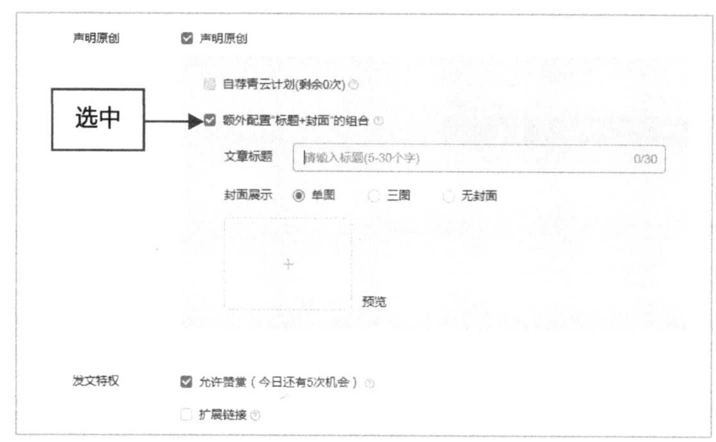

图 3-11　使用“双标题/双封面”功能

运营者可以选中“额外配置‘标题+封面’的组合”复选框，添加新的标题信息与封面图，第二套标题、封面的设置规范与主标题相同。同时，运营者可以进入图文或视频的“内容管理”页面，查看“双标题/双封面”内容的不同标题/封面的推荐、阅读数据，如图 3-12 所示。

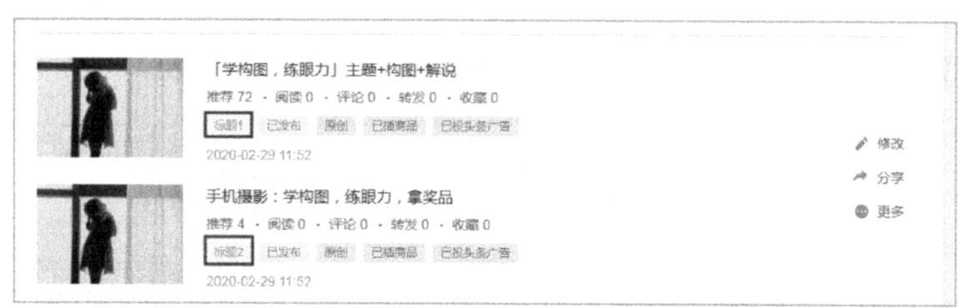

图 3-12　查看“双标题/双封面”内容的相关数据

专家提醒

需要注意的是，如果用户在头条号的主页查看内容时，即使设置了“双标题/双封面”的内容，也只会展示内容的主标题，不过阅读数据则是主标题和第二标题内容相加的结果。

3.3.2 外图封面，有利推广

运营者在发布文章或图集内容时，如果觉得正文中的这些图片不适合作为平台信息流的封面图，可以利用“外图封面”功能，将正文以外的图片设置为封面，优质的封面更有利于内容获得推荐。

在发布文章内容时，运营者可以单击“展示封面”选项区中的＋按钮，如图 3-13 所示。

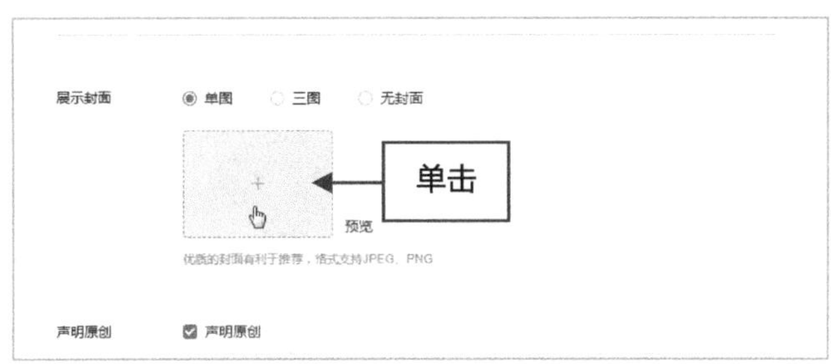

图 3-13　单击＋按钮

执行操作后，弹出“上传图片”界面，可以单击“选择图片”按钮，上传自定义封面图，同时下方平台还会为运营者的文章智能匹配免费正版图片，如图 3-14 所示。

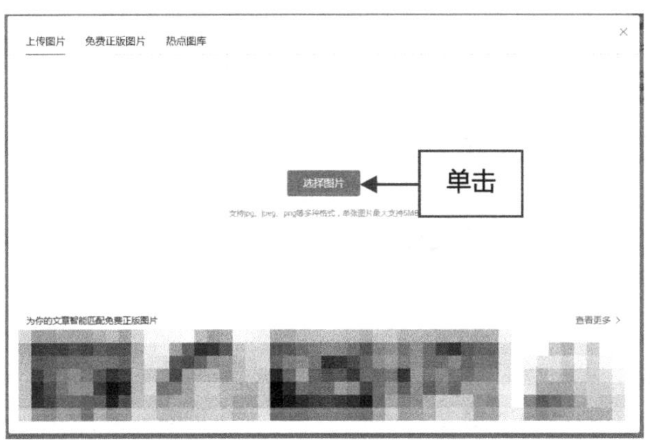

图 3-14　“上传图片”界面

另外，运营者也可以切换至“免费正版图片”或“热点图库”选项卡，在其中选择与内容主题相关的图片作为封面图。例如，切换至“热点图库”选项卡，运营者可以直接在搜索框中输入相应的关键词来查找图片，也可以通过单击下方的图片类型标签，来筛选合适的封面图片，如图 3-15 所示。

图 3-15　“热点图库”选项卡

3.3.3　粉丝必达，加权推荐

运营者在发布内容时，可以使用“粉丝必达”功能，这样文章通过审核后，除了获得系统正常的推荐流量外，还可以针对自己的粉丝进行加权推荐，系统会保证这些内容被粉丝看到，让优质内容高效地触达头条号的活跃粉丝。

目前，“粉丝必达”功能还处于内测阶段，暂不支持运营者自主申请。开通“粉丝必达”功能的运营者，在发布文章页面的“设置”选项区中选中“粉丝必达”单选按钮即可，如图 3-16 所示。

使用“粉丝必达”功能发布文章后，运营者可以进入“今日头条→内容管理”页面，即可在文章列表中看到相应文章标题下方显示有蓝色的“粉丝必达”标签，如图 3-17 所示。

需要注意的是，“粉丝必达”功能每 7 日只能使用 1 次，没有使用也不会累计。使用“粉丝必达”功能发布的文章，不能在后期修改时撤销，而且不支持定时发表。同时，使用了“粉丝必达”功能的文章，如果没有通过平台审核，次数也会随之用完，不会返还给运营者。

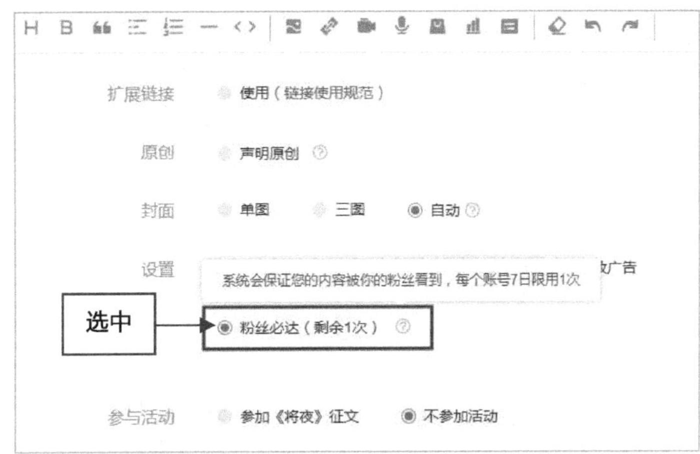

图 3-16　选中“粉丝必达”单选按钮

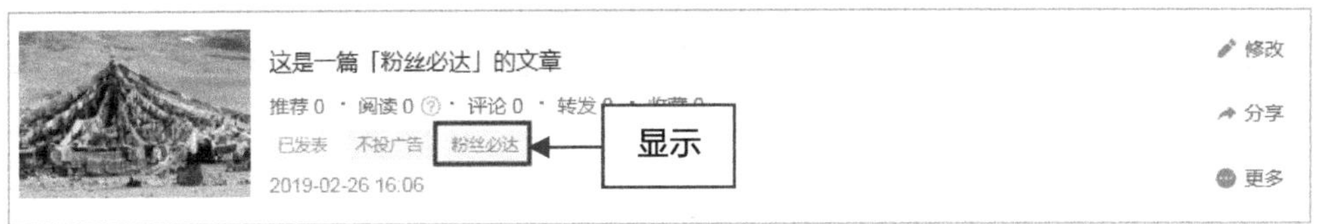

图 3-17　显示“粉丝必达”标签

3.4　专栏营销，提升流量

付费专栏是头条号平台重点打造的一个内容变现产品，能更好地帮助优质的内容创作者获得红利。运营者在做付费专栏的营销推广时，可以通过一定的方法来提升推荐量和阅读量，进而提升专栏流量，利用专栏为自己创造更多的价值。

3.4.1　章节推荐，获取客流

运营者可以进入头条号后台的“付费专栏→专栏管理”页面，在其中选择一个付费专栏产品，打开章节列表，选中相应的付费章节下方的“章节进推荐”复选框，即可将其设置为首页推荐，如图 3-18 所示。

设置“章节进推荐”功能后，此章节将进入今日头条首页推荐，有机会被全部用户看到，其中就包括专栏的潜在用户。同时，该章节在推荐中将被免费试读，用户如从其他途径看到此章节或试读专栏内的其他章节，都将需要付费。通过“章节进推荐”功能，可以帮助运营者获得更大的流量，从而提升专栏的获客能力。

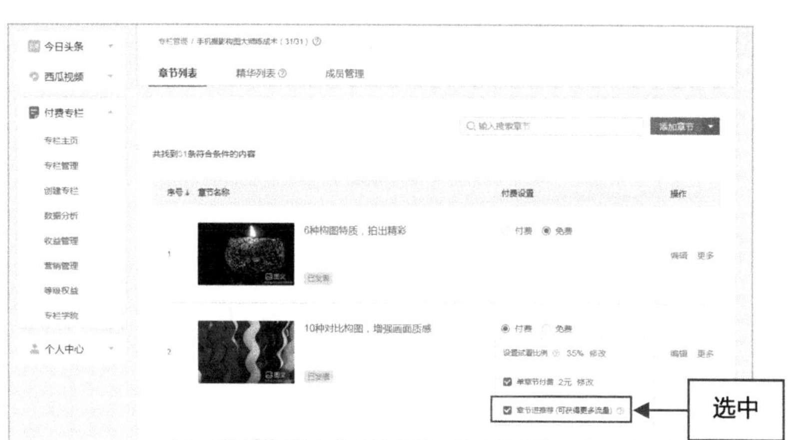

图 3-18　选中“章节进推荐”复选框

3.4.2　限时优惠，稳抓用户

运营者可以进入头条号后台的“付费专栏→营销管理→限时优惠”页面，单击“创建限时优惠”按钮，如图 3-19 所示。

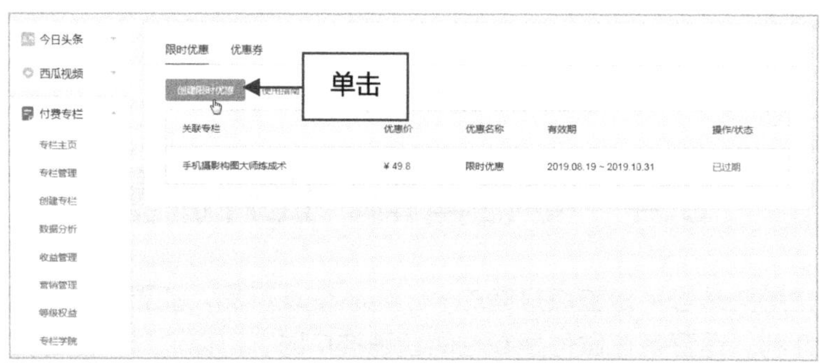

图 3-19　单击“创建限时优惠”按钮

执行操作后，进入“创建限时优惠”页面，在此设置关联专栏、优惠价(用户实际需支付的价格)、生效时间和优惠名称，如图 3-20 所示。单击“提交”按钮，即可完成限时优惠的设置。

设置成功后，即可在专栏详情页面展示优惠信息，如图 3-21 所示。运营者通过“创建限时优惠”功能，可以为自己的付费专栏设置限时低价，来刺激用户下单购买，从而提高专栏的获客能力。

运营者在设置限时优惠时，还需要注意以下事项。

(1) 限时优惠的关闭。限时优惠无须运营者手动关闭，而是在生效时间达到后自动关闭。运营者也可以进入“营销管理→限时优惠”页面，选择要关闭限时优惠的专栏，单击“冻结”按钮；在弹出的“提示”对话框中，单击“确认”按钮，即可手动关闭限时优惠，如图 3-22 所示。

图 3-20 “创建限时优惠”页面

图 3-21 专栏详情页面展示的优惠信息

图 3-22 手动关闭限时优惠

(2) **优惠价的设置。**优惠价需大于 0 且小于原价，最多支持到小数点后两位。对于已经设置了优惠价的专栏，运营者在修改专栏原价时，必须大于优惠价。

3.4.3 用优惠券，刺激用户

运营者可以进入头条号后台的“付费专栏→营销管理”页面，切换至“优惠券”选项卡，单击“创建优惠券”按钮，如图 3-23 所示。

图 3-23 单击“创建优惠券”按钮

执行操作后，进入“创建优惠券”页面，运营者可以在此设置优惠券类型、优惠券名称、优惠方式、优惠力度、发放开始/结束时间、有效开始/结束时间、发放数量、发放方式、发放条件以及可使用专栏(仅限指定商品券)等选项，如图 3-24 所示。

图 3-24 “创建优惠券”页面

设置完成后，单击“提交”按钮，即可创建专栏优惠券。优惠券可以刺激潜在用户购买，提升专栏变现的效果。同时，运营者还可以结合平台活动、直播推广或者借用节假日，通过优惠券来刺激价格敏感型用户及时下单。

对于想要废弃的优惠券，运营者可以在“优惠券”列表中选择相应的优惠券，单击右侧的“作废”按钮，系统提示“作废成功”，即可废弃优惠券，如图3-25所示。

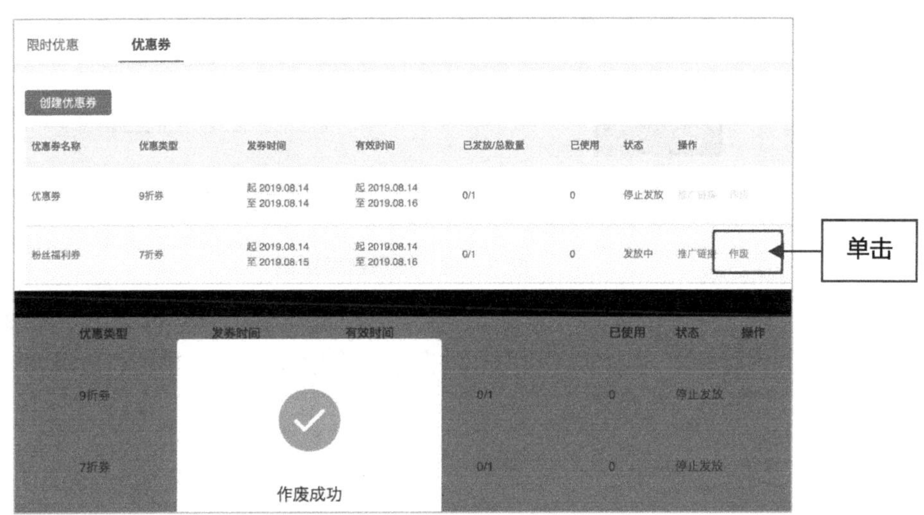

图3-25　废弃优惠券

运营者在设置优惠券时，还需要注意以下事项。

(1) 选择合适的优惠券类型。优惠券类型包括“指定商品券”和“全量商品券”两种：“指定商品券”只针对所选专栏使用优惠券，“全量商品券”则可对所有符合要求的专栏生效。

(2) 优惠券名称。这里设置的优惠券名称，即为在专栏页面展示的优惠券名称，展现的对象为用户。

(3) 优惠券的发放方式。优惠券的发放方式包括“公开领取”和“定向发放”两种：前者针对的是所有进入专栏详情页的用户，皆可领取优惠券；后者则需要运营者自己选择部分人群，来定向发送优惠券链接给他们领取。

3.4.4　试听试看，引发好奇

运营者可以进入头条号后台的“付费专栏→专栏管理”页面，选择相应的付费专栏进入“章节列表”页面，在其中选中付费的视频章节，选中“付费”单选按钮，然后单击“设置试看比例”选项右侧的“编辑”按钮，可在文本框中输入30～80的整数，如输入35，表示用户可免费可试看全文35%的内容，如图3-26所示。

图 3-26　设置试看比例

单击“确定”按钮，即可设置试看比例，试看比例高对推荐有正向影响。当用户打开相应的试看章节内容时，在图文内容中间会出现“购买本节解锁剩余 65%的内容”提示，如图 3-27 所示。

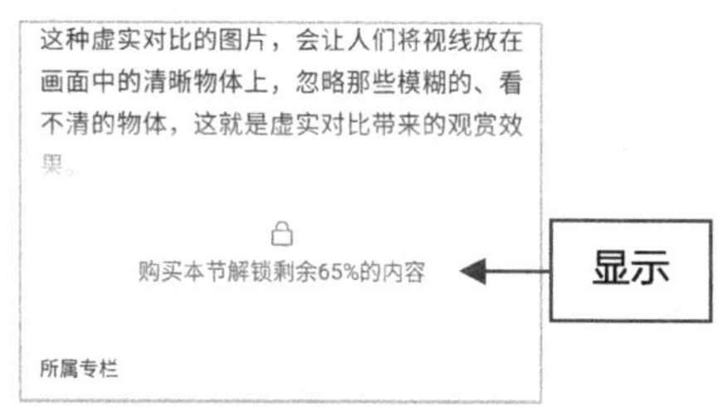

图 3-27　设置图文试看效果

设置付费章节的“试看/试听”后，用户可以先试看或试听前面一部分内容，更好地了解章节内容，再决定是否购买整个章节或专栏。运营者可以通过精彩的试看/试听内容，来勾起用户的好奇心，促进他们积极购买专栏。

3.4.5　专栏精华，推荐抓手

专栏精华就是指付费专栏中最精彩的内容，运营者可以根据专栏章节的推荐量数据，来筛选部分精彩内容，将其制作成专栏精华素材推送到推荐流中，从而增加流量曝光和用户订单。

开通专栏精华功能，运营者需要同时满足以下所有条件。

- 已经开通付费专栏功能。
- 账号无违规记录。

- 有图文或者视频的原创权限。
- 付费专栏创作者等级达到 Lv4 及以上。

满足以上所有条件的运营者即可使用专栏精华功能推广专栏，进入头条号后台的“付费专栏→专栏管理”页面，单击专栏名称进入详情页，切换至“精华列表”选项卡，单击右上角“添加精华”按钮，在弹出的下拉列表中选择添加图文、视频或音频精华章节，如图 3-28 所示。

图 3-28　单击“添加精华”按钮

执行操作后，即可进入创建精华页面，操作方式与创建专栏章节的方法相同。创建专栏精华的重点在于找到好素材，下面介绍一些专栏精华的设置技巧。

- 制作精华素材内容时不仅要与专栏主题相关，同时也要有一定的差异化，建议与原章节内容的重合度低于 80%。
- 音频或视频形式的专栏精华素材内容，建议持续时长要超过 2 分钟。
- 图文形式的专栏精华素材，建议字数要超过 800 字。
- 运营者可以在精华素材中，软性植入一些引导购买的提示信息，多宣传和推广自己的付费专栏。
- 精华素材不要设置为付费，只有免费的才能让专栏精华被更多用户看到，从而让更多用户了解到你的专栏内容。
- 专栏精华素材中的内容必须符合平台规范，否则一旦被判定为违规素材，不仅不会通过审核，而且严重的还将会收回专栏精华功能权益。
- 精华素材不可重复使用，否则会取消权益，且永不恢复。
- 运营者要注意每个月至少要发布 10 条专栏精华，否则该权益会被系统收回。

3.4.6 专栏推广，提升转化

运营者在发布原创文章时，可以通过“专栏推广”功能，插入与内容关联性非常强的付费专栏产品，为专栏引流，提升专栏的付费转化率，从而获得丰厚的佣金回报。运营者在发布文章内容时，可以单击“专栏推广”按钮，在内容中插入要推广的专栏，如图 3-29 所示。

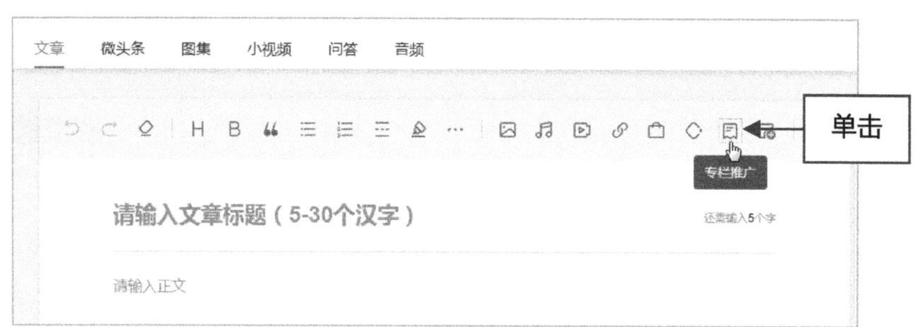

图 3-29　单击“专栏推广”按钮

执行操作后，运营者可以通过“专栏库”或者“我的专栏”两种方式，来选择要推广的专栏，如图 3-30 所示。注意，所选分销专栏卡片需要与发表文章的内容相匹配， 否则将无法通过审核。

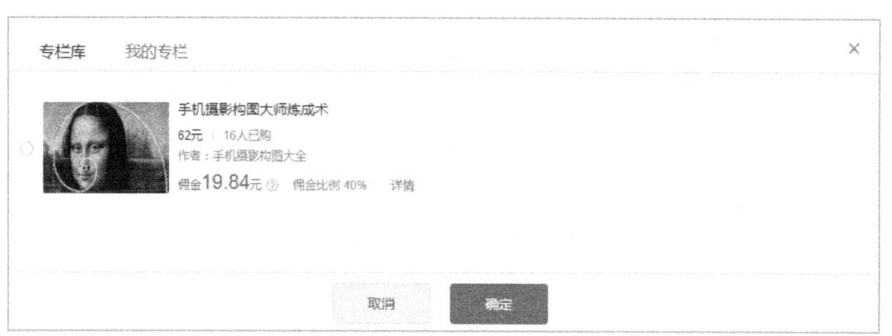

图 3-30　选择要推广的专栏

选择好专栏后，单击“确定”按钮，即可在内容中插入分销专栏卡片，如图 3-31 所示。运营者发布内容后，用户在浏览内容时，即可看到该专栏产品，当用户在此购买专栏后，运营者即可获得对应的佣金收入。

在设置分销佣金比例时，设置区间为 0～80%，若大于 80%，系统将自动修改为 80%。修改佣金后，已插入此专栏的文章佣金不会发生变化。佣金奖励没有上限，推广者卖出的专栏越多，得到的佣金奖励也会越多。

图 3-31　在内容中插入专栏链接

3.4.7　主页菜单，增加曝光

运营者可以通过将付费专栏设置为主页菜单，增加专栏的曝光入口，提升收益转化。在设置主页菜单时，运营者可以将菜单名称设置为“专栏指南”或相关专栏引导词，然后在“页面链接”文本框中输入专栏或章节的链接，如图 3-32 所示。

图 3-32　设置专栏主页菜单

专栏/章节的链接可以在今日头条手机端获取，运营者可以在今日头条 App 中打开相应的专栏/章节内容详情页，点击右上角的 ••• 按钮，如图 3-33 所示。在弹出的底部菜单中，点击“复制链接”按钮，即可复制专栏链接，如图 3-34 所示。

图 3-33　单击 ··· 按钮　　　　图 3-34　单击“复制链接”按钮

专家提醒

主页菜单的修改通过审核后，即可在头条号主页下方显示专栏链接的一级菜单，用户点击“专栏指南”菜单按钮，即可快速地进入专栏/章节主页。

3.4.8　主页置顶，内容秀场

对于那些插入了分销专栏卡片的内容、代表性强的爆款专栏内容等，运营者都可以将其设置为主页置顶，秀出自己的优质内容。运营者可以进入头条号后台的“内容管理”页面，选择相应的内容，单击“更多→置顶”按钮即可，如图 3-35 所示。

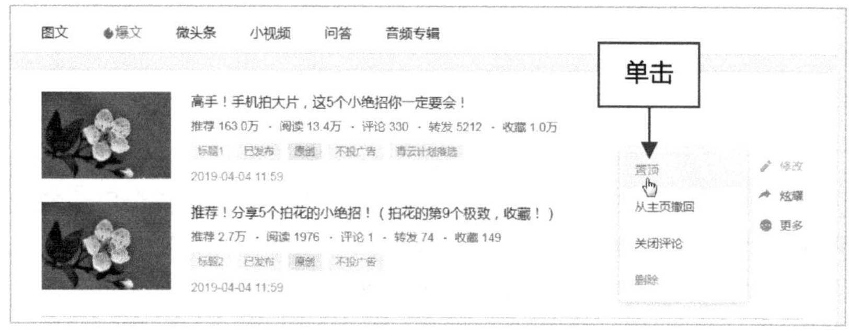

图 3-35　设置专栏主页菜单

另外，为了能够方便用户系统了解各个专栏的大纲性的内容，运营者也可以通过今日头条 App 来设置置顶功能。运营者可以在 App 中进入头条号个人主页，点击相应内容右上角的···按钮，在弹出的菜单中选择“置顶”选项，如图 3-36 所示。

执行操作后，即可将该内容置顶，同时会显示“置顶”标记，如图 3-37 所示。用户打开运营者的头条号主页时，该内容会出现在主页内容列表的首位。

图 3-36 选择“置顶”选项

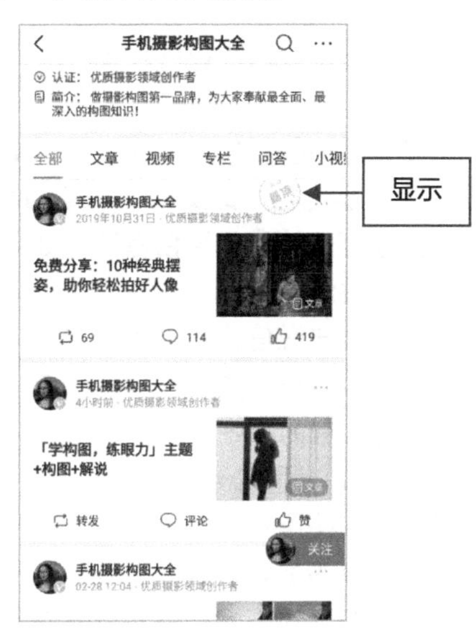

图 3-37 显示“置顶”标记

3.5 积累粉丝，完美引流

在今日头条平台上，运营者可以利用的内容产品和功能是多样化的，而这些内容和功能是实现为头条号引导流量的有力武器。本节就从 8 大内容形式和功能出发，来介绍如何利用内容和功能为头条号涨粉。

3.5.1 视频内容，快速爆粉

短视频内容作为今日头条平台的一种重要的内容形式，能够实现快速引流的目的。且相较于软文内容而言，短视频带给用户的视觉冲击力将更大。当然，对短视频内容而言，其标题与封面在引流方面的重要性不言而喻。其实，除了它们之外，想要更多地培养忠诚用户，视频内容的优质明显更重要。

打个比方，如果运营者推送的是一个有关现场表演书法的视频，相对于图文内容来说，它比文字的阐述明显更直观，比图片更具有真实性。因此，只要视频内容中展现的书法确实好，那么是很容易让用户心动进而实现关注的。

当然，只要视频中的内容有价值，或是有趣，或是有用，都能成为引导用户关注的途径。另外，在视频内容中存在正义点或“槽点”时，用户是乐于与头条号互动的；或者在推送视频时在评论区中加入评论引导，如“大家有什么关于 XX 方面的问题或观点，可以联系 XX 一起交流”，这些都是能吸引用户关注的有效方法。

3.5.2 头条动态，稳定涨粉

在今日头条平台上，通过 PC 端进入一个头条号主页，会发现该页面的账号下方显示了 3 类内容，即文章、视频和微头条。头条号发布的微头条内容会根据用户偏好推送到你打开的头条平台首页，如果用户对微头条内容感兴趣的话，会进一步点击右上角的“关注”按钮，成为头条号运营者的粉丝。

微头条与微信朋友圈中的动态非常类似，其内容篇幅都是非常简短的，在“微头条”页面，用户无须点击即可阅读。因此，运营者只需要用几句话或几张图片就能吸引读者的注意力和好奇心，或者获取读者的认同。

在引流方面，微头条除了利用优质的内容来实现引流目标外，更重要的是，对一些新创建的头条号而言，由于还处于体验期，其所推送的图文内容并不能被推荐给关注用户以外的读者。因此，要想引流，除了主动邀请之外，通过微头条来引流是最佳且最有效的方式。这主要表现在以下 3 个方面。

- 微头条内容简短，编辑起来自然也很简单。因此，在微头条内容中分享一些精辟的、干货式的知识点，在有价值的内容支撑下，很容易提升头条号的粉丝量。
- 发微头条的操作非常简单，而且可以在其中加入一些软文性的引流话术，这样不仅不会影响平台推荐，而且还能轻松实现引流。当然，这种引导语可以用多种形式发布，如可以凭借优质的内容直接引导，也可以进行内容预告来引导关注，在笔者看来，这些都是切实可行的引流方法。
- 微头条的内容除了通过“微头条”按钮来编辑和发布外，还可以是图文内容或视频内容，具体方法如下。

(1) 在“内容管理”页面已发布的图文内容或视频内容中，单击“分享”按钮，在弹出的快捷菜单中选择“微头条”选项，如图 3-38 所示。

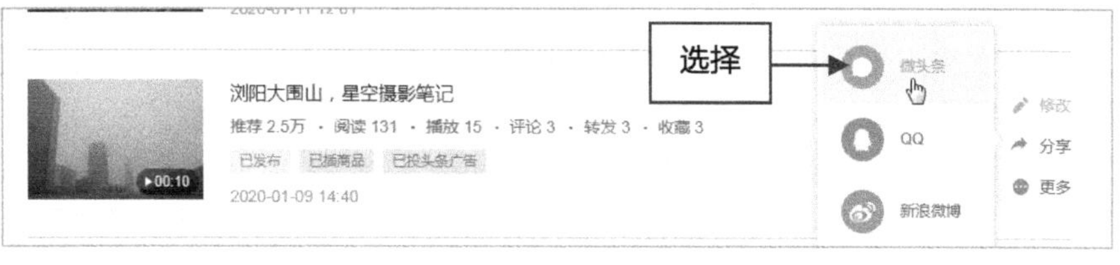

图 3-38 选择“微头条”选项

（2）弹出“分享到微头条”对话框，在编辑区中输入相关信息，单击“分享”按钮，即可把该篇图文内容分享到微头条板块中，如图 3-39 所示。这样，通过分享到微头条的方式发布内容，也是可以吸引一些粉丝的。

图 3-39 “分享到微头条”对话框

3.5.3 互动话题，内容涨粉

利用互动话题内容来涨粉，归根结底还是得力于内容的作用和头条号的发展。也就是说，头条号打造一个互动话题，可以在提升粉丝黏性的基础上，吸引更多有意愿参与话题的粉丝关注。那么，这些话题一般是什么样的话题呢？它们又是如何引导用户关注的呢？在此笔者将进行具体介绍。

一般来说，头条号打造的互动话题，有以下两个方面的要求。

- 一是打造具有吸引力的话题，要有足够吸引用户参与的动力，如提供某方面的福利、利用话题引导用户发表看法等。
- 还有一个要求，那就是在时间和具体事务上的安排。一般来说，话题打造是可以通过提前给出信息来吸引更多粉丝的，且在用户参与的过程中和话题结束后的安排上要妥当。同时，运营者要充分注意引导用户，提升用户体验，并及时就用户的观点给出自己的态度。

3.5.4 飞聊平台，抢先吸粉

运营者可以通过头条号的“飞聊公共主页”功能，将 30 天内发布的文章、视频、微头条或小视频等内容，同步分享到飞聊平台，率先获取该平台的流量和粉丝。

“飞聊公共主页”功能目前暂支持内测邀请的方式开通，不支持运营者自主申请。收到内测邀请的运营者可以通过手机端或电脑端两种方式开通“飞聊公共主页”功能。

在手机 App 上，运营者可以打开平台发送的“飞聊公共主页”内测邀请私信，点击其中的邀请链接，进入 H5 页面完成报名和账号绑定。在电脑端，运营者可以进入头条号后台的“个人中心→创作者计划”页面，在“飞聊公共主页”卡片上单击“申请开通”按钮进行报名。

开通“飞聊公共主页”后，运营者在发布内容页面的下方，可以看到系统默认启用了“同步至飞聊公共主页”功能，如图 3-40 所示。内容成功发布后，即可自动同步分享到绑定的飞聊公共主页中。

图 3-40　系统默认启用“同步至飞聊公共主页”功能

同步分享后，运营者可以进入飞聊 App 的公共主页中，查看已同步的内容。运营者若不需要同步分享，可以取消勾选“同步至飞聊公共主页”复选框，取消该功能，这样内容就不会同步过去了。

另外，运营者也可以在“飞聊→作品同步→同步管理”页面，管理同步功能，如开启同步和停止同步等操作，如图 3-41 所示。

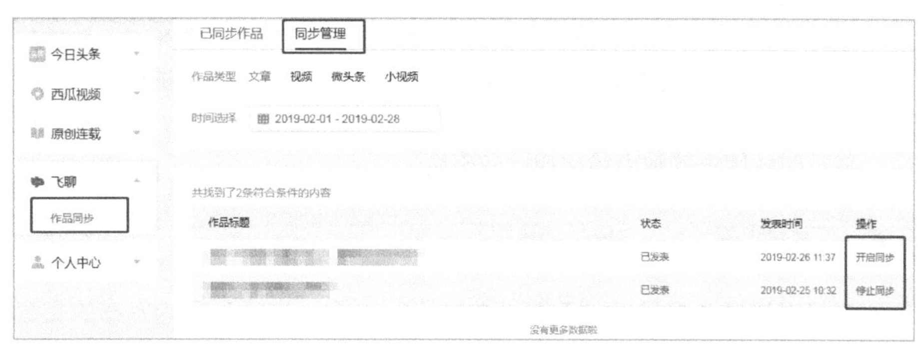

图 3-41　管理同步功能

3.5.5 私信功能，轻松吸粉

在微博、微信公众号平台上，都是有私信功能存在的，而在今日头条平台上，专门设置了“私信”菜单，如图 3-42 所示。一些粉丝可能会通过该功能给运营者发信息，运营者可以时不时查看一下，并利用私信回复进行引流。

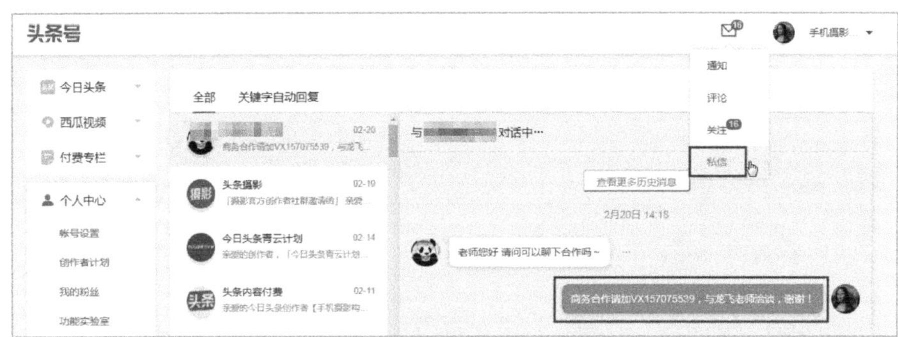

图 3-42　头条号“私信”功能

在“私信”页面，除了可以查看接收到的私信外，还可以选择“关键字自动回复”选项，设置回复规则，如图 3-43 所示。设置了关键字自动回复规则的头条号，当其收到的私信中含有前面已经设置的关键字内容时，无须运营者手动操作，系统将自动进行回复。

图 3-43　“关键字自动回复”设置页面

3.5.6 转发抽奖，游戏吸粉

今日头条针对微头条内容平台推出了“转发抽奖”功能，帮助运营者增加内容传播的渠道，产生更好的涨粉效果。申请开通转发抽奖功能必须满足一定的账号等级要求，目前只有达到“金 V”或“黄 V”等级的头条号才能申请。

符合条件的运营者可以在今日头条手机端上给头条抽奖平台发送私信，客服收到申请后，将会对运营者进行审核，时间为 3 个工作日。开通“转发抽奖”功能后，运营者可以进入今日头条手机端的“我的→钱包→第三方服务→头条抽奖平台”界面查看，如图 3-44 所示。

“转发抽奖”功能不仅可以帮助运营者迅速扩大内容推广面，实现更快速地涨粉的目标，同时还能增强用户互动，提升粉丝黏性，如图 3-45 所示。

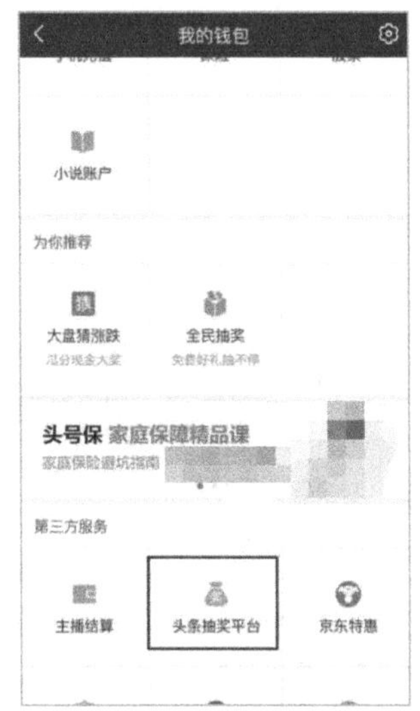

图 3-44　转发抽奖功能入口

图 3-45　使用转发抽奖功能

3.5.7　站外渠道，平台吸粉

随着互联网和移动互联网的发展，越来越多的新媒体平台开始出现，其领域所涉及的范围之广、内容类型之多，实在是让人目不暇接。而作为在今日头条平台发展的自媒体人，又将有哪些机会可以为自身头条号吸引更多粉丝和引导关注呢？下面就从社交、资讯和视频等类型的平台出发，来介绍一下头条号是如何利用站外渠道进行吸粉引流的。

1．社交媒体平台

微信是如今运用范围极广、发展速度极快的社交媒体平台，与之相关的微信公众平台更是成为众多自媒体发展的摇篮。

因此，一些以今日头条为主战场的头条号开始考虑从微信公众平台引流。如微信公众号“头条易”就是一个专门介绍头条号投放传播的平台，用户在阅读其推送的内容时，是极有可能受到其中的内容吸引，而关注相应头条号的，如图 3-46 所示。

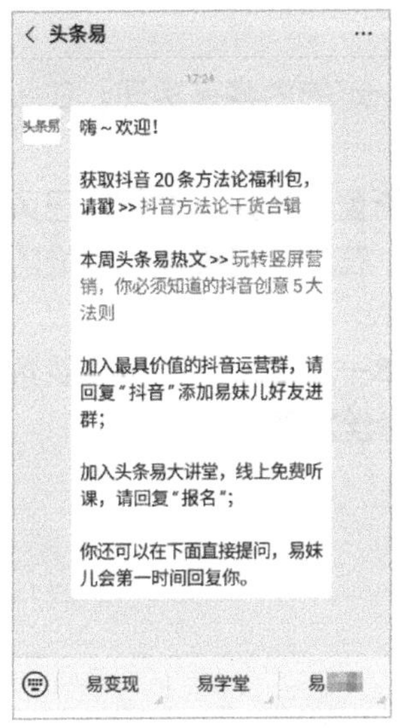

图3-46 “头条易”公众号

2. 资讯平台

如今，提供社会资讯的平台也越来越多，如一点号、搜狐号和腾讯内容开放平台等，都是受广大人民喜欢的资讯平台。头条号运营者可以找一些与自身账号相关的资讯平台，发布相关内容，通过平台让内容被那些有需求的读者关注到，而这些读者很可能是头条号的目标用户群体，他们极有可能为了更深入地了解关于运营主体的更多内容，而去关注你的头条号。

3. 视频平台

在今日头条平台上，经常可以看到右上角有水印为“西瓜视频”“抖音”字样的视频内容。由此可知，这些视频平台与头条号之间的引流操作是可行的。

以“抖音短视频”为例，进入“抖音短视频”App的抖音号主页，在账号右侧显示了今日头条图标和“头条主页”字样，从这里点击就可以直接跳转进入头条号主页了。因此，只要运营者在与头条号相关联的抖音号发布内容，用户如果觉得你的视频内容有价值，进而想了解更多的相关内容，那么，用户是极有可能通过“抖音短视频”平台来关注头条号，从而实现跨平台的头条号引流目标的。

3.5.8 互粉互推，合作吸粉

所谓“互粉”，就是账号双方互相成为对方的粉丝。很多时候，都是运营者关注了别的头条号，但对方却没有关注你的账号。此时，为了保证互粉的实现，可以在对方推送的内容中留言，提出希望互粉的目的，如“诚信互粉”“粉必回”等，这样能在很大程度上提升互粉的成功率。

互推与互粉的不同之处在于，它还需要借助一定的内容来实现。在头条号的互推增粉过程中，一般包括以下两种情况。

(1) 头条号调性相似： 运营者可以经过思考衡量，选择一些与自己风格调性相似的头条号，进行软文、视频等内容的互推。注意，在这个过程中，互推的理由非常重要，直接影响互推结果。

(2) 头条号大号带小号： 有些头条号并不是单一存在，而是存在头条号矩阵的，此时就可以采用大号带小号的办法推动矩阵号的粉丝发展。

第 4 章

数据运营：打造爆款

学前提示

今日头条平台是一个以精准算法而知名的新媒体平台，该平台上的很多运营情况都是用数据来解决的，如推荐机制、用户数据、内容数据和创作热点数据等。本章将从数据出发，介绍头条号在内容分析和粉丝管理上的具体情况，从而实现指导内容运营、打造爆款账号的目标。

4.1 内容数据，精准运营

通过头条号的各种内容数据分析功能，运营者可以从自身的角度出发进行数据分析，了解头条号发展现状，分析前段时间内容运营的经验与成果以及总结不足等，为之后的内容输出提供更加精准的方向。

4.1.1 数据概况，整体把握

运营者只要单击头条号后台主页的“今日头条→数据分析”按钮，即可进入相应的页面查看当天推送内容的数据概况，如图 4-1 所示。

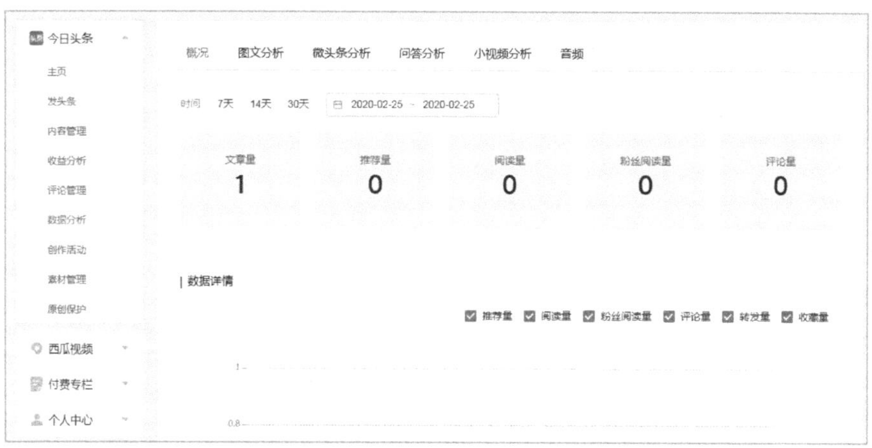

图 4-1　关于内容的当天总体数据分析概况

从图 4-1 中可以看出，在“数据详情”区域，右上方显示了推荐量、阅读量、粉丝阅读量、评论量、转发量、收藏量 6 项数据。同时，运营者如果想了解某一段时间内容的数据概况，可以单击“7 天”“14 天”“30 天”按钮或在时间区间选择框中选择想要了解的时间区间。如图 4-2 所示为“30 天”的数据详情趋势图。

与当天的内容数据概况图不同，图 4-2 中是以折线图这种能更好地表达发展趋势的形式来展现数据概况的。细心的读者会发现，在折线图上方的图例中，既有灰度显示的比例，也有亮度显示的比例，运营者可根据需要单击相应的图例，即可让折线图中对应的线条显示或隐藏。

在此，笔者还要补充一点，那就是在“概况”页面下方，还有一个表现各项数据的数据分布表，能够更加直观地看到每天的具体数据，如图 4-3 所示。

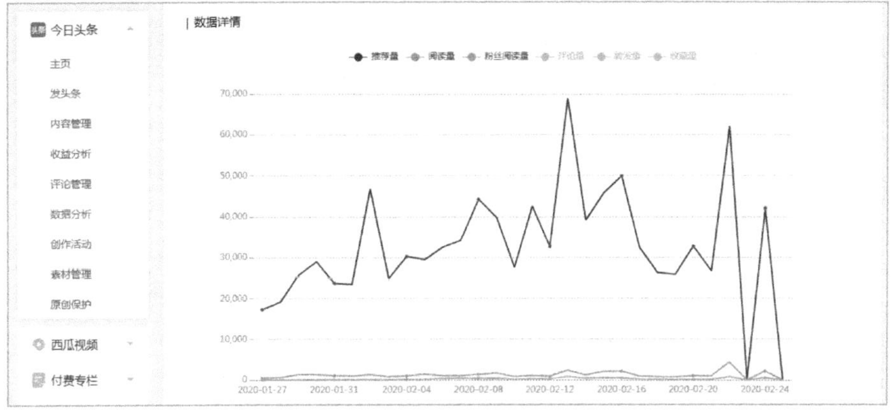

图 4-2　“30 天”的数据详情趋势图

今日头条
主页
发头条
内容管理
收益分析
评论管理
数据分析
创作活动
素材管理
原创保护
西瓜视频
付费专栏
个人中心

导出Excel

时间	推荐量	阅读量	粉丝阅读量	评论量	转发量	收藏量
20200225	0	0	0	0	0	0
20200224	42048	2181	549	18	45	63
20200223	145	8	0	0	0	0
20200222	62071	4405	826	13	67	98
20200221	26621	969	156	0	25	42
20200220	32720	1074	152	2	36	40
20200219	25831	769	134	3	23	39
20200218	26264	807	197	1	30	57
20200217	32403	960	252	1	57	84
20200216	49916	2147	490	7	101	217

1 2 3 >

图 4-3　“概况”页面的数据详情分布表

4.1.2　图文分析，优化内容

在“数据分析”页面，运营者可以单击页面上方“图文分析”按钮切换到该页面，即可查看图文内容的推荐量、阅读量、评论量、收藏量、转发量等数据。如图 4-4 所示为“2020-02-19~2020-02-25”的图文数据详情分布表。

从图 4-4 的各个图文数据中，笔者得出了以下运营结论。

(1) 高推荐量是基础。图文内容只有具有高推荐量，才能在更广的范围内被受众看到，这样才能提升用户的阅读量，相应地，如评论量、涨粉量、收藏量和转发量也才会更高。

标题	推荐量	阅读量	评论量	收藏量	转发量	操作
影展点评：11张照片，揭秘26个后期技法，你知道几个？（收藏）	84	2	0	0	0	详细分析
影展点评：26个技巧，手机拍修美照，你都会了吗？（收藏）	2257	72	0	4	3	详细分析
摄影构图：1张图测出你的摄影功底，赢了，奖品免费拿走	720	3	0	0	0	详细分析
摄影构图：别不信，一张图就能测出你的摄影功底	97149	8800	44	141	55	详细分析
摄影后期：一篇文章，让你精通3种小星球制作方法，快试试吧！	0	1	0	0	0	详细分析
摄影课堂：3种小星球大片，4种方法揭秘制作全过程（有干货）	2369	19	0	2	0	详细分析

图 4-4　图文数据详情分布表

专家提醒

在推荐量很少的情况下，即使文章质量再好、阅读率再高(阅读率=阅读量÷推荐量)，那么其阅读量还是有限的，后面的几项数据自然也就会很少或几乎没有。因此，通过多方面努力提升推荐量是图文内容运营的基础。

(2) 价值展示很重要。在有了高推荐量的基础上，标题中的价值展示很重要，特别是还充分展现了技巧的适用场景和实用性的标题。当然，这些都是建立在有着优质原创内容基础上的，否则再好的标题也是白搭。

在每篇文章的“操作”栏下方，有一个“详细分析”按钮，单击该按钮即可进入单篇文章内容的数据“详细分析”页面，如图 4-5 所示。

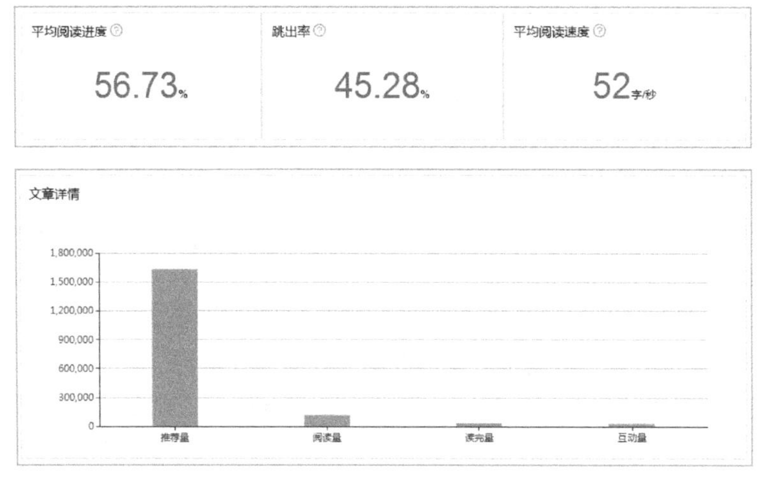

图 4-5　单篇文章内容的数据“详细分析”页面

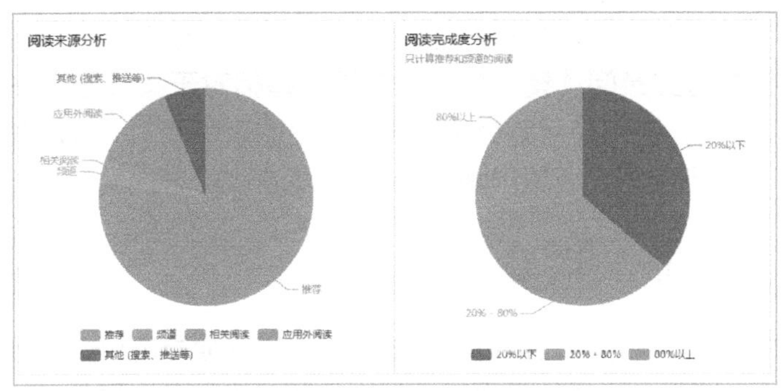

图 4-5 单篇文章内容的数据“详细分析”页面(续)

“详细分析”页面顶部区域包括以下 3 个方面的数据。

(1) **平均阅读进度**：即在所有点击阅读的用户中，他们阅读文章的平均完成度的百分比。这是判断一篇文章是否有价值和值得阅读的重要指标，往往该百分比数值越高，那么该篇文章所代表的阅读价值也就越大。

(2) **跳出率**：即在所有点击阅读的用户中，有多少人是在还没有读完 20%的内容时就放弃阅读的。这个数据其含义恰好与平均阅读进度相反，往往其百分比越高，所代表的该篇文章阅读价值可能就越小。

(3) **平均阅读速度**：该指标是指在所有点击阅读的用户中，他们阅读该篇文章的平均速度的百分比。这一数值以“字/秒”为单位，表示用户平均一秒钟阅读了多少字。这一数值是由多个方面决定的，一般而言，内容越容易让人理解，其平均阅读速度就越快。

关于“文章详情”中的“推荐量”“阅读量”“读完量”和“互动量”很好理解，这里就不再进行讲述。而在“阅读来源分析”和“阅读完成度分析”区域，运营者可以移动光标至图中某一色块，就会显示该色块的含义、详细用户数据及其比例。在此以“阅读来源分析”中的“应用外阅读”为例进行介绍，如图 4-6 所示。

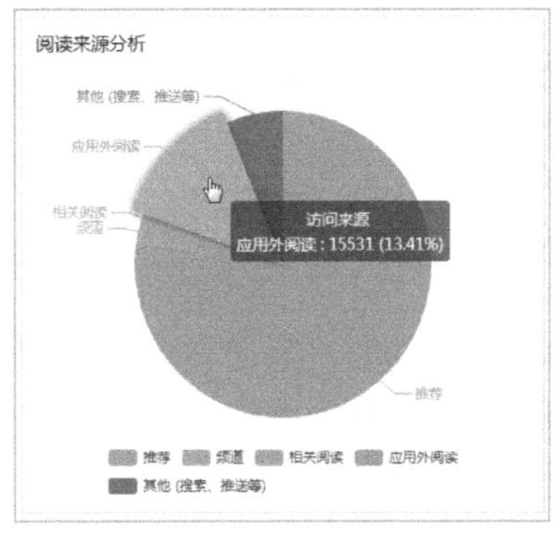

图 4-6 “阅读来源分析”中的“应用外阅读”数据

所谓“应用外阅读”，即被分享到其他平台(如新浪微博、QQ 空间等)或转发到其他应用里的头条号文章阅读量，这里的应用外是相对于头条号客户端来说的。从图 4-6 中可以看出，突出显示的色块所代表的是阅读来源的“应用外阅读”，其具体的用户数据为 15531 人，占用户阅读总数的 13.41%。

4.1.3 头条分析，精准推荐

相对于图文内容和视频内容来说，微头条的发布明显更简单，因此，只要是运营者认为有价值的、能引人注意的篇幅短小的内容都可发布到该平台，如一张图片、一句话等。运营者如果想要查看发布的微头条的各项数据，可以单击“数据分析”按钮，进入“微头条分析”页面查看，如图 4-7 所示。

概况　图文分析　微头条分析　问答分析　小视频分析　音频

7天　14天　30天　2020-01-27 - 2020-02-25　导出Excel

发布时间	微头条	阅读量	评论量	点赞量	转发量
2020-02-12 18:29:52	《温暖之夜》 四张横幅，倾门拍摄，全景接片 雾状喷泉，拉丝水面...	18109	2	40	0
2020-02-11 07:06:57	《光》 万物皆有裂痕 那是光照进来的地方#影子##门##建筑#https:/...	21371	4	22	0
2020-02-08 18:00:50	电梯作品1：《七度空间》 →7楼到1楼，一镜展示 →长图，下半部...	19937	0	18	0

图 4-7　选择“30 天”时间区间的“微头条分析”页面

从图 4-7 中可以看出关于微头条的数据“阅读量”“评论量”“点赞量”和“转化量”4 项数据指标，但是它明显是不包括推荐量在内的。

专家提醒

这里的“评论量”指的是总评论量，无论是粉丝的评论还是非粉丝的评论，都包括在内，如果运营者想要了解不同的评论数，可进入“评论管理”页面进行查看。

4.1.4 问答分析，取长补短

“悟空问答”是头条号的一个重要产品，它是有针对性地获得精准目标用户的最佳途径之一。因此，运营者有必要了解问答数据，且对各个问答的具体数据进行查看并对比，在得出结论的前提下有利于问答问题的选择和回答内容技巧运用。如图 4-8 所示，为头条号后台的“问答分析”页面。

概况 图文分析 微头条分析 问答分析 小视频分析 音频

5	1,913	31
回答数	阅读数	点赞量

下方列表仅显示最近7天内的回答数据，更多数据请前往我的问答查看

发布时间	问答	阅读量	点赞量

暂无数据

图 4-8 “问答分析”页面

“问答分析”页面包括两部分，上方是问答的总体数据，下方是 7 天内具体的问答数据分布表，如果在最近 7 天内运营者没有回答问题，那么，下方将不会显示数据内容。运营者如果想查看更早之前的具体问答数据，可以进入“我的问答”页面，选择“回答”选项进行查看，如图 4-9 所示。

图 4-9 查看每个问答的具体数据

从图 4-9 中可以看出，每个问答下面有两个表示数据的区域，一是在“问题”标题下方，它显示的是针对这一问题的数据，也就是说，关于这一问题有多少人回答了，又有多少人收藏了；另一个是在自身头条号问答内容的下方，它显示的是该回答的数据，包括阅读量、点赞量和评论量这 3 个一般内容都有的数据指标。

基于此，运营者不仅可以通过比较“问题”的数据，选择那些回答比较多、关注度比较高的问题，还可以通过比较每条回答内容的数据，看看各项数据比较高的回答内容是如何回答的，而各项数据低的问答内容又是如何回答的，然后取长补短，打造更好的爆款回答内容。

专家提醒

大家不可能不知道，那些在悟空问答中有着众多用户关注和阅读、获得大家赞赏的回答内容，其创作者大多是专攻某一领域的问答达人或专业内容创作者。一般来说，跨领域回答的问答达人还是比较少的。当然，在他们掌握了一定的回答技巧后，一些大家常见的或是界限比较模糊的领域，可能会有跨领域的回答内容获得高的推荐量和阅读量。

4.1.5 音频分析，增加推荐

运营者进入头条号后台的“今日头条→数据分析→音频”页面，即可查看所发布的音频内容的昨日/累计展现量、昨日/累计播放量、昨日/累计粉丝播放量、昨日/累计播放时长等数据指标，如图 4-10 所示。

时间	推荐量	展示量	播放量	粉丝播放量	评论量	转发量	收藏量
2020-02-25	0	0	0	0	0	0	0
2020-02-24	0	0	0	0	0	0	0
2020-02-23	0	0	0	0	0	0	0
2020-02-22	0	0	0	0	0	0	0
2020-02-21	0	0	0	0	0	0	0
2020-02-20	0	0	0	0	0	0	0

图 4-10 “音频”页面

同时，页面下方还会显示音频内容的数据详情，包括每天的具体推荐量、展示量、播放量、粉丝播放量、评论量、转发量、收藏量等详细数据。

其中，推荐量的大小取决于跳出率、播放速度、收听来源、停留时长等数据的大小。音频内容在发布初期，通常平台都会给予一些流量推荐，如果跳出率比较高、播放时长较短，此时推荐量很难持续增高。

因此，运营者必须提高音频内容的质量，适当地调整付费音频专辑的价格或试听比例，并且保持一定的更新频率。只有优质的音频内容，才能吸引到优质的听众群体，引起用户的共鸣，刺激用户打赏或付费购买，从而获得更多的平台推荐量。

4.1.6　视频分析，找准方向

今日头条的视频数据包括小视频和西瓜视频两部分，下面分别进行介绍。

1．小视频数据分析

运营者可以进入头条号后台的“今日头条→数据分析→小视频分析”页面，即可查看所发布的小视频内容的播放量、评论量、收藏量、转发量、平均进度等数据指标，如图 4-11 所示。

概况　图文分析　微头条分析　问答分析　小视频分析　音频

7天　14天　30天　2020-01-27 - 2020-02-25　导出Excel

标题	播放量	评论量	收藏量	转发量	平均进度	操作
寒江孤影，江湖故人。相逢何必，曾相识。相濡以…	0	0	0	0	0%	详细分析
网红色调制作，城市工业风格，献给每一个奋斗中…	0	0	0	0	0%	详细分析
赛博朋克风格、城市迷人夜景，疫情特殊时期，给…	12	0	0	0	58%	详细分析
坐看云卷云舒，本是一句诗词，没想到，真遇上了…	72	0	0	0	82%	详细分析

图 4-11　“小视频分析”页面

其中，“平均进度”这个数据指标反映了观众在观看时的深度和时长。喜欢看的用户会看得更久一些，进度相对较长；不喜欢看的用户，有可能只是滑动手机时看一两秒，进度相对较短，这很可能是你的小视频内容让人觉得没有兴趣继续看下去。运营者在分析小视频内容时，要用两个内容和时长等同或相近的作品进行对比。

单击相应小视频操作栏中的“详细分析”按钮，可以查看单个小视频的播放量、评论量、收藏量、转发量和平均进度等数据指标，同时还能查看阅读来源分析图表，如图 4-12 所示。

在小视频的阅读来源分析区中，用这种图表形式能够更直观地展现出各种播放渠道带来的播放量。通过阅读来源分析，可以帮助运营者深入了解到，创作小视频时要侧重哪个方向、什么才是今日头条上的观众喜欢的内容。

2．西瓜视频数据分析

另外，运营者可以进入头条号后台的“西瓜视频→视频数据”页面，查看详细的视频数据，该功能分为“数据概览”和“视频详情”两个部分。在“数据概览”页面中，包括“关键数据”和“数据趋势图”两个模块，如图 4-13 所示。

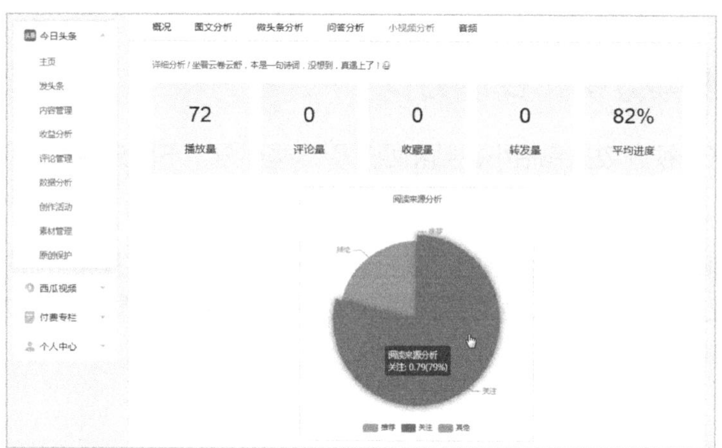

图 4–12　单个小视频详细数据分析

关键数据包括推荐量(昨日/累计)、播放量(昨日/累计)、粉丝播放量(昨日/累计)以及累计播放时长等数据指标。数据趋势图则是通过图表的形式展现一段时间范围内的视频总播放量、粉丝播放量、收藏量和分享数的变化。

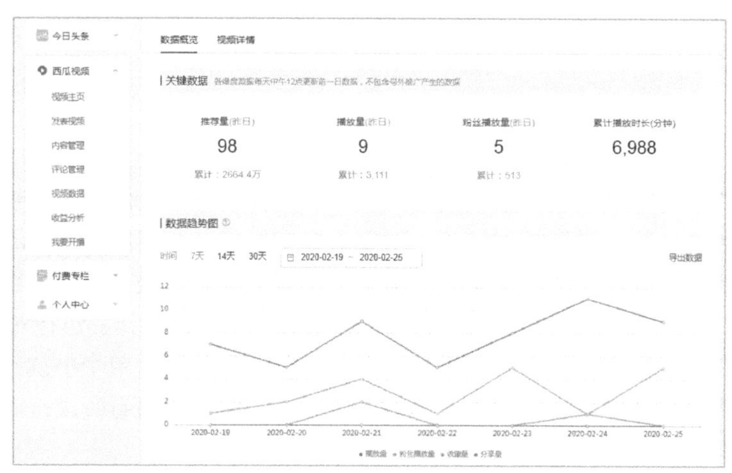

图 4–13　“数据概览”页面

进入“视频详情”页面，运营者可以在“视频标题”列表框中选择要查看数据的视频名称，下方会显示该视频的详细分析图表，包括性别比例、年龄分布、播放统计、昨日播放完成度明细以及视频关键数据明细表等分析功能，如图 4–14 所示。

在“性别比例”选项区中，包括性别推荐量和性别播放量两个数据指标，运营者可以了解自己的视频是男性用户多一些，还是女性用户多一些。在“年龄分布”选项区中，可以查看年龄推荐量和年龄播放量两个指标，帮助运营者了解自己的视频更受哪个年龄段的用户喜爱，如图 4–15 所示。

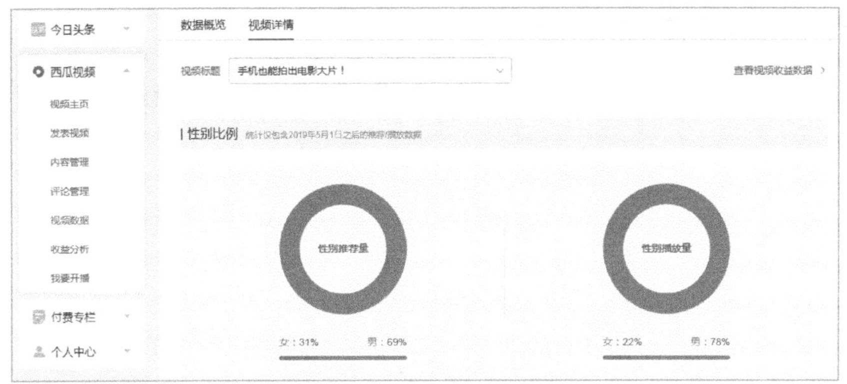

图 4-14 “视频详情”页面

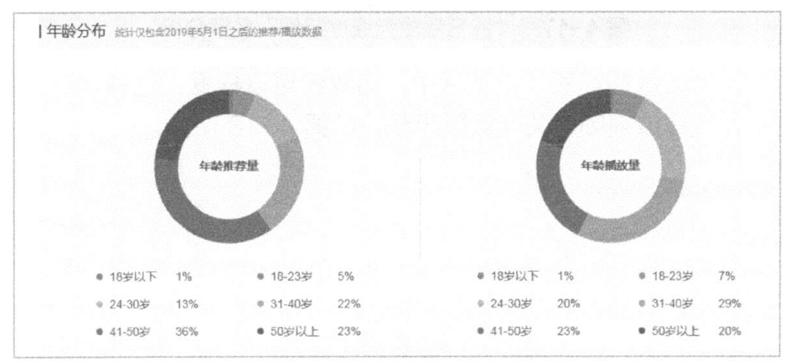

图 4-15 “年龄分布”数据分析

在“播放统计”选项区中，可以查看“推荐来源”和“播放完成度分析”两个指标，帮助运营者了解该视频的主要流量来源渠道，如图 4-16 所示。

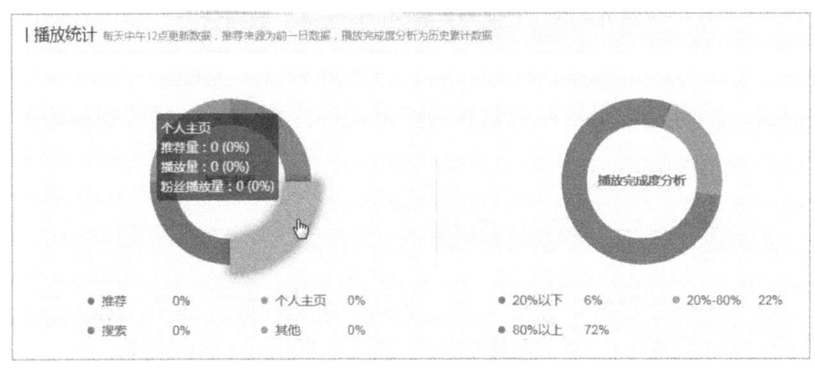

图 4-16 “播放统计”数据分析

在“昨日播放完成度明细”选项区中，通过趋势图的形式展现“播放完成度占比”和“视频播放进度占比”这两个数据指标的变化，能够让运营者对该视频的播放完成度有一个更全面的了解，如图 4–17 所示。

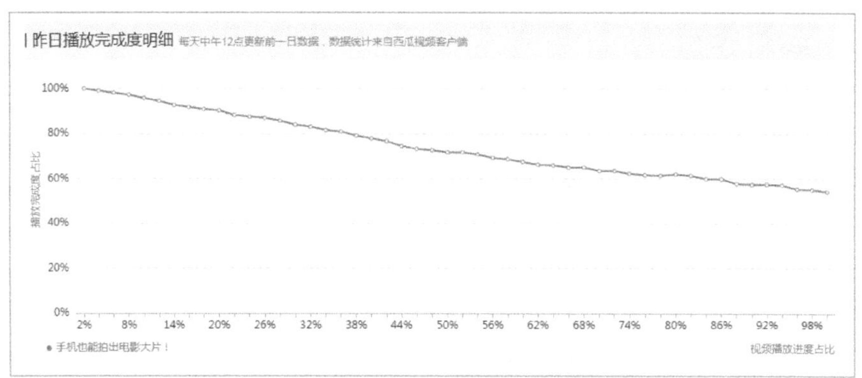

图 4–17 “昨日播放完成度明细”数据分析

在“视频关键数据明细表”选项区中，运营者可以根据“性别年龄”和“视频数据”两种方式，查看该视频的关键数据明细，如图 4–18 所示。

图 4–18 “视频关键数据明细表”数据分析

运营者可以通过以上数据对视频内容进行深度分析，为视频内容的创作提供更有力的选题依据，同时还可以帮助运营者更好地把控内容领域、优化视频标题、改善视频内容。

4.1.7 直播分析，因需直播

运营者进入头条号后台，选择“西瓜视频→我要开播”选项，进入西瓜视频的直播主页，在左侧导航栏中选择“直播数据”选项，如图 4–19 所示。

执行操作后，即可进入“直播数据”页面，运营者可以设置要查看数据的时间段，以及选择“全部”或“场均”两种不同的方式来查看直播数据的各个指标，如图 4–20 所示。

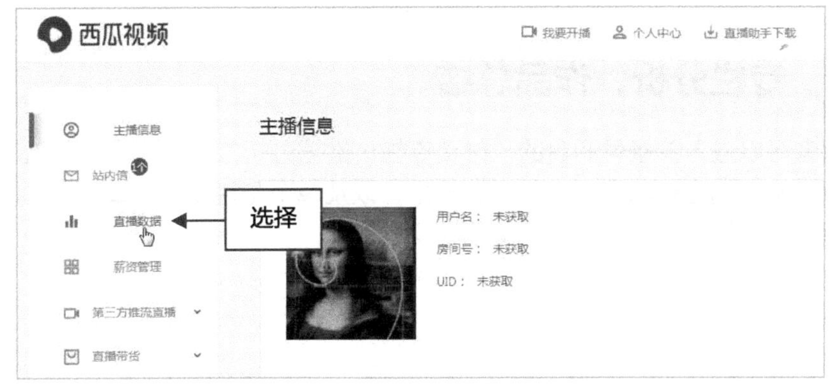

图 4-19 选择“直播数据”选项

图 4-20 “直播数据”页面

- 基础数据：只有直播时长(小时)一个指标。
- 观看数据：包括最大人气值和平均人气值两个指标。
- 互动数据：包括弹幕数和新增粉丝数(人)两个指标。
- 消费数据：包括送礼人数(人)、收到礼物数、收获钻石数三个指标。

直播同样讲究精细化运营，也就是需要运营者付出相应的时间和精力，同时掌握一定的分析能力。其中，直播时长、新增粉丝数、送礼人数等，这些由观众带来的数据，是平台考核时重点关注的数据，也是运营者需要重点分析的数据指标。

在西瓜视频直播平台中，观众是公域流量，但粉丝却是运营者的私域流量。运营者必须了解用户的画像，才能做到“因需直播”，才能更好地策划和优化自己的直播内容，从而提升头条号的流量转化。

4.1.8 专栏分析，作品总结

运营者可以进入头条号后台的“付费专栏→数据分析”页面，查看付费专栏的昨日销售额、本周销售额和累计销售额等数据，以及单个专栏作品的单价、推荐量、阅读量、销量和销售额等数据详情，如图 4-21 所示。

图 4-21 付费专栏“数据分析”页面

专家提醒

需要注意的是，此处的销量仅计算实际售出的专栏和单章节购买数据，不包含会员订阅数据，同时也没有扣除退款数据。

付费专栏的数据分析功能，其主要使用场景是对运营者的专栏作品进行总结，每一篇专栏的表现如何，如销量有多少、单价是否过高、推荐量和阅读量的差别是否过大，这些都是运营者需要关注的问题。

例如，当推荐量和阅读量差别过大时，专栏作品获得了平台大量的流量推荐，但却没有吸引到用户点击和阅读，就说明专栏的吸引力还不够强，运营者需要从专栏的标题、简介、大纲和内容等方面找原因，逐步进行优化和测试，从而提升阅读量。

4.2 粉丝数据，有效指导

随着今日头条平台的头条指数的下线，各种功能的开通更多的是通过粉丝数来判断，因为运营者有必要更清楚地了解自身头条号的粉丝情况，从而为吸引更多粉丝做准备。本节将从数据出发，为快速引流提供更便捷的、有明确方向的有效策略指导。

4.2.1 推荐算法，深度解析

很多头条号运营者在创作内容时，都会碰到这些问题，如自己的内容很好，封面和标题也做得不错，但推荐量却很低。如何才能提升内容的推荐量呢？这就需要大家了解平台推荐算法的奥秘。

1．推荐目标：你的内容会被推荐给哪些用户？

众所周知，今日头条的推荐算法实现的是精准的个性化推荐，它会给每一位用户推荐其可能感兴趣或与其兴趣相符的内容。今日头条的推荐算法对用户的认知是非常充分的，是建立在对大量数据进行分析而得出的用户画像的基础上，来进行内容推荐的。具体来说，主要包括以下 3 个方面的数据。

(1) **用户的属性数据**：包括性别、年龄、地域、终端和常使用的 App 等。

(2) **用户的关注数据**：包括订阅账号、订阅频道以及关注的各种话题等。

(3) **用户的兴趣数据**：已阅读的文章分类和关键词，相似用户喜欢阅读的文章类型，以及标记了“不感兴趣”的实体词或文章类型等。

通过这 3 项数据，可以让推荐系统对用户的阅读兴趣有一个大体的把握。当然，这些用户数据的判断，是建立在有着较大信息流的基础之上的。这里的较大信息流主要包括两个方面的内容，具体如下。

一是从时间的角度来说，用户使用头条号的时间越长，系统所获得的用户数据信息也就越多。

二是从用户数量的角度来说，使用头条号的用户越多，那么系统所获得的数据信息也就越多。

专家提醒

经过时间和用户数量的数据信息积累，今日头条平台的机器系统对用户的兴趣判断也就会越精准，从而能够得出更加清晰的用户画像，最终寻找到某一篇或某一类文章的目标用户并进行内容推荐。

2．推荐规则：你的内容是如何被推荐给用户的？

今日头条采用的是“分批次推荐”的推荐规则，运营者发布内容后，平台会将内容推荐给对该内容最有可能产生兴趣的用户，同时分析这批用户的具体阅读数据，来决定内容的下一次推荐量。

4.2.2 粉丝概况，判断内容

在今日头条平台上，与头条号的运营息息相关的数据一般包括推荐用户、新增用户和累计用户等，下面分别进行介绍。

1．推荐用户

推荐用户这一数据与内容质量紧密关联：质量好，契合今日头条平台推荐机制，那么当天发布的内容获得的推荐用户就多；质量差，不符合今日头条平台推荐机制，那么当天发布的内容获得的推荐用户就少。

那么，推荐用户究竟是什么呢？推荐用户就是平台系统得出的一个关于发布的内容会推荐给多少用户来阅读的数据，这一数据并不是凭空产生的，而是系统通过诸多方面的考虑和评估给出的。影响推荐用户的主要因素有该头条号在最近一段时间内发布内容的情况、内容本身的用户关注热度等。

专家提醒

其实，推荐用户与接下来要介绍的新增用户和累计用户没有直接关系，与它有直接关系的是内容的阅读量。当然，没有直接关系并不是完全没有关系，因为如果内容的推荐量高，那么其阅读量就有可能高，在这样的情况下，就有可能有更多的新增用户关注头条号，也有利于积累更多的粉丝。

2．新增用户

新增用户，顾名思义，就是在原有的用户群体之外，在新的一天内有多少用户关注了头条号。在头条号后台，运营者如果想要查看新增粉丝数据，可以在左侧导航栏中选择“个人中心→我的粉丝”选项，进入“粉丝概况”页面即可查看。

在“新增粉丝”区域，可以查看“7 天”“14 天”“30 天”或自定义时间段内的新增粉丝数据趋势变化图，如图 4-22 所示。在该趋势图上，将光标指向不同的节点(日期点)，还能够看到该日期下的详细的新增人数。

对于运营者来说，观察新增粉丝数据的趋势图，有着重大的意义和价值：一方面，根据新增粉丝的趋势情况，可以判断不同时间段的内容推广效果；另一方面，根据趋势图中的新增粉丝数的最高点和最低点，再结合当时发布的内容，可以分析出粉丝增长人数出现波动的原因。

3．累计用户

在“粉丝概况”页面上方，用大号字体显示了头条号的粉丝数，如图 4-23 所示。需要注意的是，这里的粉丝数包括了与头条号有关的“头条/问答”“西瓜”和“抖音”各个渠道的总数量。

图 4-22 新增粉丝数据趋势折线图

图 4-23 头条号粉丝数

而累计用户，在这里是指头条号当前的粉丝数，即头条号从创立至今，有多少用户在关注，它是每天的新增用户数量和每天的取消关注用户数量之差，在头条号运营时间内的总和。在一定程度上，累计用户数量可以说是代表了头条号的运营成果。

4．粉丝概况

在头条号“粉丝概况”页面下方，有一个与粉丝相关的“数据列表”，如图 4-24 所示，这一数据列表包含了时间、新增粉丝、取消关注、净增粉丝和累计粉丝等数据指标详情。

运营者可以将这些数据导出为 Excel 表格，从而更好地了解头条号每天的粉丝状况，同时通过分析新增粉丝和取消关注的数据，间接地判断每日内容的受欢迎程度。

数据列表　　导出Excel

时间	新增粉丝	取消关注	净增粉丝	累计粉丝
2020-02-25	170	28	142	168488
2020-02-24	176	22	154	168346
2020-02-23	170	32	138	168192
2020-02-22	167	24	143	168054
2020-02-21	136	28	108	167911
2020-02-20	169	24	145	167803
2020-02-19	203	26	177	167658

图 4-24　头条粉丝数据列表

4.2.3　粉丝画像，提升黏性

“粉丝画像”是头条号粉丝管理中的重要组成部分，是对头条号粉丝的数据化的描述。头条号后台的“粉丝画像”页面，从性别、年龄、地域、终端、内容分类、更受关注的关键词和与其他平台的共同用户等用户属性方面，为运营者构建起一幅较完整的用户画像。通过这些关于用户属性的信息，运营者可以从用户角度更好地安排内容并留住粉丝，提升粉丝黏性。

1．用户性别比例

在“粉丝画像”页面中，最上方显示的是性别比例图，这一项数据没有关于具体粉丝数的呈现，它只显示了男、女用户比例，但是运营者可以直观地了解男女比例和双方占比之间的差距，如图 4-25 所示。

例如，在图 4-25 中，运营者可以得出结论：该头条号男性用户和女性用户比例相差很大，其中男性用户是女性用户的两倍多。运营者要根据头条号的定位来判断这样的比例是否与其目标用户群体相匹配。

图 4-25　用户性别比例图

因为用户的性别比例相差很大，所以运营者在发布内容的时候，要更多地兼顾男性用户的喜好习惯和行为模式，这就要求运营者对内容有更加精细化的分类。

2．活跃时间分布

性别比例图下方为活跃时间分布图，把光标放在趋势线上，可以看到各个时间点的活跃粉丝数据情况，如图 4-26 所示。同时，系统还会为运营者计算出昨日粉丝活跃数，以及预估该头条号的粉丝最佳活跃时间段，运营者可以根据这个时间段来发布内容，以及与活跃粉丝进行互动。

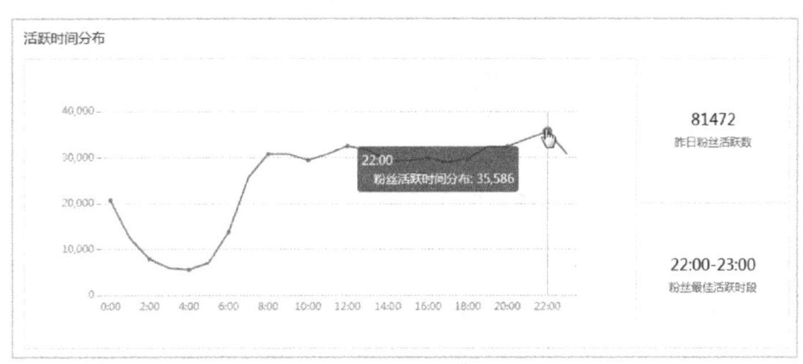

图 4-26　活跃时间分布图

3．年龄分布

接下来为年龄分布图，运营者可以在图中看到头条号各年龄区间粉丝分布的具体比例，如图 4-27 所示。当然，运营者也可以在右侧的数据分布表中查看详细的粉丝年龄分布数据情况。

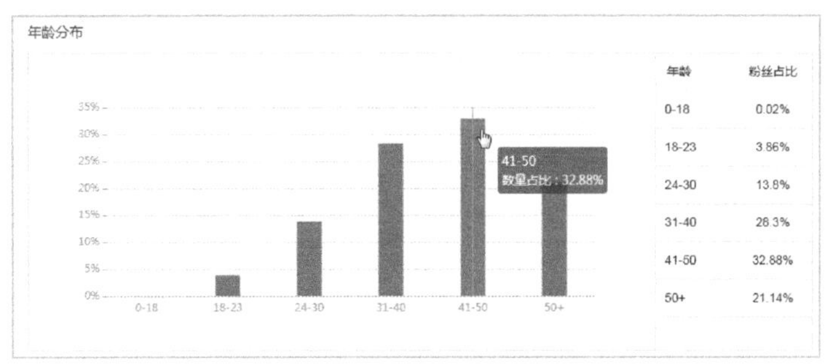

图 4-27　用户年龄分布比例图

例如，通过图 4-27 中的用户年龄分布数据分析，可以得出结论：该头条号用户的年龄主要集中在 31～40 岁与 41～50 岁这两个区间，且这两个区间用户所占的比例都在 30%左右，比其他年龄阶段的用户要多得多。

4．地域分布

接下来为地域分布图，除了一个利用颜色深浅表示用户分布的全国地图外，下方还有一个表示用户分布百分比饼图和详细数据分布表，如图 4-28 所示。

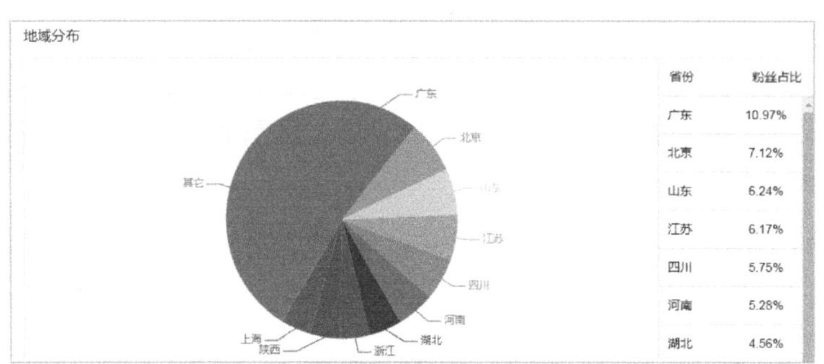

图 4-28　用户地域分布百分比饼图

原本饼图上没有显示具体的百分比，此时用户可以对照其右侧的数据分布表查看，也可以把光标放在其中的一个色块上，该部分就会突出显示并显示百分比数据。在笔者看来，用户地域分布数据情况也是运营者必须了解并运用到运营工作中的用户属性要素，一般来说，可从以下几个方面着手。

- 根据不同地区的消费水平来判断用户的购买力。
- 根据不同地区的人群特点来判断用户的个性喜好。
- 根据不同地区的气候进行具有当地特色的信息推广。

5．终端分布

接下来为终端分布图，显示头条号粉丝的手机终端系统分布图，如图 4-29 所示。例如，图 4-29 中该头条号使用 Android 系统终端的粉丝占了用户总数的 72.69%，远多于使用 iOS 系统终端的粉丝。

图 4-29　用户手机终端分布图

6．你的受众都喜欢哪些分类的内容？

接下来为“你的受众都喜欢哪些分类的内容？”模块，体现了头条号的用户偏好的内容分布情况，如图 4-30 所示。

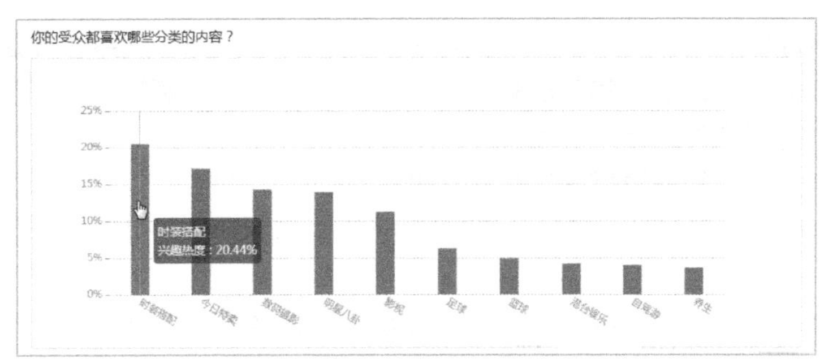

图 4-30　用户偏好分类内容分布图

从该柱形图中可以很清楚地看到偏好不同分类内容的用户比例差距和具体的占比，有了这些数据，运营者对内容的可拓展方向就有了大致的把握，那么接下来的运营工作也就会相应成熟起来，从而做到得心应手。

关于头条号用户偏好哪些分类内容，其实也是用户属性的组成内容之一，只是与上面介绍的纯粹从用户自身出发的总体比例情况的 5 个客观方面不同，用户偏好哪些分类内容，更多的是建立在主观上的数据情况，为运营者提供明确的内容运营方向。

7．你内容里的哪些关键词更受关注？

接下来为“你内容里的哪些关键词更受关注？”模块，体现了头条号粉丝偏好的关键词分布情况，如图 4-31 所示。

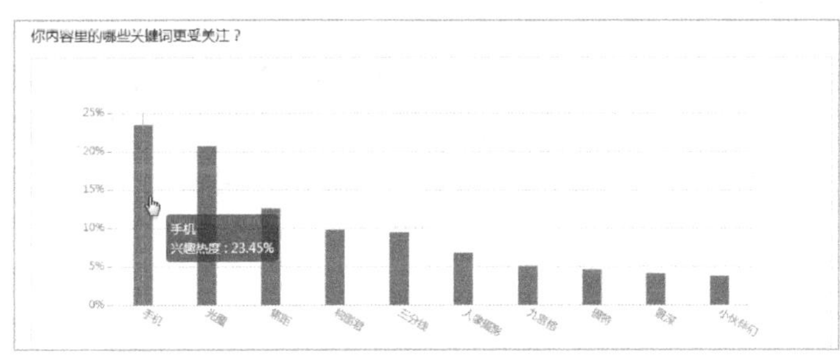

图 4-31　用户偏好关键词分布

与偏好哪些分类内容相似，关于用户偏好哪些关键词也是可以为具体的运营工作提供直接指导的。更重要的是，它是针对头条号所推送内容的所属分类而得来的结果，因而可以在内容中更多地合理植入用户偏好的关键词，以便让内容更多地被用户搜索和喜欢，从而促进头条号的发展和壮大。

8．关注你的人还喜欢哪些头条号？

“粉丝画像”页面中的最后一个数据分析功能为“关注你的人还喜欢哪些头条号？”，这里显示的是与头条号有共同粉丝的一些账号。

在当今新媒体时代，大大小小的自媒体平台和运营者数不胜数，在这些平台的不同账号间，它们并不是独立的，总是与其他账号有着关联。例如，关注这一个账号的用户，同时也有可能关注另一个账号。

这些与自身头条号有着相同用户和相似的用户属性的头条号发展情况不一，有的粉丝很多，也有的粉丝很少。那么，应该选择什么样的头条号进行合作，才能实现双赢呢?

具体来说，在完成了数据对比分析的情况下，运营者可以从两个方面来判断合作的头条号：一是阅读量，阅读量表示平台的活跃情况；二是评论量，有评论不仅代表了平台的活跃程度，还可以表达用户对文章感兴趣，所以才会评论，正所谓有想法才会有评论。具体的合作策略如下。

- 有些头条号显示有很多粉丝，发布的文章阅读量却不高，像这一类的头条号中粉丝的活跃度比较低，不适宜合作。
- 有些头条号粉丝数不是特别高，但是文章阅读量却比其他一些粉丝数高的头条号还高，这一类头条号比较适合合作。
- 有些头条号虽然粉丝数比较少，但是其往期的阅读量比较稳定，说明该头条号的粉丝活跃情况也是比较稳定的，与其合作，在粉丝兴趣相近的情况下，可以达到快速增粉的效果。

4.2.4 粉丝列表，沟通交流

在运营头条号的过程中，运营者有时会想一探究竟——关注我们头条号的具体是什么用户? 对于这一问题，头条号后台的“粉丝列表”将为大家提供详细而准确的答案。如图 4-32 所示，为“粉丝列表”页面的部分内容展示。

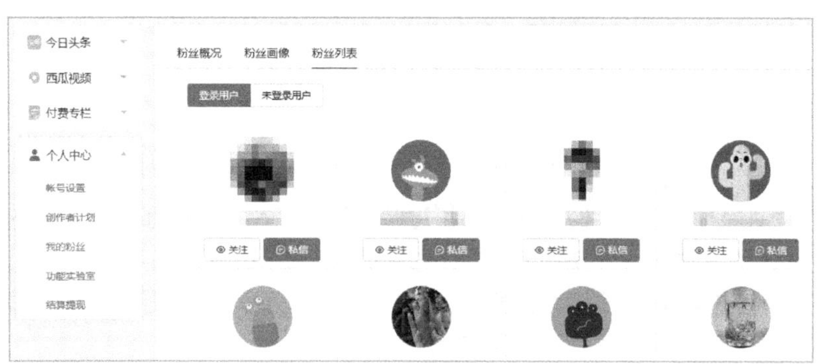

图 4-32 “粉丝列表”页面

在“粉丝列表”页面，运营者可以查看所有关注了头条号的粉丝——了解其头像和昵称，同时可以单击“关注”按钮 关注 实现互相关注，以便更加详细地了解该用户，还可以单击“私信”按钮向对方发送私信，以便加强双方之间的沟通和交流。

“粉丝列表”页面有“登录用户”和“未登录用户”两项，这两项是对粉丝进行的简单分类。其中，登录用户指的是有头条号账号并登录之后再关注该头条号的用户，未登录用户指的是该用户在手机上通过“今日头条”App 关注了该头条号但是却没有登录的用户。

在未登录用户的粉丝列表页面上，运营者对粉丝的了解仅限于其所使用的终端类型和粉丝数量，其他的关于粉丝的具体情况和交流途径都是没有的。如图 4-33 所示，为“粉丝列表”页面中的未登录用户列表。

图 4-33　未登录用户的粉丝列表

未登录用户的粉丝，一般变动比较大，如果用户更换了手机，那么这一粉丝虽然在“粉丝列表”页面显示了，但是实际上却是消失了。只有该用户对头条号有足够的忠诚度，才有可能在更换后的手机上重新关注头条号。因此，运营者要想发展忠诚粉丝，最好还是从登录用户中寻找。

第 5 章

商业变现：赚钱之路

在今日头条平台上，除了可以通过各种形式的广告变现获利外，还可以通过其他方式来实现。本章就从变现渠道、变现方式和扶持计划等角度出发，介绍头条号的变现技巧，以便帮助更多的头条号创作者和运营者达成淘金目标。

5.1 6个渠道，实现收益

今日头条作为一个向用户推荐有价值、个性化信息的平台，能够为优质创作者带来大量收益，那么，头条号究竟能通过哪几种方式来实现原创内容获利呢？一般来说，主要包括广告收益、用户打赏、付费社区、商品佣金和问答分成等。本节介绍其具体的变现渠道。

5.1.1 头条广告，智能匹配

所谓“头条广告”，是指由今日头条平台投放的广告，与自营广告的自主运营完全不同，头条广告是指运营者把自己的内容广告位委托给今日头条平台代运营，进行智能广告投放的形式。这种广告形式对头条号没有粉丝和权限限制，只要完成了头条号的注册，即可参与投放头条广告。

而头条号要想通过头条广告获得收益，首先要进行广告投放。运营者可以通过两种方式来完成这一操作。

一是可以在发表图文内容和视频内容时进行设置，如图5-1所示。

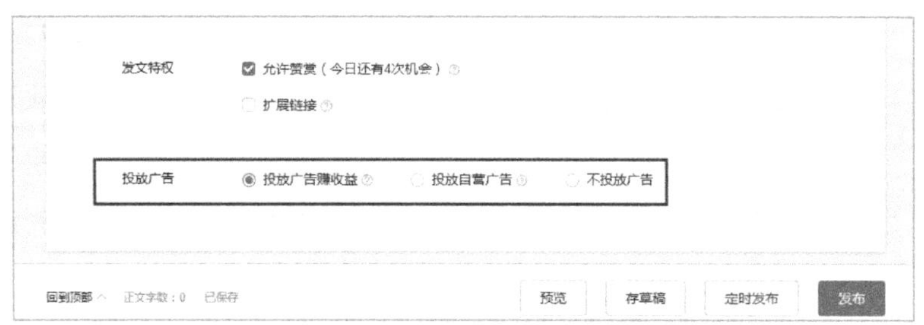

图5-1 发表图文内容时的头条广告投放设置页面

二是可以通过“今日头条→收益分析→头条广告”页面的“收益设置”选项进行设置，如图5-2所示。

无论采用哪一种方法，都有3个选项供运营者选择——不投放广告、投放头条广告和投放自营广告(虽然各选项的先后位置和个别文字有出入，但是意思还是一样的)，大家可根据需要设置广告投放。

设置了头条广告投放的头条号是会获得收益的，但是收益受多个因素影响。其中，除了广告主的出价以外，其他的影响因素大多是可以通过头条号运营来提升的，包括内容质量、账号分值等。

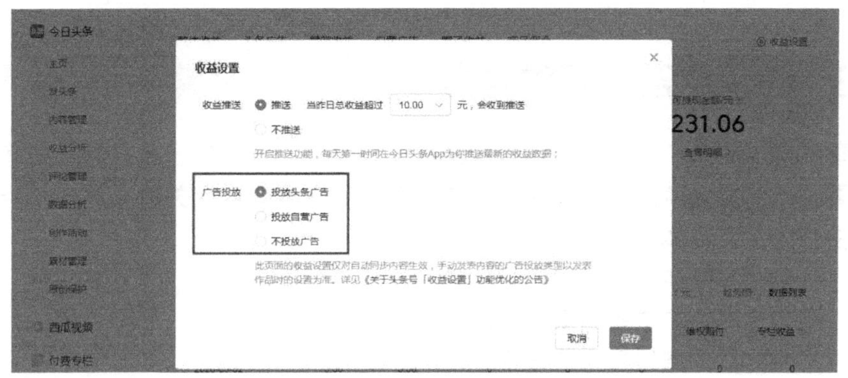

图 5-2 “收益设置”页面中的广告投放设置

5.1.2 用户赞赏，每天 5 次

在今日头条上，运营者可通过优质内容来获得用户的赞赏，这是一种很常见的内容获利形式，在多个平台上都有它的身影。图文赞赏属于“千粉权益”，权益开通后，用户可对运营者发布的文章进行打赏，所得收益全部归运营者所有。

开通赞赏权限的头条号，在发布文章页面的“发文特权”选项区中选中“允许赞赏”复选框，即可获得赞赏收益。“允许赞赏”复选框默认是选中的，运营者可以手动取消勾选，不使用赞赏功能。

运营者进入头条号后台的“今日头条→收益分析→赞赏收益”页面，即可查看自己所获得的用户赞赏收益，如图 5-3 所示。注意，一个头条号每天限用 5 次赞赏机会，赞赏收益可与广告收益一起提现。如果运营者发布违规内容、信用分值低于 60 分，“图文赞赏”权益将被关闭。

今日头条 主页 发头条 内容管理 收益分析 评论管理 数据分析 创作活动 素材管理 原创保护 西瓜视频 付费专栏

整体收益 头条广告 赞赏收益 自营广告 圈子收益 商品佣金 收益设置

时间	金额	用户名	文章
2020-01-13 20:38:59	5	[illegible]	手机摄影后期：28种酷炫效果，是这款滤镜做的
2019-09-16 17:05:13	5	[illegible]	手机摄影后期：28种酷炫效果，是这款滤镜做的
2019-08-30 16:17:48	5	[illegible]	手机摄影后期：28种酷炫效果，是这款滤镜做的
2019-04-04 22:20:51	50	[illegible]	高手！手机拍大片，这5个小绝招你一定要会！
2019-03-29 17:16:50	50	[illegible]	16张手机摄影照片，从技术分析，带你提升摄影水平！

图 5-3 查看用户赞赏收益

5.1.3 自营广告，开放自由

自营广告与头条广告一样，也是头条号实现变现、获取广告收益的重要途径。就笔者来看，自营广告就是自主运营的广告，与平台方没有直接关联，这一广告具有很强的自由开放性，具体表现在以下 4 个方面。

- 广告源是头条号作者自行寻找的。
- 可自主选择广告素材形式和内容。
- 广告的推广素材是作者自主上传的。
- 广告获得的收益是双方自主协商的。

自营广告也属于“千粉权益”，满足自营广告申请条件后，运营者可以进入“个人中心→创作者计划”页面，点击“自营广告”卡片上的“申请开通”按钮，即可立即自动开通该功能，无须审核。权益开通后，运营者可以将自我宣传、活动介绍、App 下载等内容设置为广告素材并进行投放。

申请自营广告需满足以下条件。

- 账号已实名认证。
- 账号入驻时间≥30 天。
- 最近 30 天，已发文≥10 篇。
- 账号无违规处罚记录。

申请并开通自营广告后，寻找广告源并把要推广的素材进行设置，才能在推送内容页面插入该广告信息。运营者可以进入头条号后台的“今日头条→收益分析→自营广告”页面，在该页面下方的“设置”区域进行设置即可，如图 5-4 所示。

图 5-4 “自营广告”设置页面

5.1.4 头条圈子，付费社区

头条圈子是一个集粉丝互动、内容营销和商业变现于一体的工具，能够帮助运营者深度连接自己的粉丝群体。运营者可以通过圈子功能创建粉丝付费社区，实现内容变现。

头条圈子属于“万粉权益”，申请开通的运营者粉丝数需要达到 1 万以上，而且仅由平台内部定向邀约。

开通头条圈子权益后，运营者进入“个人中心→功能实验室→圈子”页面，单击“创建圈子”按钮，填写圈子的基本信息(名称、简介、封面)，选择圈子分类(准确定位圈子)，以及设置入圈方式和付费方式等，如图 5-5 所示。

图 5-5 创建圈子

创建好圈子后，运营者可以在其中直接发布动态(微头条)和小视频等内容，目前不支持直接在圈子中发表图文和视频内容。

> **专家提醒**
>
> 运营者在圈子外发布图文与视频内容时，在内容编辑框的下方选中“同步到圈子”单选按钮，可以将内容同步到对应的头条圈子中。

运营者进入头条号后台的“今日头条→收益分析→圈子收益”页面，或者进入“个人中心→功能实验室→圈子→数据分析”页面，可以查看头条圈子的昨日销售额、累计销售额以及当前成员数等数据情况，如图 5-6 所示。

图 5-6　圈子的“数据分析”页面

5.1.5　商品推广，获得佣金

头条号的商品佣金收益包括精选联盟佣金、京东佣金和淘宝佣金 3 个部分，运营者可以进入头条号后台的“今日头条→收益分析→商品佣金”页面，查看各电商渠道的具体收入情况，如图 5-7 所示。

图 5-7　“商品佣金”页面

要在图文内容中插入商品链接，运营者首先要开通“商品卡”万粉权益。开通该权益后，运营者在创作内容时，单击页面上方编辑栏中的购物袋图标 ，可以通过“我的橱窗”“精选联盟”“淘宝商品”或“商品链接”等方式，在内容中插入商品卡，如图 5-8 所示。若用户产生实际购买并确认收货，即可获得相应的佣金收益。

图 5-8 设置商品卡

5.1.6 悟空问答，红包分成

在“悟空问答”中，要想开通收益，可以通过两种方式来获得，具体内容如下。

1) 邀请回答问题

如果所运营的头条号是没有在“悟空问答”中回答过问题的新号，那么，此时运营者就可以通过邀请回答问题的方式来开通收益。只是通过这种方式开通收益时要注意下面 3 个事项。

- 邀请你回答问题的好友必须已经开通收益。
- 好友发送的答题链接最好事先沟通好。
- 头条号运营者要认真回答，原创 100 字回答内容。

通过邀请方式认真回答了答题链接中的问题，只要提交成功，那么，第二天运营者就可以获得收益了，也就说明“悟空问答”收益已经开通了。

2) 创作优质回答

如果所运营的头条号已经在“悟空问答”中回答过问题了，此时，运营者唯有通过坚持不懈地创作优质回答内容，被动地等待系统主动开通收益了。

当系统开通了收益后，就会在选择回答问题后的页面显示“答题得红包”，这就表示系统已经帮该头条号开通问答收益了。此时运营者只要单击“答题得红包”按钮，然后进入相应页面编辑内容即可，如图 5-9 所示。

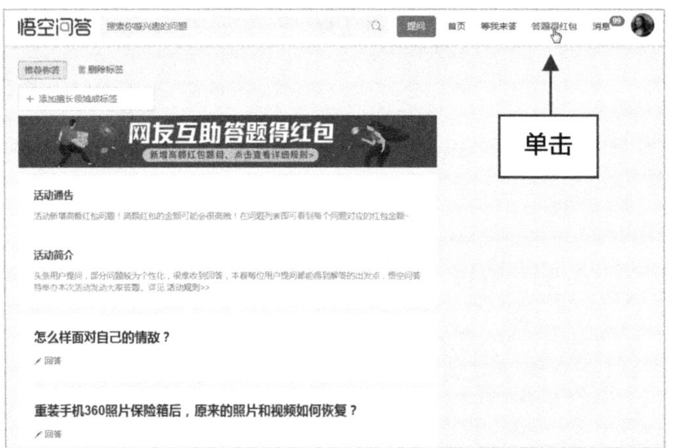

图 5-9 单击“答题得红包”按钮

专家提醒

在“悟空问答”App 上，如果系统已经开通了收益，那么，页面显示就不再是“答题得红包”字样，而是“答题得现金”字样。

在“悟空问答”频道，只要符合条件的提供优质内容的创作者参与问答，就有可能获得问答分成。当然，这里的红包分成是不定的，系统会根据内容的质量和推荐量、阅读量来决定分成。因此，运营者无论是在开通收益前还是开通收益后，都应该注意内容质量是优质的。

5.2 8 大方式，变现无忧

除了以上几个基本的头条号变现渠道外，运营者还可以在今日头条平台或其他头条系产品中找到更多的变现方式。本节筛选了一些有价值的头条号变现方式，帮助创作者拓宽内容变现的途径，增加收入。

5.2.1 签约作者，固定收益

在今日头条平台上，签约作者每个月是有固定收益的，这也是今日头条平台一种主要的变现形式。那么，如何成为头条签约作者呢？一般来说，成为头条签约作者，主要有以下两种方法。

1. 系统邀请

当头条号创作者为平台贡献了足够多的有价值的优质原创内容，并成为某一方面的专家，或是有着很高的知名度后，才有可能收到今日头条系统的邀请成为签约作者，这是一种平台主动邀请的方式。

2. 主动申请

与系统邀请相反，主动申请是一种运营者自己自主申请、平台被动审核的方式。主动申请的做法是：登录头条账号，然后关注今日头条官方账号，并在后台选择发送私信，把相关的资料和能证明你已经成为达人的内容链接传送给系统去审核。当审核通过后，运营者就可以成为头条签约作者。

此时，运营者只要完成平台每月的任务，即可获得签约作者应得的收益。在此以今日头条的悟空问答为例，具体介绍头条号作者成为头条悟空问答签约作者的条件。在悟空问答平台上，签约作者也是有等级之分的，具体条件如表 5-1 所示。

表 5-1　悟空问答的签约作者条件和收益

级　别	条件和收益
一级	每月回答问题个数：20 个 单篇回答的字数：500 字以上 内容要求：有理有据，有图片 收益：每月共计 10000 元
二级	每月回答问题个数：24 个 单篇回答的字数：500 字以上 内容要求：有理有据，积极健康 收益：200 元/个，总计 4800 元以上
备注：这里所指的“问题”是悟空问答这一内容产品邀请头条号签约作者的问题，而不是其自主选择的问题。	

5.2.2　头条小店，内容带货

头条小店是一个内容电商变现工具，运营者获得该权益后，即可在自己的今日头条、西瓜视频、抖音、火山等内容渠道的个人主页中，展示自己的店铺页面。同时，运营者可以通过图文、微头条、小视频、视频、直播等多种内容形式，来展示商品信息，方便用户直接购买。

头条小店有一定的入驻门槛，运营者需要是个体工商户或企业才能申请，同时需要提供相关的营业执照等资料。满足要求的运营者可以进入“个人中心→功能实验室→头条小店”页面，在此可以查看招商标准和进行入驻申请，如图 5-10 所示。运营者可以按照页面指引完成入驻申请，工作人员将在 5 个工作日内审核。

图 5-10 “头条小店”商家后台入驻页面

另外，入驻头条小店时，运营者还需要缴纳 10000 元保证金。若运营者无违规操作，保证金可退。入驻完成后，运营者可申请开通放心购频道业务，以及设置自媒体商品推广业务。

5.2.3 创作活动，有奖征文

运营者可以进入头条号后台的“今日头条→创作活动”页面，通过活动状态、参与状态、话题类型等标签，筛选适合自己的相关创作活动，如图 5-11 所示。在该页面可以看到活动标题、活动简介、最高奖金和参与人数等信息。

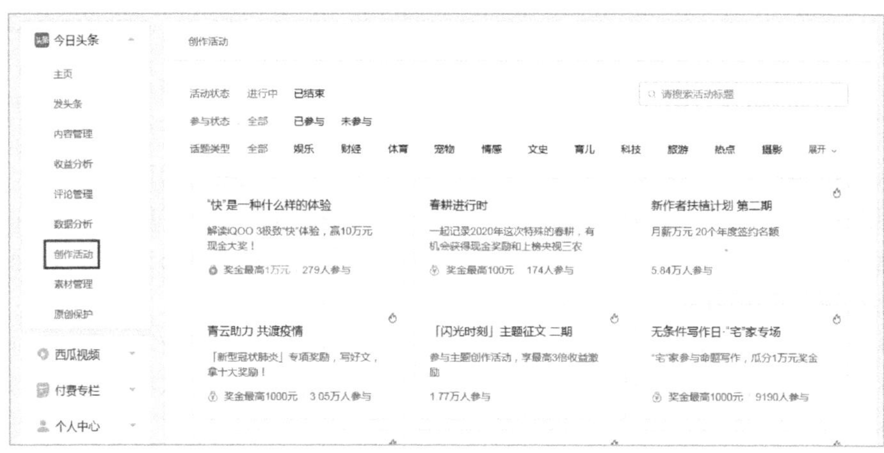

图 5-11 “创作活动”页面

选择相应的活动后，进入活动详情页面，可以查看详细的活动介绍，包括活动时间、发文方向、参与方式、奖项设置、评选规则和参考资料等，单击“发表文章”按钮，即可快速参与活动，如图5-12所示。

图5-12 活动详情页面

5.2.4 视频收益，内容变现

运营者在发布视频内容时，通过投放广告和插入商品卡等方式，可以获得相关的收入，如图5-13所示。

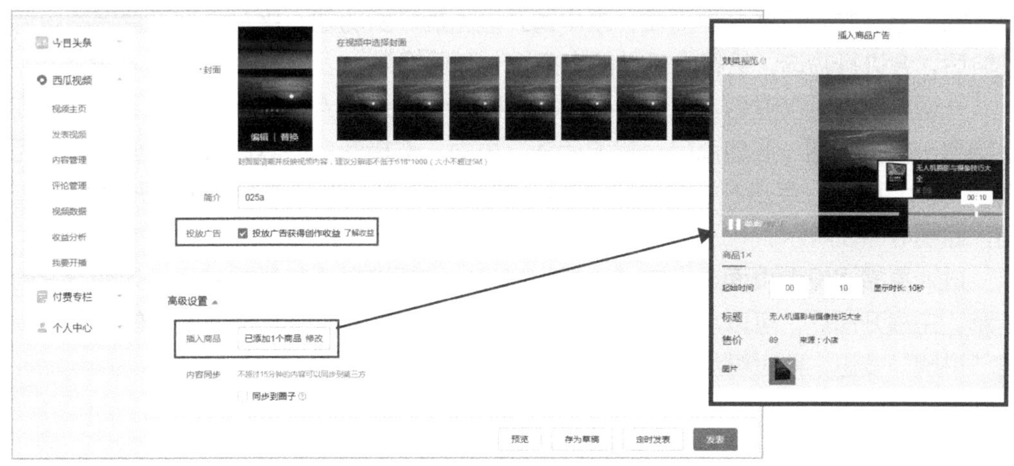

图5-13 在视频内容中插入商品卡

运营者进入头条号后台的“西瓜视频→收益分析”页面，查看视频收益的具体情况，包括昨日/本月视频总收益，以及性别收益和粉丝收益分布详情，这些数据可以帮助运营者更好地调整视频内容的创作方向，如图 5-14 所示。

图 5-14　“西瓜视频→收益分析”页面

5.2.5　直播带货，推荐商品

运营者可以关注“头条直播小助手”头条号，私信发送“申请开通直播带货功能”的信息，并填写报名申请表，来申请开通直播带货功能。平台收到运营者的申请资料后，会进行筛选，给符合条件的主播统一开通权限。

开通直播带货权限后，运营者在手机上打开今日头条 App，依次进入“我的→商品橱窗→橱窗管理→添加商品→我的店铺”页面，选择商品将其添加到橱窗中。然后进入 App 首页，点击右上角的“发布”按钮，在弹出的菜单中点击“开直播”按钮，如图 5-15 所示。

进入直播间设置页面，点击“直播间商品”按钮选择要带货的商品，如图 5-16 所示。主播开播后，可以点击直播间右下角的购物车位置，选择需要推荐的商品，点击“讲解”按钮，此时粉丝即可看到弹出的商品卡片，进行下单购买。

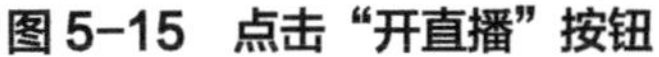

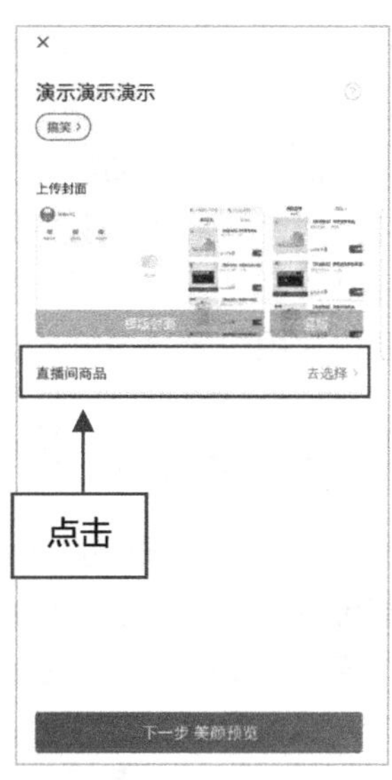

图 5-15　点击“开直播”按钮

图 5-16　点击“直播间商品”按钮

5.2.6　抖音小店，视频带货

抖音小店对接的是今日头条的放心购商城，用户可以从抖音帮助页面进入入驻平台，也可以通过 PC 端来登录，注意要选择抖音号登录。

抖音小店针对以下两类用户人群。

(1) 小店商家：即店铺经营者，主要进行店铺运营和商品维护，并通过自然流量来获取和积累用户，同时支持在线支付服务。

(2) 广告商家：可以通过广告来获取流量，售卖爆款商品。

运营者进入头条号后台的“付费专栏→专栏管理”页面，单击“开通抖音小店”按钮，在弹出的菜单中执行绑定抖音小店、开通抖音小店等操作，通过抖音小店售卖付费课程或其他产品，如图 5-17 所示。

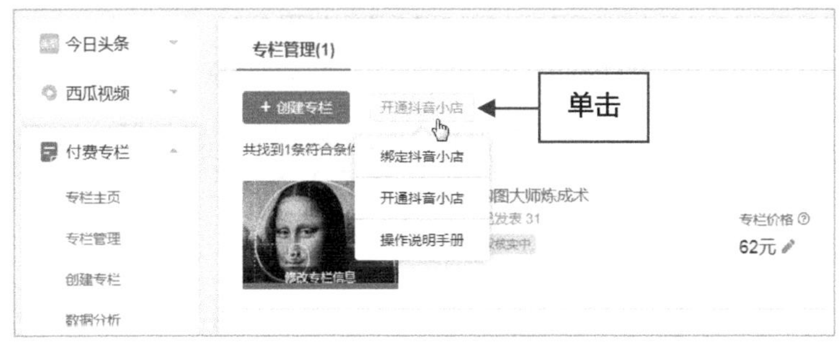

图 5-17　单击“开通抖音小店”按钮

目前，抖音小店入驻仅支持个人入驻模式，用户需要根据自己的实际情况填写相关的身份信息，然后设置选择主营类目、店铺名称、店铺 Logo、上传营业执照等店铺信息，最后等待系统审核即可。入驻审核通过后，即可开通抖音小店。

抖音小店是抖音针对短视频达人内容变现推出的一个内部电商功能，通过抖音小店无须再跳转到外链去完成购买，直接在抖音内部即可实现电商闭环，让运营者们更快变现，同时也为用户带来更好的消费体验。

5.2.7 即合平台，广告变现

即合平台是今日头条推出的一个广告投放和接单平台，品牌广告主可以在平台上投放自己的宣传推广需求，优质的内容创作者则可以通过平台接单，根据广告主的要求制作视频广告，并交付给广告主自主投放。

运营者进入头条号后台的“个人中心→功能实验室→即合平台”页面，即可进入即合平台主页，如图 5-18 所示。运营者可以在此选择“我是视频创作者”入口，填写相关信息即可申请入驻即合平台。

图 5-18　即合平台主页

运营者入驻成功后，可以进入即合平台的“可抢需求”页面，在其中查看广告主的订单需求，同时进行抢单，然后按照他们的要求制作广告视频。截至 2020 年 2 月，即合平台已有数千位视频创作者入驻，为 70 多个行业、2 万个广告主提供服务，促成了 3 万多单生意。

5.2.8 养号卖号，转让获利

在自媒体领域，一直都存在大量的养号、卖号交易产业链，头条号的价格高低主要取决于粉丝数量、收益功能和特殊权益。

其中，收益功能和特殊权益包括以下这些元素。

(1) **收益功能：**头条号是否开通自营广告、头条广告、千人万元计划和商品卡功能等。

(2) **特殊权益：**是否开通图文原创、视频原创、双标题/双封面、付费专栏、商品功能、即合平台、头条小店、专栏分销、“黄V”认证等权益。

例如，在鱼爪新媒平台上，可以转让的账号就有很多种，如头条号、微信公众号、微博号和快手号等，且在不同的模块下，还提供了转让的价钱参考，如图5-19所示。如果头条号创作者想要转让某一头条号，单击该页面上的“我要出售”按钮即可。

图5-19 鱼爪新媒头条号账号转让页面

专家提醒

养号卖号这种变现方式适合有大量粉丝的垂直领域型头条号，在购买时尽量选择与自己所在领域相同、定位和风格一致的账号，这样获得的用户群体会更加精准。直接购买这些“大V”的账号，这样他们的流量就变成自己的了。

5.3 5大计划，增加收入

今日头条平台推出了一系列扶持计划，大力帮助头条号运营者进行内容变现，如“千人万元”计划、“青云计划”、“月薪万元”计划、“闪光时刻”活动以及“伯乐计划”等，给优质的创作者带来更多福利。

5.3.1 千人万元，保底收入

“千人万元”计划，其中的“千人”指的是头条号计划将扶持 1000 个头条号创作者，“万元”指的是这些被扶持的创作者每人每个月将至少获得 1 万元的保底收入。运营者进入头条号后台的“个人中心→创作者计划”页面，可在此自行申请开通“千人万元”权益。

“千人万元”权益的具体申请条件如图 5-20 所示。

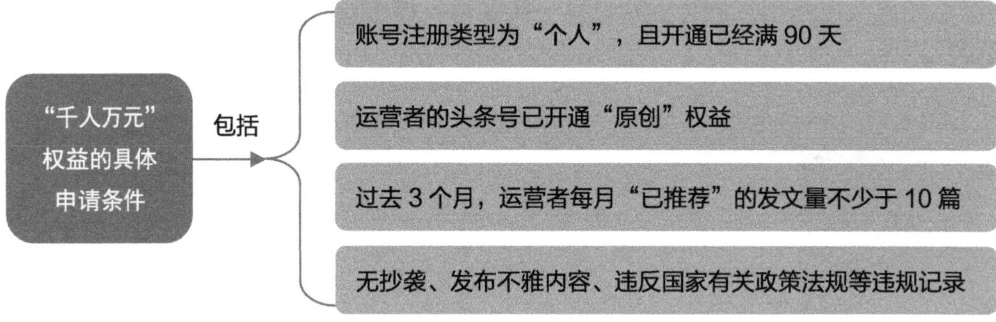

图 5-20 “千人万元”权益的具体申请条件

专家提醒

需要注意的是，通过申请成为“千人万元”计划的签约作者后，该头条号创作者是需要履行一定的义务并遵守一定的规范后才能获得保底收入的，具体的义务和规范表现在以下 3 个方面。

(1) 每月应原创的文章数量：从这一方面来说，头条号创作者每月发布的原创文章数量不能少于双方协商确定的数量，一般来说，最少是 10 篇。

(2) 原创文章应全网首发 3 小时：即头条号创作者如果想要在今日头条以外的平台上发布已经在头条号上发布的原创文章，必须推迟到文章审核通过的 3 小时后才能进行，而不能因为是文章的原创作者就随意发布。

(3) 其他平台发布文章应添加头条号标签：即头条号创作者如果想在今日头条以外的平台上发布已在头条号上发布过的文章，必须在发表时注明该篇文章与头条号的关系——“××系头条号签约作者”(其中××为账号名称)。

5.3.2 青云计划，内容奖励

“青云计划”是头条号平台于 2018 年 6 月启动的一项为激励优质内容原创作者

而给予一定回报的计划。“青云计划”除了具有月度奖励外，更重要的是有每天的优质图文奖励，甚至还有年度奖励。

头条号创作者和运营者需要注意的是，想进入“青云计划”的奖励榜单获得平台提供的奖励金，并不是任意一篇文章就可入选的，而是需要具备一定的条件。下面以单日奖励为例，介绍其文章入选的条件。

- 其头条号类型必须是“个人”或“群媒体”。
- 没有违规记录行为，如抄袭、发布低俗内容等。
- 未与“千人万元”“百群万元”计划签约。
- 头条号已开通原创功能，内容为已声明原创的原创文章。
- 不能是消息类内容，应有独到见解，且非“标题党”的内容。
- 文字类内容须在 1000 字以上，图集类内容图片不能少于 6 张。

进入头条号后台主页，单击“今日头条青云计划”广告标签，即可进入青云计划的活动详情页面，在此可以查看参与条件、参与方式和奖励详情等信息，如图 5-21 所示。

图 5-21　青云计划的活动详情页面

单击“立即参加”按钮，即可快速跳转到内容创作页面，满足青云计划的内容要求后，运营者可以选中“声明原创”复选框，然后在展开的选项区中选中“自荐青云计划”复选框，这样发布的文章即可参与青云计划评选，如图 5-22 所示。

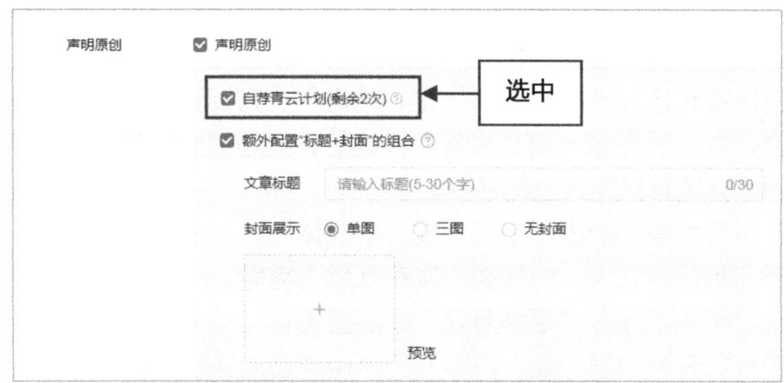

图 5-22　选中“自荐青云计划”复选框

5.3.3　月薪万元，新人扶持

“月薪万元”扶植计划又称为“新作者扶植计划”，是头条号平台为了更好地发掘与扶植有创作潜力的新人而推出的官方扶植手段，如图 5-23 所示。

图 5-23　“月薪万元”扶植计划活动官网

运营者可以登录活动官网，单击右侧的“我要参加”悬浮按钮，进入头条号后台编辑文章内容，同时选中“月薪万元-新作者扶植计划”复选框，发布成功后即可参与活动。“月薪万元”扶植计划的文章评审标准如图 5-24 所示。

专家提醒

运营者可以通过加入“月薪万元”扶植计划，在头条号平台上获得头条签约机会，帮助自己的账号快速成长。“月薪万元”扶植计划的获奖者每月可以获得 2000～10000 元不等的保底收入。

图 5-24 “月薪万元”扶植计划的文章评审标准

5.3.4 闪光时刻，3 倍分成

“闪光时刻”活动主要用于鼓励创作者分享自己的美好生活时光，其内容形式以图文为主，包括娱乐、情感/心理、育儿、时尚、美食、萌宠、健康/健身等生活和泛娱乐相关内容。参与“闪光时刻”活动的创作者，将有机会获得平台额外的补贴，最高可达 3 倍的广告收益激励。

运营者进入头条号后台的“今日头条→收益分析→头条广告”页面，在广告收益数据表格的“平台激励”一列中，即可查看通过“闪光时刻”活动获得的激励收入，如图 5-25 所示。

日期	总计	信用系数	粉丝收益	非粉丝收益	信用惩罚	平台激励
2020-03-03	4.26	1	3.89	0.37	0	0
2020-03-02	5.58	1	3.45	0.54	0	1.59
2020-03-01	1.64	1	0.76	0.17	0	0.71
2020-02-29	1.76	1	0.78	0.21	0	0.77
2020-02-28	2.03	1	0.95	0.15	0	0.93
2020-02-27	3.21	1	1.49	0.25	0	1.47
2020-02-26	4.46	1	2.32	0.25	0	1.89

图 5-25 查看“闪光时刻”活动收益

5.3.5 伯乐计划，任务奖励

参与“伯乐计划”活动的运营者，每邀请一位新作者，同时带他完成相关的活动任务，即可和新作者一起获得相应的奖励，包括发布任务完成奖、闯关成功奖、伯乐大奖、新作者热文奖等。

运营者可以在头条号后台主页中单击相应活动横幅广告，进入“伯乐计划”活动主页面，如图 5-26 所示。运营者可以在活动页面填写想邀请作者的手机号，如果该手机号未注册过今日头条账号，或者注册过今日头条账号但没有发过问答、微头条、文章、小视频内容，系统会为其自动生成邀请链接和专属邀请码。

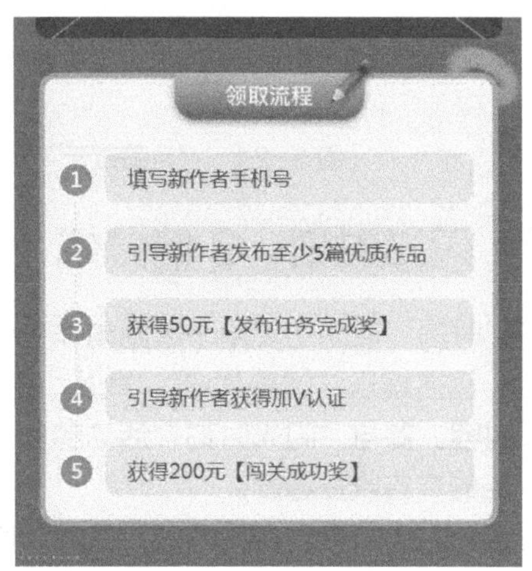

图 5-26　“伯乐计划”活动主页面

每位“伯乐”最多有 100 次邀请机会，运营者一定要慎重使用。运营者获得“伯乐计划”活动的现金奖励，将会通过“头条红包”的形式进行发放，收到获奖通知站内信后两周左右到账。

5.4　收益管理，完成提现

当运营者能够在头条号平台上获得稳定的收益后，还需要做好收益管理的相关设置，让自己能够及时提现，落袋为安。

5.4.1　查看收益，趋势分析

运营者进入头条号后台的“今日头条→收益分析→整体收益”页面，即可查看昨日收益、本月收益以及可提现金额等数据，如图 5-27 所示。

同时，运营者还可以通过“收益趋势分析”表格，查看某个周期内的收益数据情况，包括头条广告、视频收益、赞赏金额、商品收益、维权赔付、专栏收益等。单击“趋势图”按钮，可以将数据列表切换为趋势图状态，能够帮助运营者更加直观地查看和分析各类收益渠道的具体情况。

日期	总计	头条广告	视频收益	赞赏金额	商品收益	维权赔付	专栏收益
2020-03-03	4.26	4.26	0	0	0	0	0
2020-03-02	5.58	5.58	0	0	0	0	0
2020-03-01	1.64	1.64	0	0	0	0	0

图 5-27　查看整体收益

5.4.2　收益设置，管理收入

在头条号后台的“收益分析”页面，单击“收益设置”按钮，即可弹出“收益设置”对话框，包括“收益推送”和“广告投放”两大设置，如图 5-28 所示。

图 5-28　“收益设置”对话框

- “收益推送”：运营者可以选择“推送”或“不推送”选项。当选择“推送”选项时，就表示开通了收益推送功能，系统就会每天在“今日头条”App 上推送最新的收益数据。同时，关于推送功能，运营者还可以设置推送的条件，默认的为“大于 10 元”，运营者还可以选择“大于 0 元”或

"50 元"。

- "广告投放"：运营者可以在"不投放广告""投放头条广告"和"投放自营广告"这 3 个选项中选择。另外，还可以通过单击"设置自营广告"按钮跳转到相应的页面进行设置。

对运营者来说，设置好上面两项，可以更好地管理收益和获得收益，特别是"广告投放"，它是头条号获利的主要形式之一。当然，投放广告和不投放广告对内容推送来说，效果还是不同的，因此在选择时要慎重。

5.4.3 结算提现，落袋为安

在头条号后台的"结算提现"页面，运营者可以通过"结算设置"来进一步构建好头条号收益与创作者之间的联系，如图 5-29 所示。单击右上角的"结算设置"按钮进入其页面，运营者可以在此修改绑定的银行卡和身份证信息。

图 5-29 "结算提现"页面

绑定银行卡之后，运营者就可以对头条号获得的收益进行提现了。运营者在"结算中心"页面单击"申请提现"按钮进行提现。

另外，今日头条手机客户端提现功能正在内测，开通了该功能的运营者，可以在手机端依次点击"我的→作品管理→数据→提现"按钮进行操作，初次提现需要完成身份校验和开通手机支付服务。

专家提醒

在申请提现的过程中，运营者还应该注意以下几个方面。

- 提现时间为每周四的 9:00～23:00，当天最多可提现 3 次。
- 提现需要满足最低金额，可提现金额需≥100 元。
- 提现后收益会实时到账，通常不超过两天，特殊情况可能会延迟。

下　篇

大鱼号

第 6 章

平台入驻：开始运营

大鱼号全称为 UC 大鱼·媒体服务平台，该平台基于 UC 浏览器，其显著优势主要体现在打通了优酷、土豆以及 UC 三大平台，目前拥有约 6 亿用户，以及每个月约 4 亿的活跃用户，为自媒体人提供了绝佳的推文导粉条件。

6.1 账号入驻，实名认证

大鱼号适合个人/自媒体、媒体、企业、政府或其他组织入驻。其中，个人/自媒体账号适合个人写作者、意见领袖、垂直领域专家和自媒体人士申请。本节主要介绍大鱼号的注册方法，包括大鱼号的入驻规范、注册登录、第三方登录授权以及实名认证等操作方法。

6.1.1 入驻规范，遵守要求

大鱼号平台针对运营者的入驻账号资料会进行严格的把关，在账号名称、账号简介、账号头像、主体信息审核规范、授权运营者信息等方面都制定了一些入驻规范(见图 6-1)，用于保障平台内容生态的健康发展，减少低质量的内容在平台上传播的行为，维护优质内容创作者的利益，提升用户体验。

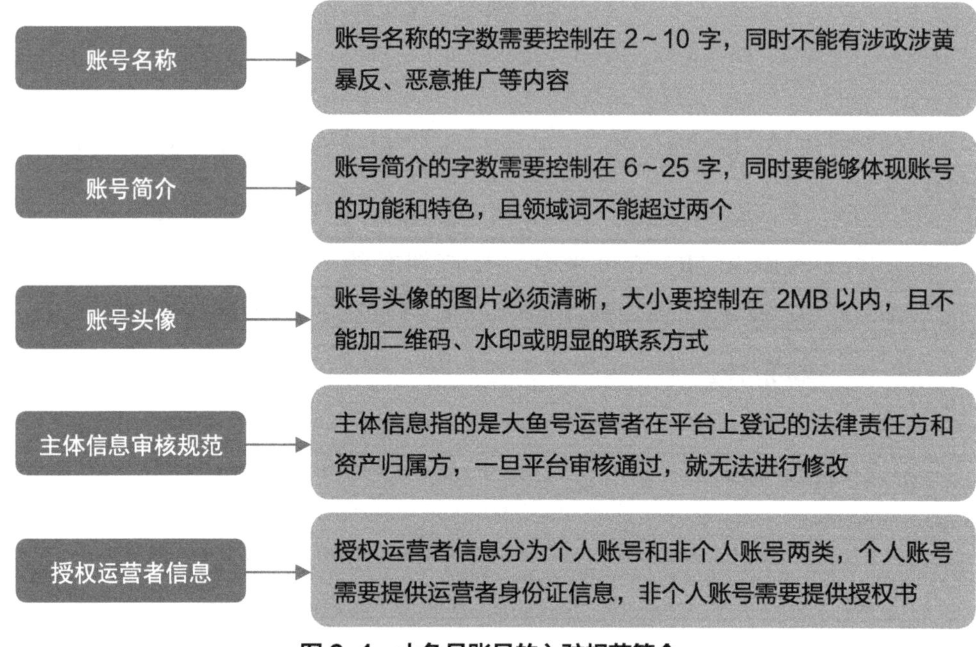

图 6-1 大鱼号账号的入驻规范简介

专家提醒

在授权书信息中，照片和文字信息必须清晰，同时授权书中的大鱼号名称、授权组织名称、被授权人姓名、身份证号码等信息，与账号入驻时填写的组织名称、申请的大鱼号名称、运营者姓名、身份证号码都要一致。

6.1.2 注册账号，一步到位

大鱼号具有强大的推送能力、商业变现能力以及用户黏性高等特点，下面为大家介绍大鱼号的注册流程。

(1) 打开大鱼号官网，单击“注册”按钮，进入注册页面，如图6-2所示。

(2) 填写完相关信息之后，单击“注册”按钮，将出现如图 6-3 所示的页面，单击“前往激活账号”按钮，验证邮箱。

图6-2 大鱼号注册页面　　图6-3 验证邮箱

(3) 验证邮箱之后，进入如图 6-4 所示的页面，按照要求选择账号类型，是个人就选择个人，是企业就选择企业，这里以个人为例。

图6-4 选择账号类型

(4) 选择入驻类型后，进入个人信息页面，全部填写完成后，单击“提交审核”按钮即可，如图 6-5 所示。账号申请完成之后，进入账号审核期，审核通过后，平台会给你发送审核通过的邮件和短信等通知。

图 6-5　单击“提交审核”按钮

6.1.3　登录方式，更为灵活

目前大鱼号支持以下 3 种登录方式，如图 6-6 所示。

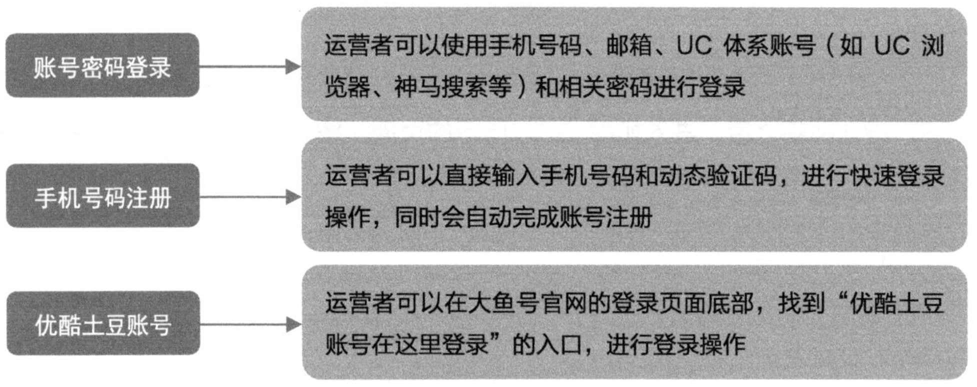

图 6-6　大鱼号支持的 3 种登录方式

专家提醒

需要注意的是，大鱼号目前不提供第三方授权登录的方式，如微信、新浪微博、QQ、支付宝、淘宝等账号。

如运营者记得大鱼号名称，却忘记了登录账号密码，可以在登录界面中单击“忘记密码”按钮，如图 6-7 所示。

图 6-7　单击“忘记密码”按钮

执行操作后，即可进入找回密码页面，填写登录账号和验证码，并根据页面提示设置相关信息，自助找回账号密码，如图 6-8 所示。

图 6-8　自助找回账号密码

另外，如果运营者的大鱼号没有设置优酷土豆登录邮箱/手机号和登录密码，可以升级自己的大鱼号登录方式，具体操作方法如下。

(1) 进入优酷土豆的安全中心页面，使用之前所使用的第三方账号登录优酷土豆安全中心，如图 6-9 所示。

(2) 登录优酷土豆的安全中心之后，在其中设置优酷土豆登录邮箱或者手机号，并设置登录密码。

图 6-9　优酷土豆的安全中心登录页面

(3) 返回大鱼号平台，使用新设置的优酷土豆账号和密码登录大鱼号平台。

6.1.4　个人类型，实名认证

当运营者注册了大鱼号后，如果选择的账号类型为个人、企业、群媒体或其他组织中的一种，则还必须完成实名认证，保障自己的账号及账号信息的安全性。如果运营者注册的是机构媒体或者政府类型的账号，则暂时无须进行实名认证。大鱼号的实名认证有两个渠道，分别为入驻时进行实名认证和入驻后进行实名认证。

1．入驻时进行实名认证

下面介绍个人类型大鱼号在入驻时进行实名认证的操作方法。

在入驻页面填写信息中的“主体信息”选项处，单击“立即认证”按钮，如图 6-10 所示。

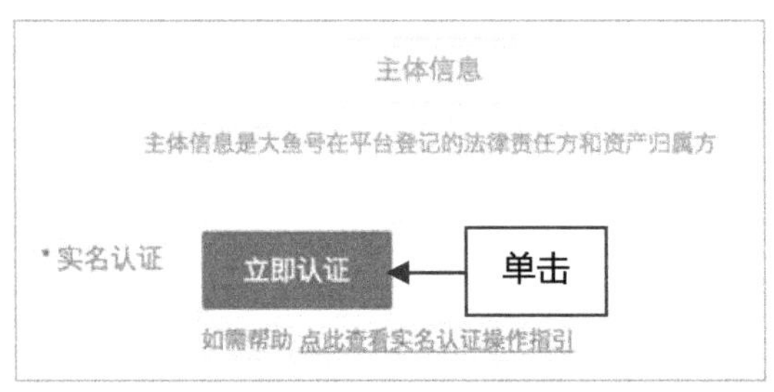

图 6-10　单击“立即认证”按钮

执行操作后，即可生成实名认证二维码，运营者需要打开手机淘宝 App，使用“扫一扫”功能扫描该二维码，即可转跳至“阿里实人认证”界面，如图 6-11 所示。单击“开始认证”按钮，根据提示进行人脸验证操作，并拍摄和提交身份证件等信息，如图 6-12 所示。

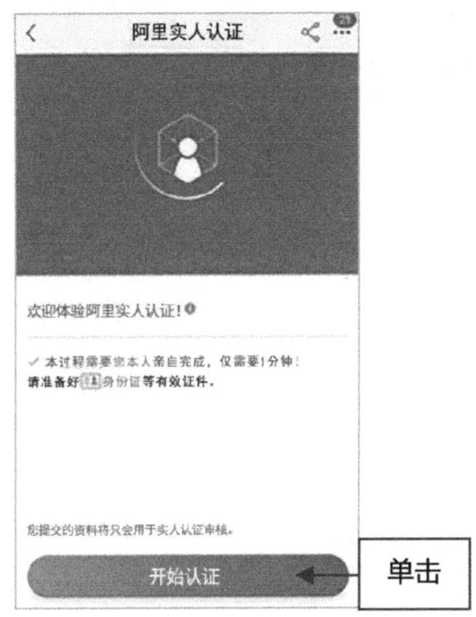

图 6-11 “阿里实人认证”界面　　图 6-12 进行人脸验证

认证完成后，运营者会在手机淘宝 App 上收到一条“认证通过”的提示信息，表示运营者已成功地完成个人账号的实名认证操作。此时，登录大鱼号后台，在“主体和收款信息”页面可以看到“主体信息已实名认证”的显示状态，如图 6-13 所示。

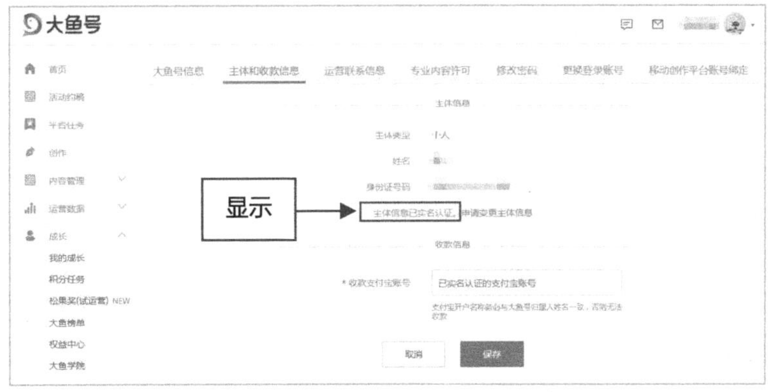

图 6-13 “主体信息已实名认证”的显示状态

2. 入驻后进行实名认证

如果运营者已经入驻大鱼号平台，但尚未完成实名认证，则必须在规定的时间内进行实名认证，否则将会面临禁止发文等处罚。

个人类型的运营者在入驻大鱼号后，可以进入“我的账号→账号管理→主体和收款信息”页面，在“主体信息”选项区中单击“立即认证”按钮进行实名认证操作，如图 6-14 所示。

这两种认证方式除了入口不同外，认证操作都是相同的。

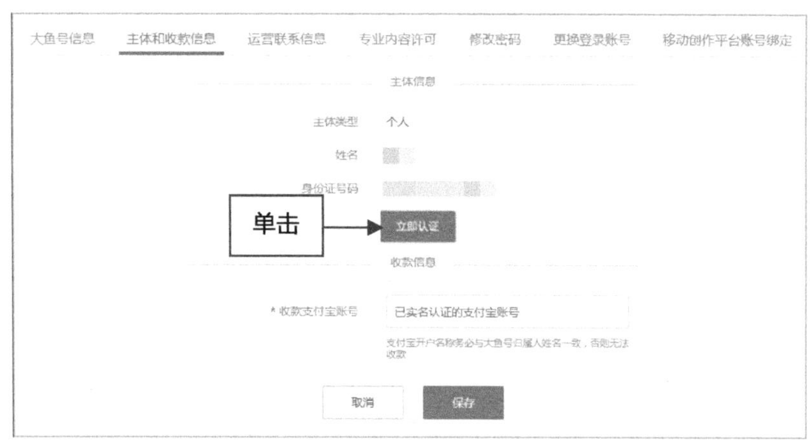

图 6-14　入驻后的实名认证入口

6.1.5　非个人号，实名认证

非个人类型的账号包括企业、群媒体和其他组织 3 类，这些大鱼号运营者在申请入驻时，同样需要进行实名认证。

1. 入驻时进行实名认证

运营者在进行账号注册时，选择对应的入驻类型后，进入“填写入驻资料”页面，填写好信息后，在该页面的“主体信息”处，即可进行实名认证，包括 3 种认证方式，如图 6-15 所示。

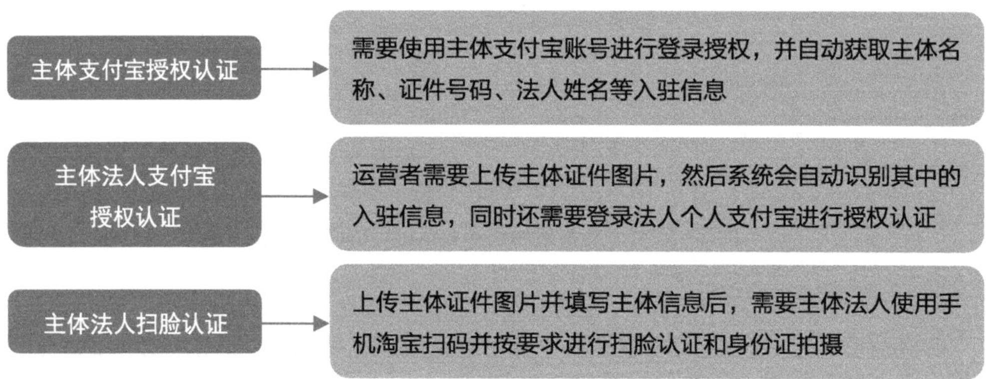

图 6-15　入驻时进行实名认证的 3 种方式

非个人类型账号在进行实名认证时，需要注意以下几点。

- 入驻成功后，主体信息不可修改。因此，运营者在填写入驻主体信息时，一定要仔细检查，确保主体信息真实、准确。
- 大鱼号目前不支持海外用户进行实名认证入驻。

2. 入驻后进行实名认证

如果运营者是已经入驻大鱼号平台的非个人类型账号，且还没有完成实名认证，可以登录大鱼号官网后台，进入“我的账号→账号管理→主体和收款信息”页面，在“主体信息”选项区中单击“去认证”按钮进行实名认证操作。

非个人类型的大鱼号入驻后的实名认证方式与入驻时的方式相同，运营者选择其中一种适宜的认证方式，即可进行实名认证。

专家提醒

企业类型的大鱼号进行实名认证，不需要额外付费。

6.2 转正晋升，获得扶持

大鱼号运营者必须通过“试运营”转正，来获得平台给予的更多收益、权限和流量扶持。

对于符合“试运营”转正条件的运营者来说，大鱼号平台会自动将其转正为普通等级的创作者。

对于尚未达到“试运营”转正条件的运营者来说，则需要努力提高内容质量和活跃度，同时做到合规运营，争取早日转正。

6.2.1 晋升转正，3 大好处

当用户提交的入驻申请资料被大鱼号平台审核通过后，即可成为大鱼号运营者，同时账号进入“试运营”状态。

试运营和转正的主要区别表现在以下 3 个方面。

(1) **账号收益**：“试运营”期间的大鱼号没有收益，只有转正之后才会获得平台给予的收益。

(2) **发文权限**：“试运营”期间，运营者每天可以发文 3 篇，转正后每天可以发文 10 篇。

(3) **后台权限**：“试运营”期间，运营者可以发布文章或视频等内容，转正后，运营者会获得更多权益类功能，如原创权益、商品推广和扶持计划等。

6.2.2 账号转正，基本要求

大鱼平台主要是根据自媒体人的文章数量和质量，来判断该账号是否达到转正标准，当账号文章被平台推荐过多次以后，会自动触发申请转正考核，然后平台将会根据文章的质量和账号情况进行综合判断，决定账号能不能通过考核。

所以，运营者如果想快速转正，必须做到以下几点。

- 提供有价值的内容，干货教程、影评都可以，但不要写内涵空洞的文章。
- 要有明确的领域定位，发布的每篇文章都要与自己的领域定位相符。
- 账号的昵称和简介要与所选择的领域相符。

关于平台审核转正的标准，主要看运营者在以下 3 个方面有没有做到位。

(1) **内容质量**：文章获得平台的推荐占比≥80%；信用分=100。

(2) **账号活跃度**：运营者连续 7 天进行日更。日更即天天更新的意思，就是每天都发至少一篇新文章。

(3) **合规运营**：运营者必须完成实名认证。

根据数据显示，按照以上要求发文、运营的情况下，一般一周时间就可以转正。

专家提醒

运营者在转正时需要注意的是，必须连续 7 天保持日更，否则需要重新计算 7 天日更。

6.2.3 查看进度，弥补不足

运营者登录大鱼号后台，在左侧导航栏中依次选择“成长→我的成长”选项进入其页面，查看晋升指引信息，如图 6-16 所示。

专家提醒

成长等级表示的是大鱼号运营者的运营能力，具体评估标准如下。

- 运营者的原创能力。
- 发布文章的内容质量。
- 运营者发文的活跃度。
- 运营者的粉丝运营能力。
- 运营者的影响力等。

当运营者达到晋升指引中的要求后，即可等待系统自动转正(达到要求后的第二天中午 12 点后自动更新)，或者单击“申请晋升”按钮主动申请转正。

图 6-16　查看晋升进度

大鱼号目前包括试运营、普通创作者、“铜 V”创作者、“银 V”创作者和“金 V”创作者 5 个等级。当运营者达到一定要求后，即可晋升到对应的等级，并且获得相应的权益，如图 6-17 所示。

图 6-17　查看当前等级的权益

6.3　账号信息，完善修改

运营者入驻大鱼号后，还可以根据需要完善和修改各种账号信息，如擅长领域、账号名称、收款信息、修改密码、主体信息以及运营联系信息等。

6.3.1　擅长领域，专业聚集

大鱼号平台的运营者包括个人、媒体、企业、政府机构以及其他 5 大类型，那么这 5 个类型分别是什么意思呢？以下进行详细解释。

(1) 个人：包括个人创作者、KOL(Key Opinion Leader，关键意见领袖)、垂直领域专家和自媒体人。

(2) 媒体：包括报纸杂志、电视台、电台以及新闻媒体等机构。

(3) 企业：包括集体企业、中小型公司、品牌主以及分支机构等。

(4) 政府：包括各类政府机构、事业单位和具有行政职能的社会组织。

(5) 其他：包括公益机构、学校、社团、公共场馆等组织。

需要注意的是，运营者一旦选定大鱼号入驻的账号类型后，就不能再修改了。所以，运营者在入驻前，一定要提前规划好自己的大鱼号账号类型。

与账号类型不同的是，大鱼号的擅长领域是可以修改的，不过要每 3 个月才能修改一次，门槛比较高。因此，运营者一定要更专业、更聚焦地在自己擅长的领域创作优质内容。如果运营者非常频繁地修改内容运营领域，会影响账号垂直度等维度的评估，进而影响各种权益的获取。

运营者进入大鱼号后台“我的账号→账号管理→大鱼号信息”页面，在“大鱼号领域”列表框中选择合适的领域，如图 6-18 所示。

图 6-18　修改大鱼号领域

6.3.2　修改名称，好用好记

大鱼号平台允许运营者在 3 个自然月内修改 1 次名称。运营者进入大鱼号后台“我的账号→账号管理→大鱼号信息”页面，在“大鱼号名称”文本框中输入新的名称，并单击底部的“提交修改申请”按钮，修改大鱼号名称，如图 6-19 所示。运营者申请修改大鱼号名称后，需要等待平台审核通过，才能使用新名称。

图 6-19　修改大鱼号名称

在大鱼号平台中，拥有一个得体又很有特色的账号名称是非常重要的，对普通人来说可能这个名称无关紧要，只要自己高兴便好，但对于大鱼号运营者来说，就要仔细斟酌，再三考虑。

因为每个大鱼号运营者都有不同的目标，要给好友呈现出独特的理念才行，因此账号名称一定要有很高的识别度，好用好记，同时还要打造出一个“网红”名字，这样更容易把运营者变成“网红”。

账号名称的总体要求是，告诉大家你是谁，以及你是做什么的。同时，账号名称还要考虑两点：易记、易传播，把握好要点才能起一个满意的名称。

- 突出运营者的兴趣和重点内容。
- 使用简单好记的独特化名称。
- 在名称里巧妙地嵌入广告，拒绝恶俗营销名称。

在起名的时候还要避免下面这些误区：没有汉字，全是符号；使用繁体字和负能量字眼；名字前面加很多字母；名字太长，没有重点。

另外，需要注意的是，大鱼号平台为了更好地保护用户权益，对于先注册成功的账号名称给予优先使用权。

若用户觉得某个大鱼号名称对自己的合法权益产生不良影响，还可以下载并填写《大鱼号名称申诉申请表》(见表 6-1)，发送至大鱼号官方邮箱，并将邮件标题设置为“申诉取回大鱼号名称”，进行申诉。大鱼号平台会在 3 个工作日内完成审核，并以邮件形式通知运营者申诉的结果。

表 6-1 《大鱼号名称申诉申请表》范本

大鱼号申诉审核资料

账号申诉时，需提交以下材料。

材料项目	说　明
大鱼号名称	
头像	
证明材料	1.组织机构代码证扫描件或营业执照扫描件(需盖章)/个人手持身份证照片。 2.专业资质。 3.首次使用该名称的证明，如其他平台注册的后台截图，其他平台发表的文章链接等
专注领域	
运营者姓名	
运营者身份证号	
运营者手持身份证照片	需要提供运营者手持身份证的照片，身份证上的信息须清晰可见，身份证号码可识别，大小不超过 2MB
运营者电话	
运营者邮箱	
机构级别(仅政府类型主体需填写)	
申诉名称商标权(如有请提供文件)	
辅助材料(选填)	其他可证明企业、组织身份的材料及有利于证明账号名使用权的材料

该表格请以附件形式随邮件提交，勿直接贴在邮件正文里，否则图片信息可能无法显示，导致影响审核进度。

6.3.3 收款信息，保持一致

运营者进入大鱼号后台“我的账号→账号管理→主体和收款信息”页面，在“收款支付宝账号”文本框中输入已实名认证的支付宝账号，并单击底部的“保存”按钮，修改收款信息，如图 6-20 所示。

图 6-20　大鱼号收款信息设置入口

专家提醒

修改大鱼号收款信息时，需要注意以下几点。

- 收款账号信息必须正确填写。
- 支付宝开户名称必须与大鱼号归属人姓名一致，否则无法收款。
- 在提取收益期间，无法修改收款账号，必须等到打款期结束后才能修改。

6.3.4 修改密码，保护账号

运营者进入大鱼号后台“我的账号→账号管理→修改密码”页面，选择找回密码的方式，并单击“下一步”按钮，如图 6-21 所示。

图 6-21　单击“下一步”按钮

执行操作后，进入“安全验证”页面，运营者需要在规定的时间内单击“前往邮箱”按钮登录邮箱，查收验证码，如图 6-22 所示。输入验证码后单击“下一步”按钮，进入“设置新密码”页面，即可设置新的大鱼号登录密码。

图 6-22 “安全验证”页面

6.3.5 主体信息，不可乱改

大鱼号的主体信息在原则上是不支持修改的，当运营者碰到不得不修改的情况时，则可以主动向平台申请，平台严格审核后再酌情考虑是否修改。申请修改主体信息的条件如图 6-23 所示。

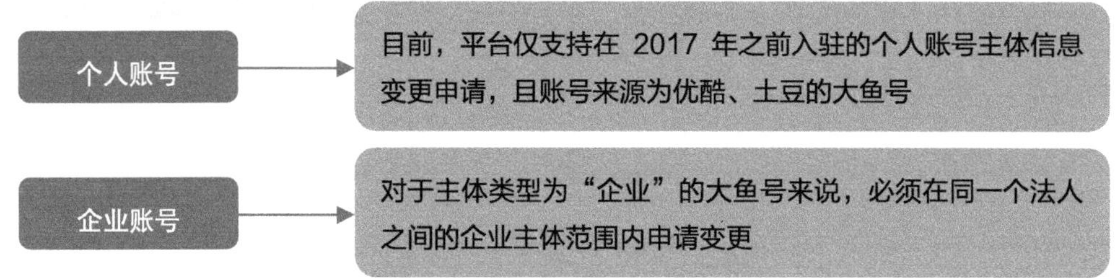

图 6-23 申请修改主体信息的条件

满足主体信息修改条件的大鱼号运营者，可以按照平台的模板来准备相关申请材料，并以附件的形式发送到大鱼号邮箱(注意将邮件标题设为“大鱼号主体信息变更申请”)。如图 6-24 所示，为《大鱼号主体信息更改确认函》和《个人转个人申请表》模板。

在制作《大鱼号修正主体信息申请表》时，运营者需要在其中说明原主体信息和需修正后的信息，具体包括大鱼号名称、主体归属人姓名、主体归属人身份证号、主体归属人手持身份证照片、主体归属人联系手机以及主体归属人联系邮箱等。

大鱼号主体信息更改确认函

尊敬的大鱼号作者：

如需修改主体信息，请核实您的账号符合主体信息更改的条件，确认符合修改条件后，请填写以下内容，并请仔细阅读须知。

账号名称	归属人姓名	联系方式（邮箱/电话必填一样）
需修改内容：		
申请修改的原因：		
须知：	1、本人已经阅读了主体信息修改条件，账号符合要求。 2、本人确认对此账号享有决定权或所属权，有资格对其资料进行修改 3、本人确认要对现有信息进行修改 4、本人对填写的资料负责，确认信息真实、无误，如有问题由本人承担最终结果 5、确认函由账号运营者/企业法人签字（企业、媒体大鱼号需盖章）后正式生效，确认函一式两份，大鱼号创作平台与账号所属人各一份 6、后续信息一经确认，不可二次修改 7、主体信息修改统一在每月1-5日集中处理	
需提供材料	1、确认后签字/盖章的确认函 2、填写无误的申请表和相关附件 3、主体变更后的手持身份证照（企业/媒体大鱼号请提供授权运营者的手持证件照） 4、主体变更后的营业执照扫描件（企业/媒体大鱼号需提供）[需盖章]	

本人确认提供的内容真实有效，情况属实　（√）
本人认可上述规定，对备注内容无异议　（√）

运营者/企业法人手写签字：
单位盖章（企业/媒体需提供）：

日期：　年　月　日

大鱼号官方宣

个人转个人申请表

大鱼号名称	XXX		
原主体归属人姓名	XXX		
原主体归属人身份证号	XXX		
原主体归属人手持身份证照片	提供附件		
原主体类型	境内个人/境外个人		
原主体归属人确认函（说明变更原因）	提供扫描件附件（需原归属人手写签名）		
需变更的归属人姓名	XXX		
需变更的归属人身份证号	XXX		
需变更的归属人手持身份证照片	提供附件		
需变更的归属人联系邮箱	XXX@XXX.com		
需变更的归属人联系手机	XXX		
需变更的归属人所在地	XXX省	XXX市	XXX区
	XXX路XXX号XXX		
正在运营的其他第三方平台资料或补充资料（选填项）	微信号：		
	头条号发表的文章链接：	http://	
	企鹅号发表的文章链接：	https://	
	一点资讯号发表的文章链接：	http://	
	网易号发表的文章链接：	https://	
	上述证明材料或截图	提供附件	
	企业官网：	http://	
注：变更后只能使用归属人姓名与支付宝实名认证一致的支付宝账号，不允许变更为新的银行账号			

图 6-24　申请修改主体信息的相关材料模板

6.3.6 联系信息，正确填写

运营者进入大鱼号后台“我的账号→账号管理→运营联系信息”页面，单击“编辑”按钮，修改运营者的联系信息，如图 6-25 所示。

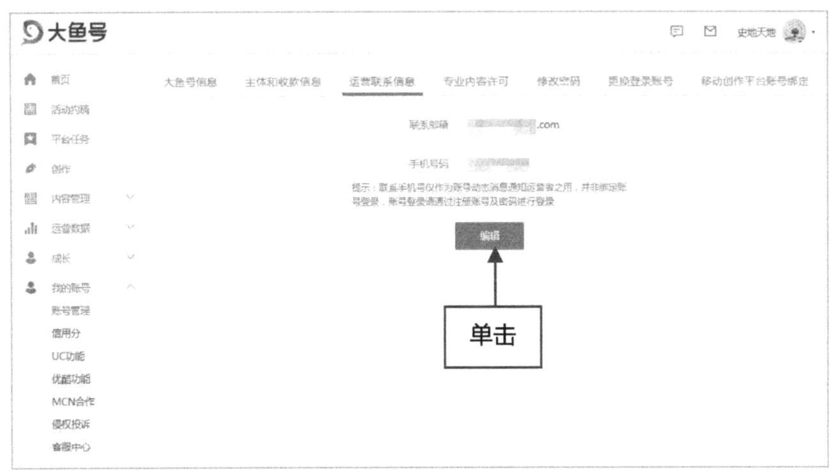

图 6-25　单击“编辑”按钮

执行操作后，即可修改运营者的联系邮箱和联系手机，并输入相应的短信验证码，单击“提交”按钮即可，如图 6-26 所示。

图 6-26　修改运营者的联系信息

专家提醒

在修改运营者联系信息时，需要注意的是，不同类型的账号，运营者的联系号码等相关信息绑定的大鱼号数量有所限制，如个人类型和企业类型的账号都只能绑定两个大鱼账号。

第 7 章

内容创作：保持灵感

学前提示

对于大鱼号运营者而言，其主体运营还是文章内容的创作，即如何打造差异化内容，来赢得用户关注。本章主要介绍开通大鱼号内容原创权益、内容创作形式以及内容运营技巧等，帮助运营者打造出引人注目的爆款内容。

7.1 大鱼原创，保护权益

原创作品是指大鱼号运营者自己创作的拥有合法版权的内容，同时还包括通过合法合规途径获得原创作者授权使用的内容。

大鱼号平台为了更好地培养原创作者，让他们能够持续创作大量优质的内容，打造了原创内容保护的生态系统，包括图文原创保护、视频原创保护以及相关的原创内容维权等权益。

7.1.1 原创维权，保护作者

运营者在创作内容时，如果是自己真实原创的文章，可以在内容编辑界面的下方单击“立即声明”按钮，开启“原创声明”功能，如图 7-1 所示。

图 7-1 开启“原创声明”功能

执行操作后，显示注意事项，选中“我已阅读并同意遵守《大鱼号平台原创保护服务协议》”复选框，单击“下一步”按钮，即可创建原创信息，如图 7-2 所示。

同时，对于大鱼号平台的原创内容来说，运营者还可以设置“转载保护”功能，禁止或允许其他用户转载文章，如图 7-3 所示。如果运营者选中“允许他人转载”单选按钮，则其他人发布雷同的内容时，平台会将其自动替换为运营者的原创文章，同时加上运营者的大鱼号链接。

在“原创声明”设置界面中，运营者还可以选中“赞赏使用”后的复选框，来接受阅读用户给予的打赏。另外，优质的原创内容还能获得更多的平台流量支持，平台会将其优先推荐给精准用户。

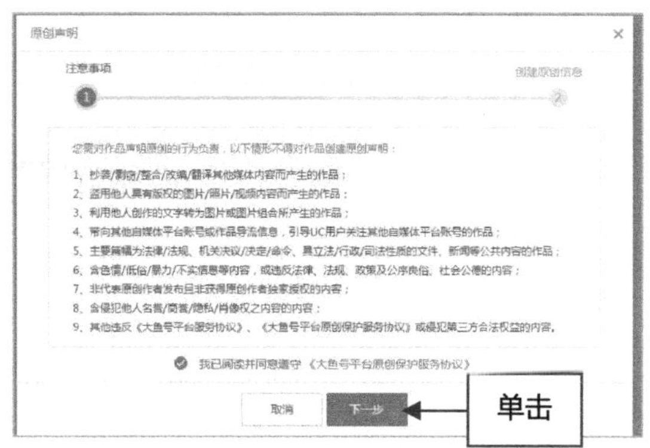

图 7-2　显示“原创声明”的注意事项

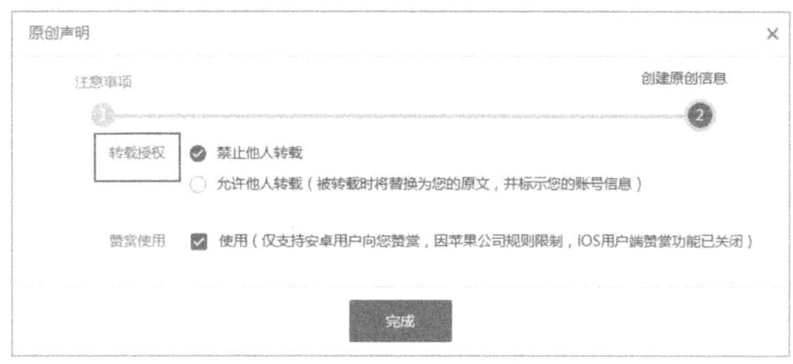

图 7-3　设置“转载保护”功能

开启“原创声明”后，内容还将获得平台提供的“原创保护”功能。若平台监测到与运营者发布的原创内容相似的内容，会自动将其定为“疑似抄袭文章”，运营者即可进行维权。

7.1.2　图文原创，申请技巧

图文原创权益由平台根据运营者近期发布的内容进行评估，择优开放申请，具体评估的维度包括内容的原创性、优质度以及账号的活跃度。图文原创权益的申请条件如图 7-4 所示。

如果运营者达到图文原创申请要求后，可以进入大鱼号后台的“成长→权益中心→通用权益”页面，在“中阶权益”选项区下面的“图文原创声明”卡片上进行申请，如图 7-5 所示。

专家提醒

若运营者申请图文原创失败，则需要等待 30 天后，再次满足申请条件时，平台才会择优开放申请。

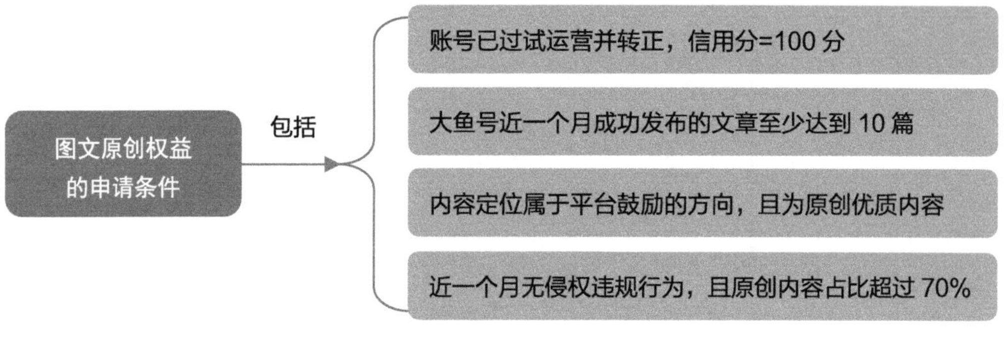

图 7-4　图文原创权益的申请条件

图 7-5　“图文原创声明”开启入口

下面介绍一些提高申请“图文原创声明”权益通过率的技巧，如图 7-6 所示。

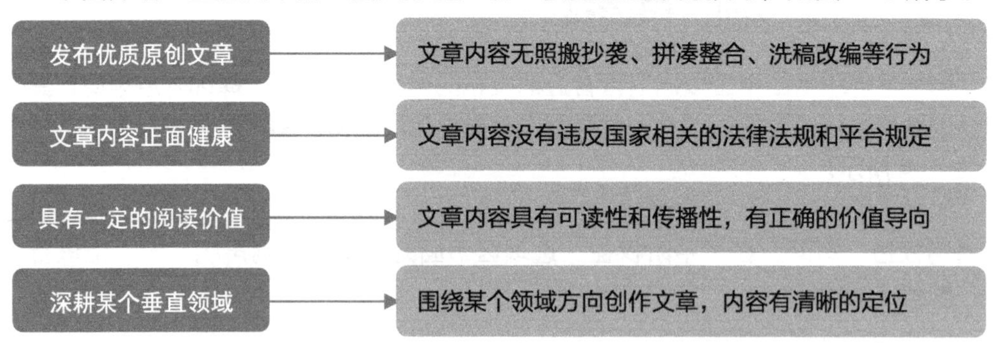

图 7-6　提高申请“图文原创声明”权益通过率的技巧

专家提醒

运营者提交“图文原创声明”申请后，平台会有一定的审核期，通常为5个工作日，审核期过后会给运营者发送结果通知。

7.1.3 原创维权，杜绝抄袭

当运营者获得“图文原创声明”权益后，将享有“原创维权”功能，运营者可以在大鱼号后台的“创作→原创维权”页面查看疑似抄袭文章，如图 7-7 所示。

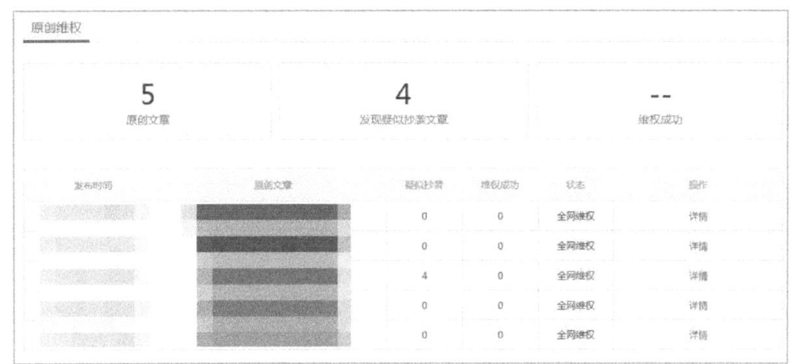

图 7-7 “原创维权”功能界面

若运营者在平台上发现有抄袭自己原创文章的行为时，可以收集整理相关的证明材料，向平台发起投诉，来保护自己的权益，下面介绍具体的操作流程。

(1) 进入大鱼号后台的“我的账号→侵权投诉→发起投诉”页面，仔细阅读侵权投诉指引内容，如图 7-8 所示。

图 7-8 “发起投诉”页面

专家提醒

若平台经过核实，发现被举报人的抄袭行为属实，则会取消其文章内容的原创标识，同时收回他的原创权益，同时还会扣除相应的信用分，严重的甚至会查封账号。

(2) 在“发起投诉”页面底部单击“下一步”按钮，如图 7-9 所示。

图 7-9　单击“下一步”按钮

(3) 进入“投诉内容”页面，在此选择投诉类型，同时根据页面要求填写相关的投诉内容和上传证明材料，如图 7-10 所示。完成投诉内容的操作后，单击“提交投诉”按钮即可。

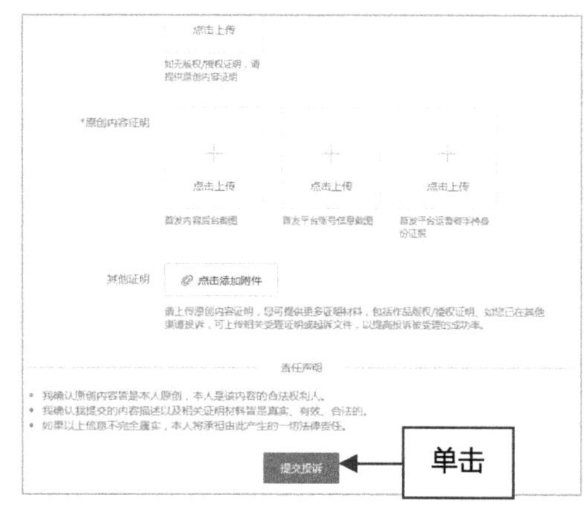

图 7-10　设置投诉内容

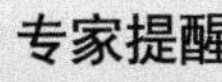

专家提醒

运营者需要提供原创首发作品的链接、抄袭作品的链接等相关证明材料，增加原创维权投诉的成功率。

(4) 提交投诉后，运营者进入“侵权投诉→我的投诉→我投诉的”页面，查看投诉单的处理进度，如图 7-11 所示。

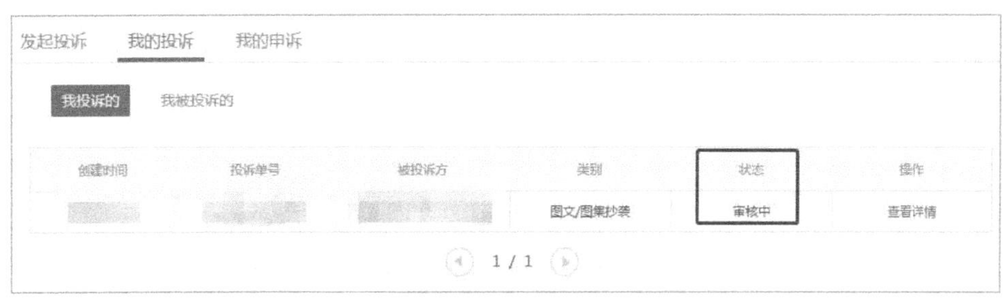

图 7-11 查看投诉单的处理进度

另外，如果运营者发布的文章被他人恶意举报，同时被平台判定为抄袭后，将会收到相应的通知信息，此时可以向平台进行申诉，具体流程如下。

(1) 运营者可以进入“我的账号→侵权投诉→我的投诉→我被投诉的”页面，查看被投诉的详情，如图 7-12 所示。

图 7-12 查看被投诉的详情

(2) 单击“查看详情”链接，可以查看具体的投诉内容，如图 7-13 所示。如果运营者对于投诉结果有异议，可以在接到通知后的 3 天内发起申诉，若超过 3 天没有进行申诉，则表示运营者默认接受投诉结果，作品将被判定为抄袭，同时接受处罚。

(3) 运营者查看投诉内容后，可以单击“确定”按钮，返回“我被投诉的”页面，单击“申诉”按钮，进入“我的申诉→发起申诉”页面，再根据页面提示提交相应的证明材料，如图 7-14 所示。

(4) 单击“提交申诉”按钮即可发起申诉，运营者进入“侵权投诉→我的申诉→申诉记录”页面，查看申诉单处理进度，如图 7-15 所示。注意，每个被投诉单只有一次申诉的机会，因此运营者一定要准备好齐全的申诉证明材料，提高申诉的成功率。

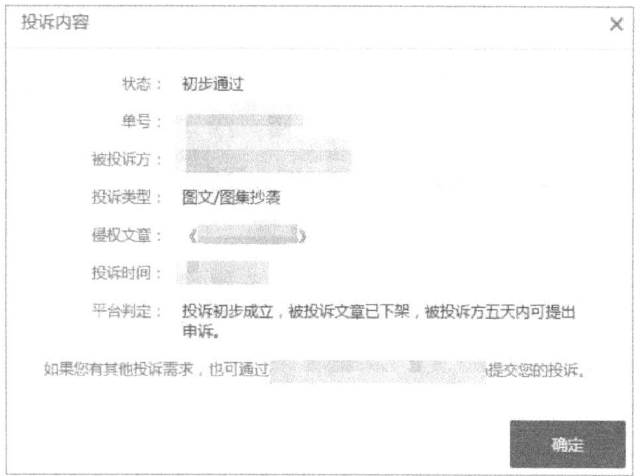

图 7-13　查看投诉内容

图 7-14　发起申诉

发起投诉　我的投诉　我的申诉

发起申诉　申诉记录

创建时间	申诉单号	类别	状态	操作
		图文/图集抄袭	审核中	查看详情

图 7-15　查看申诉单处理进度

7.1.4 视频原创，汰换方式

视频原创权益的获取方式与图文原创权益类似，不同之处在于大鱼号运营者近 30 天发布的视频作品只需达到 6 篇或以上即可。满足视频原创申请资格的运营者，可以进入大鱼号后台的“成长→权益中心→通用权益”页面，在“中阶权益”选项区下面的“视频原创声明”卡片上进行申请即可。

1. 创建视频原创声明

当运营者提交的“视频原创声明”权益审核通过后，即可获得相应的视频原创权益，如原创声明、广告分成、视频认领、侵权投诉等。运营者在发布真实原创的视频内容时，可以在内容编辑页面的“原创声明”选项区中，单击“立即声明”按钮来创建原创声明，如图 7-16 所示。

图 7-16 单击“立即声明”按钮

开启视频原创声明后，运营者可以开通“广告分成(优酷)”收益功能，这样该视频在优酷上被用户播放时，就会获得相应的广告分成收入。同时，运营者还可以认领优酷上有雷同内容的视频，享受这些雷同视频的广告收入。

另外，如果运营者发现有人抄袭、照搬自己的原创视频，可以向平台对侵权者发起投诉。只要运营者能够提供充分有效的证明材料，平台都会积极快速地处理，来保护视频原创者的利益。

2. 视频原创权益汰换

为了更好地保护原创作者的权益，平台推出了视频原创权益汰换制度，用来持续监控和管理已获得视频原创保护权益的大鱼号运营者。若平台检测到原创作者存在严重的侵权抄袭行为时，将直接取消他的视频原创权益资格。

平台在检测侵权抄袭内容时，主要从以下 4 个方面进行评判。

- 原创视频是否为直接转载、搬运或剪辑他人的视频片段。
- 视频作品的原创度比较低，如简单地拼接、整合等二次创作的视频。
- 解说类视频作品的质量非常低，个人观点或评论毫无价值。
- 没有获得合法授权的视频，如网剧、综艺节目等。

当然，如果运营者被平台误判，导致视频原创权益被收回，可以通过在线客服或者意见反馈功能，向平台说明情况和进行申诉，如图 7-17 所示。只要运营者能够提供充分且有效的证明材料，通常平台会重新给运营者开通视频原创保护权益。

图 7-17　意见反馈功能

7.1.5　全网维权，全面保护

大鱼号的全网维权包括站内维权和站外维权两个部分。其中，站内维权主要通过机器检测，来发现平台上的侵权内容，同时将侵权信息和维权渠道提供给原创作者；站外维权则主要是与维权骑士平台进行合作，在全网检测侵权内容，全方位保护原创作者的权益。

1．站内维权

"站内维权"权益目前仅通过平台邀请的方式获得，只要运营者开通了图文原创或视频原创保护功能，就会同时默认开通"站内维权"权益。

当平台识别到疑似抄袭内容后，运营者可以进入大鱼号后台的"创作→原创维权"页面，在自己发布的声明原创的作品详情中查看抄袭作品。如果运营者通过仔细对比，发现抄袭行为属实的话，即可单击"确认抄袭→投诉侵权"按钮发起投诉。

2．站外维权

站外维权目前还在试行阶段，平台会筛选一些符合要求的原创作者，邀请其开通该权益。运营者可以进入“原创维权”页面，查看是否有站外维权入口，有的话则可以通过该入口与维权骑士签约 VIP 版权保护服务，签约后即可开通站外维权。

如果运营者已经注册了维权骑士平台的账号，且在该平台上进行了实名认证，但手机号或者身份证号码不能完全匹配，则可能会导致签约失败。此时，运营者需要联系维权骑士，更换匹配的手机号码或者身份证号码，再次进行注册。

专家提醒

需要注意的是，以下内容是不能进行站外维权的。

- 内容不是运营者真实原创的。
- 内容中过多地引用了他人的资料。
- 文章内容中的文字太少。
- 内容为广告，或者有违规内容等其他情况。

7.1.6 原创权益，评估技巧

大鱼号平台会对运营者的原创权益进行实时的监控评估，具体内容如下。

(1) **评估对象**：所有开通大鱼号平台原创权益的创作者。

(2) **评估范围**：获得原创权益的运营者发布的所有内容，包括没有声明原创的内容。

(3) **评估周期**：30 天的监控期。

(4) **评估标准**：内容的原创度、活跃度、优质度。

(5) **评估目的**：衡量原创作者的内容价值。

(6) **评估结果**：对于违背平台原创要求的运营者来说，影响小的会给予警告处理，影响严重的会关闭原创权益。

专家提醒

如果运营者对原创评估结果有异议，可以先检查自己的内容是否达到评估要求，然后联系在线客服进行申诉。申诉的有效期只有 3 天，如果运营者逾期未进行申诉处理，平台将视为他自动放弃申诉权利。

7.2 内容创作，5 种形式

在大鱼号平台上，运营者可以创作的内容包括图文、短视频、小视频、图集和商品推广等，本节将介绍这些内容的具体创作方法。

7.2.1 创作图文，提高质量

运营者进入大鱼号后台的“创作→图文”页面，直接编辑图文内容，具体包括文章标题、正文内容、作者名称、文章封面以及其他设置，如图 7-18 所示。

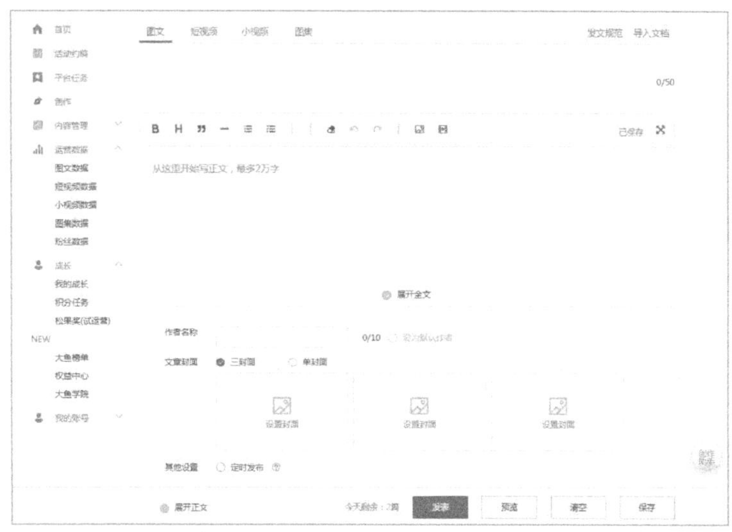

图 7-18 “图文”内容创作页面

设置好图文内容后，系统会自动检测正文并选择封面图片，运营者也可以单击“从正文中选择”按钮，选择一张有趣、有辨识度的封面图片，如图 7-19 所示。注意，大鱼号图文内容的封面图尺寸通常为 16∶9，分辨率要大于 356×200，大小不能超过 5MB。

单击“发表”按钮，弹出“文章预览”对话框，运营者可以在此预览编辑的文章内容，如图 7-20 所示。确认无误后，单击“确认发表”按钮即可发布文章。

正常情况下，系统审核通过的原创和优质文章，都会发布到 UC 浏览器平台上，并推送给订阅粉丝。同时，对于符合下发要求的文章，还能在 UC 头条下发，获得平台更多的推荐资源。

运营者可以在 UC 浏览器的订阅频道中，查看自己发布的文章内容。打开 UC 浏览器，在左下角的“首页→关注”频道中搜索自己的大鱼号名称，即可查看文章，如图 7-21 所示。

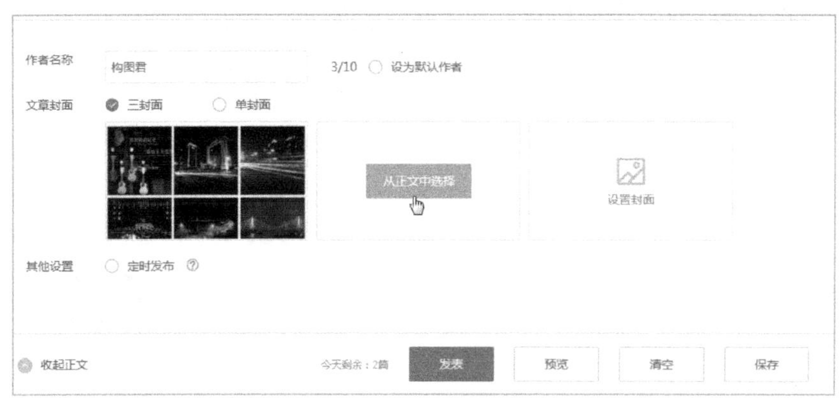

图 7-19　设置封面

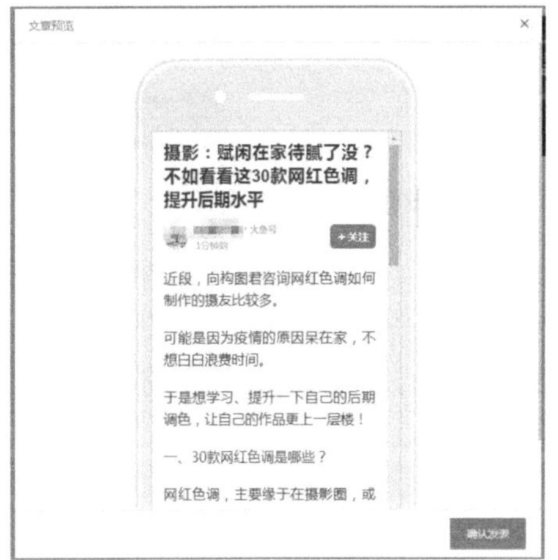

图 7-20　预览文章

大鱼号爆文具体需要注意些什么？有什么技巧呢？主要有以下 3 个方面。

(1) 标题点睛。大鱼号的文章标题要切合文章内容，同时运营者可以多参考模仿爆文标题，多加一些志同道合的朋友，把文章的标题列出一百个，让朋友帮你选择，最终得分最高的就是读者最想点进去的标题。

(2) 内容精度。在大鱼号里面应该以“轻松+有深度”相结合的内容为主。大鱼号的主要受众仍旧是一些有碎片化时间的读者，所以不建议写一些晦涩难懂的知识，即使这些内容有人看，但数量绝对不会太多。

(3) 领域垂直度+合理蹭热点。蹭热点，必须在第一时间蹭，因为等到热点过了一段时间再蹭，反而会增加读者的视觉疲劳，此时读者的大脑已经接收了太多类似的内容，产生了一种“自我免疫”作用，除非你能有一些特别新颖的观点。除了蹭热点之外，领域垂直也是大鱼号支撑的要点之一，建议运营者尽量只发一个领域的内容，不要想着什么都做、什么内容都发，这样是非常错误的。

图 7-21　在 UC 浏览器中搜索查看发布的文章内容

7.2.2　发短视频，获得推荐

运营者进入大鱼号后台的“创作→短视频”页面，通过本地上传或者选择素材的方式来上传短视频素材，如图 7-22 所示。

图 7-22　“短视频”页面

单击“本地上传”按钮，即可在电脑中选择制作好的短视频，如图 7-23 所示。

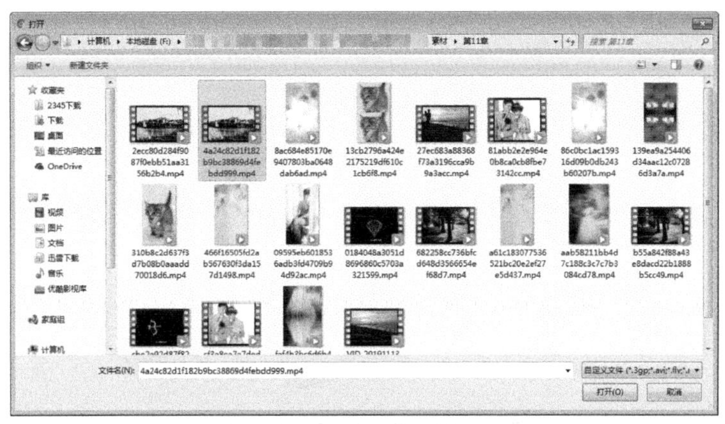

图 7-23　选择制作好的短视频

单击“打开”按钮，会自动上传视频，并获取相应的视频标题和视频简介，运营者也可以修改为合适的视频标题和视频简介，如图 7-24 所示。运营者也可以单击视频预览区右侧的“重新上传”按钮，重新选择视频素材。

图 7-24　上传视频并设置视频标题和视频简介

在该页面下方，运营者还需要设置视频标签、视频分类、视频封面等选项，这些选项都需要正确设置，才能给短视频内容带来更多的推荐，如图 7-25 所示。

在视频封面选项区中，包括从本地选择、从素材库选择和从视频截图中选择 3 种方式。如图 7-26 所示，为从视频截图中选择封面的方式，注意带有黑边的视频截图会自动优化，同时还可以对视频截图进行裁剪。

专家提醒

需要注意的是，一旦视频发布后，标题或封面图就无法修改了，如果运营者觉得不够满意，可以将视频下线再重新上传，来修改视频的标题或封面图。

图 7–25　设置视频标签和分类

图 7–26　从视频截图中选择封面

设置完成后，单击“发表”按钮，弹出“视频预览”对话框，单击“播放”按钮，可以预览视频内容，如图 7–27 所示。单击“确认发表”按钮，即可发布短视频。

图 7–27　预览视频

运营者也可以进入“内容管理→我的素材→视频素材”页面，单击“添加视频”按钮，批量上传视频至素材库，如图 7–28 所示。注意，批量添加的视频不会直接发布到优酷、土豆、UC 客户端，运营者需要进入“创作→短视频”页面，使用选择素材的方式进行发布。

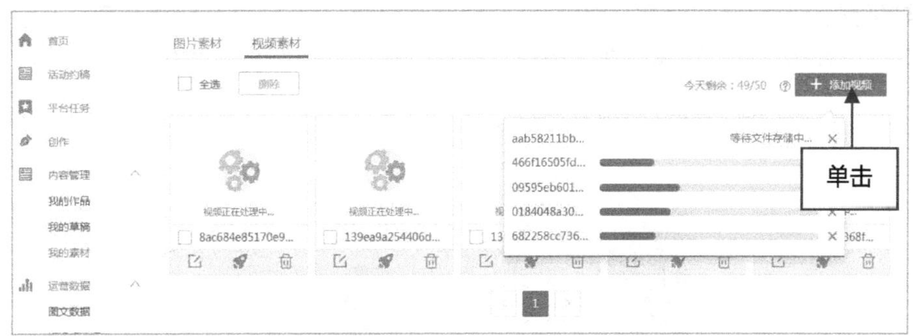

图 7-28　批量上传视频

7.2.3 发小视频，抢占流量

大鱼号平台的小视频通常为时长 5～60 秒的竖版视频，内容优质且画面清晰的小视频作品，可以为运营者带来更多流量。

小视频和短视频的区别在于视频大小、分辨率和发布渠道，短视频的大小可以达到 10GB，分辨率为 720P 及以上，发布渠道为 UC、土豆和优酷等平台；而小视频的大小通常在 100MB 以内，分发渠道主要为 UC 小视频频道和 UC 首页小视频集合。

运营者进入大鱼号后台的“创作→小视频”页面，单击“点击上传”按钮，进入电脑中选择相应的小视频素材，如图 7-29 所示。

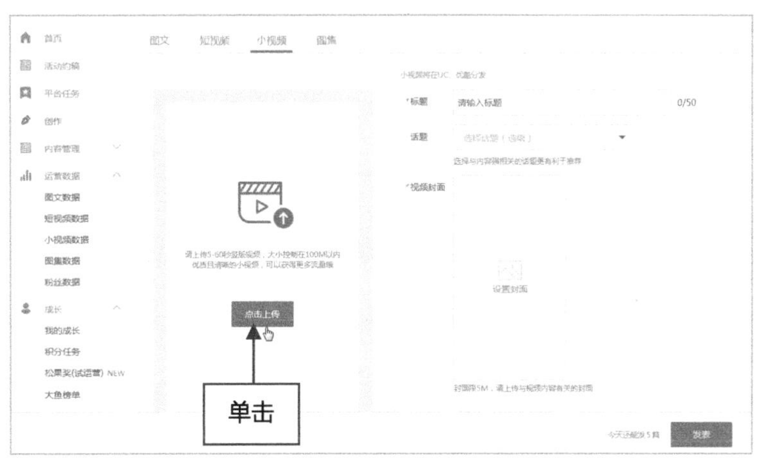

图 7-29　单击“点击上传”按钮

上传视频后，会自动进行转码，同时运营者需要设置一个合适的小视频标题和封面，如图 7-30 所示。另外，运营者可以单击“选择话题”按钮，在话题列表中选择一个与视频内容切合的话题，增加小视频的话题性，这样更有利于推荐。设置完成后，单击“发表”按钮，即可发布小视频。

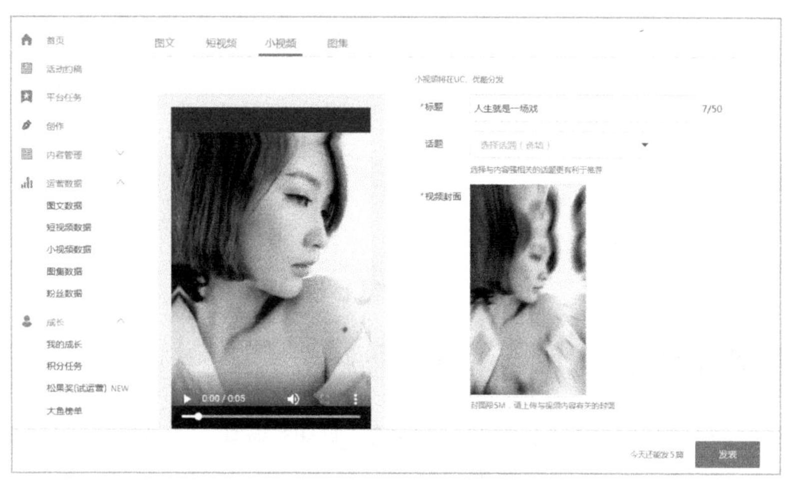

图 7-30　设置视频标题和封面

7.2.4　创作图集，吸引眼球

对于喜欢摄影和记录生活，但缺乏文字创作能力的运营者来说，发布图集也是一种不错的内容创作形式。运营者进入大鱼号后台的“创作→图集”页面，单击“添加图片”按钮，如图 7-31 所示。

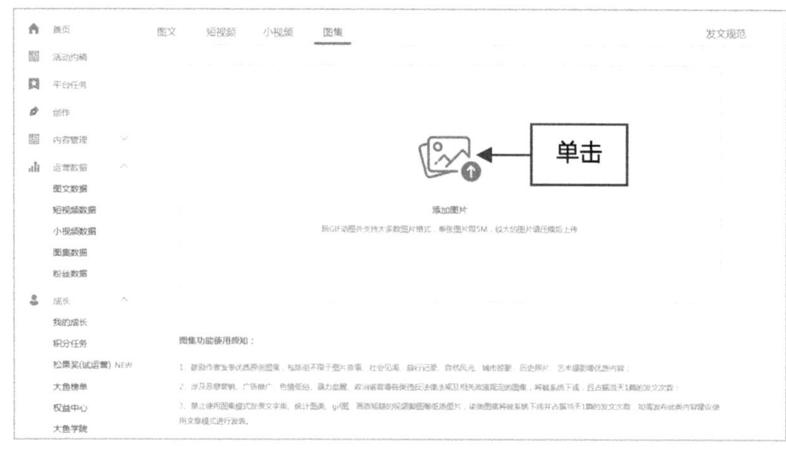

图 7-31　单击“添加图片”按钮

执行操作后，运营者通过“上传图片”和从“个人素材库”选择图片两种方式，来添加图片素材，如图 7-32 所示。

图 7-32　添加图片素材的两种方式

例如，从个人素材库中选择相应的图片后，进入图集编辑界面，运营者可以在此设置图集标题、图片描述(包括“分图描述”和“统一描述”两种方式)和封面图，如图 7-33 所示。单击“发表”按钮，即可发布图集内容。

图 7-33　设置图集标题和封面等

在创作图集内容时，运营者需要掌握以下操作技巧和注意事项。

(1) **图片数量**：3~25 张图片，单张图片大小不超过 5MB。

(2) **删除图片**：单击图片右侧的“删除图片”按钮，即可删除所选图片。

(3) **更换图片**：单击图片右侧的“替换图片”按钮，即可重新上传图片。

(4) **调整顺序**：单击图片右侧的“移动图片”按钮，将图片拖曳至需要更换的位置即可。

(5) **编辑图片**：单击图片右侧的“编辑图片”按钮，即可裁剪和旋转图片，如图 7-34 所示。

图 7-34 编辑图片

(6) **图片格式**：支持除 gif 以外的大多数图片格式。

专家提醒

图集内容创作者需要注意的是，图集目前不支持原创维权、声明原创和开启展示广告卡片等权益。

7.2.5 商品推广，创作技巧

除了图文、图集和视频内容外，运营者还可以在大鱼号平台上创作商品推广的内容形式，这种内容可以称之为“商品文”。

要想发布“商品文”，运营者先要获得“U+任务 · 图文商品推广”“淘票票商品推广”“U+任务 · 小视频商品推广”或“U+任务 · 短视频商品推广”等高阶权益，其申请入口为“成长→权益中心→UC 权益”页面，其中列出了相关权益的获取条件和申请入口，如图 7-35 所示。

例如，运营者在创作图文内容时，可以使用“写文章”模板和“商品导购创作”模板来创作“商品文”。

(1) **“写文章”模板**：在普通资讯文章中加入商品链接，适合资讯、干货经验介绍类的文章内容。

(2) **“商品导购创作”模板**：这是大鱼号商品推广的主要应用模板，包括单品导购创作、清单导购创作和视频导购创作 3 种内容形式，比较适合商品功能推荐、产品评测类的内容。

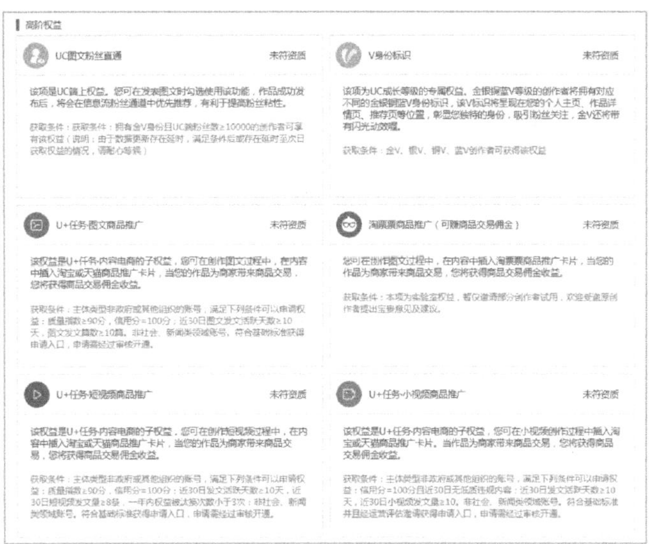

图 7-35　UC 高阶权益

创作“商品文”能够帮助运营者获得更多的收入和权益，具体如下。

- 获得 UC 浏览器提供的相关运营资源位曝光和专属流量扶持。
- 获得商品成交带来的佣金收入。
- 大促活动期间，平台会提供百万元创作奖金。
- 获得“月度大鱼电商推广奖金”收入。
- 平台会不定期地为垂直类账号提供合作推广机会。
- 平台会为运营者提供电商内容的创作指导，以及与更多同行达人交流学习的机会。

7.3　内容运营，提升能力

对于大鱼号平台的运营来说，内容是重中之重，没有好的内容，就谈不上有好的流量和变现了。因此，每个大鱼号运营者都需要重点加强自己的内容创作能力，做好精准的内容定位，用内容吸引“死忠粉丝”，让自己的内容在粉丝心目中变得不可代替，这样才有可能获得成功。

7.3.1　主页内容，配置技巧

运营者进入大鱼号后台“我的账号→UC 功能→UC 主页管理”页面，配置自己的主页欢迎语、私信欢迎语以及主页专栏内容等，如图 7-36 所示。

图 7-36　配置 UC 主页内容

运营者要想在大鱼号平台中创建主页专栏，需要先获取主页专栏(UC)的权益，这个前提是要成为三星及以上的创作者。获取主页专栏资格的运营者可以进入大鱼号后台“我的账号→UC 功能→主页专栏”页面，配置自己的主页专栏内容，包括文章专栏和视频合辑，如图 7-37 所示。

图 7-37　“主页专栏”页面

另外，已转正的创作者还能获得 UC 作者主页底部菜单的权益，可以在 UC 平台的“作者主页”底部创建“菜单”链接，对已发布的重要内容建立前置入口。运营者进入大鱼号后台“成长→权益中心→UC 权益”页面，在“初阶权益”中启用 UC 作者主页底部菜单的权益。

7.3.2　插入内链，发表连载

运营者可以在大鱼号平台上发布连载类的作品，只需在创作图文内容时，使用“插入超链接”功能在文章中插入内部链接，就可以实现连载类作品上下文的衔接，如图 7-38 所示。

插入超链接 ×
内部链接 外部链接
显示文字（非必填）
搜索已发布文章标题
单选 文章 时间
7月29日晴 2019-07-25 15:09

图 7-38 使用“插入超链接”功能

在创作连载类作品时，运营者还需要注意一个基本原则，那就是插入的内部链接需要与正文内容相契合，保证上下文逻辑的清晰、合理。如果运营者没有根据平台规则使用文章链接，则可能会受到平台处罚，包括文章不推荐下发、关闭功能权益、信用分扣分等处罚措施。

平台针对不同的连载类作品，制定了不同的规则，具体内容如表 7-1 所示。

表 7-1 连载类作品的基本规则

内容形式	链接内容	链接数量
连载内容	内容为上一章节及下一章节	每篇允许使用两个链接
同事件或同人物新闻	同主题新闻扩展阅读	每处允许使用一个链接
扩展或引用资料	正文内容的补充说明、信息来源标注等	每处允许使用一个链接

专家提醒

内部链接的不合规使用行为主要包括以下两种。

- 文章中出现随意的内链堆砌。
- 内链与正文完全不相关，纯粹是诱导读者阅读的内链。

7.3.3 内容有误，及时下线

如果运营者发现发布的内容有错误，则先要下线内容，经过修改后再重新发布。运营者进入大鱼号后台“内容管理→我的作品”页面，查看已经发布的图文、短视频、小视频、图集等内容，如图 7-39 所示。

图 7-39　查看发布的作品内容

在“我的作品”页面中，选择要下线的内容，单击右侧的“下线”按钮，弹出“确认信息”对话框，提示用户频繁下线作品会影响信用分，进而对账号优质评估产生影响，因此运营者一定要谨慎操作，如图 7-40 所示。

图 7-40　“确认信息”对话框

7.3.4　平台规范，切记遵守

大鱼号平台不仅推出了《大鱼号平台作品发布规范》，而且还针对不同领域的内容创作者制定了相关的内容规则，运营者在创作内容时一定要提前了解这些规则，避免出现违规行为。如图 7-41 所示，为大鱼号平台的《财经专业内容发布规则》。

财经专业内容发布规则

由于财经内容专业性较高，为了让用户获得专业准确的财经资讯，大鱼号平台针对财经专业内容发布上线了新的管理规则，在平台发布财经专业内容需要先获得【财经专业内容许可】。

9月1日起平台开放上传财经资质证明入口，请有财经资质的大鱼号作者在官网上传资质证明，用来获得【财经专业内容许可】，9月8日起没有获得【财经专业内容许可】的大鱼号发布的财经专业内容将不能发布。

【财经内容许可】获得方法
只需3步即可，上传资质--等待审核--获得许可。

1、上传资质证明
上传入口：
点击大鱼号官网-账号头像-账号设置-内容许可-财经内容许可-上传资质证明。

可以上传的资质：
个人可以通过上传专业机构颁发的财经资质证书来申请获得【财经内容许可】，包括但不限于《证券从业资格证》、《基金从业资格证》、《期货从业人员资格证书》、《保险代理从业人员展业证书》、《证券投资咨询执业资格证书》、《投资项目分析师资质证书》、《理财规划师》、《新闻记者证》等财经专业资质证书；
企业可以上传的资质证书包括但不限于《经营股票承销业务资格证书》、《证券投资咨询业务资格证书》、《经营证券业务许可证》、《基金管理资格证书》、《经营期货业务许可证》、《经营外汇业务许可证》等财经专业资质证书；

2、等待审核
1.上传的资质证书需要是财经领域的资质证书，非财经类证书不能作为财经专业资质；
2.财经考试合格证不能作为专业资质证明，需要上传相关执业证书；
3.个人证书只能用来作为个人的专业资质，不能作为企业的资质；企业类型账号需要上传企业的财经资质；
4.上传的资质证书主体名称与账号主体名称一致，
5.个人号，资质证书持有人姓名与大鱼号归属人姓名需要一致；
6.企业号，证书企业名称与大鱼号主体的企业名称需要一致；
7.企业号如提供的资质证书是复印件，需要加盖企业公章；

3、获得许可
若审核通过，该大鱼号即获得【财经专业内容许可】。
通过审核后，后续发文可以参考《大鱼号平台作品发布规范》

图 7-41　大鱼号《财经专业内容发布规则》

除了财经专业内容外，健康专业内容同样需要获得《健康专业内容许可》，为用户提供更加专业、准确的健康资讯内容，防止用户被虚假内容误导。

有财经或健康资质的大鱼号运营者，可以在后台上传相关的资质证明。运营者可以进入大鱼号后台“我的账号→账号管理→专业内容许可”页面，单击“上传资质证明”按钮进行上传，如图 7-42 所示。平台审核通过，大鱼号运营者即可获得相应的专业内容许可。

图 7-42　上传相关资质证明入口

专家提醒

如果运营者发布的作品内容尺度过大时，也会被平台禁止发布，同时还会影响分润收益，如图 7-43 所示。

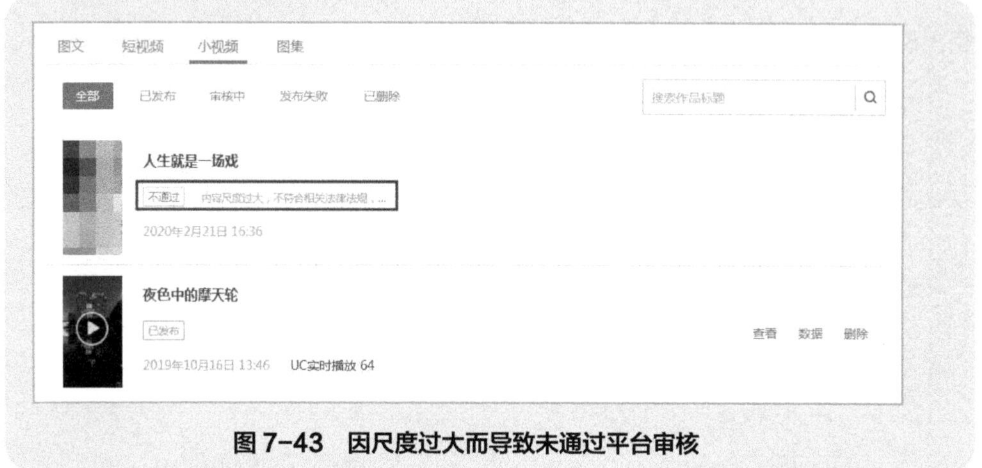

图 7-43　因尺度过大而导致未通过平台审核

7.3.5　找关键词，设定标签

在创作“商品文”内容时，大部分运营者是带着卖货的目的去编写内容的，其实，这种心理是错误的，这样写出来的文章很难得到用户认同。笔者认为，让“商品文”被广大用户接受，还需要你的内容能够为用户带来价值，这样他们才会点击、认可你的文章，你的产品才能有好的转化率。

因此，大鱼号运营者一定要找到用户痛点，根据他们的需求来创作“商品文”的内容，从而打动用户，促进他们购买产品。要找出用户痛点，运营者首先要学会找精准用户群体的关键词，并设定标签，相关技巧如图 7-44 所示。

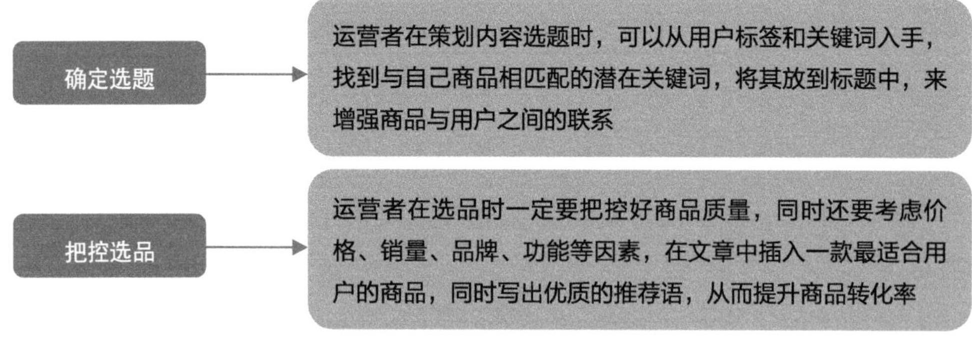

图 7-44　创作“商品文”的技巧

另外，在创作“商品文”内容时，还有一些注意事项，如图 7-45 所示。

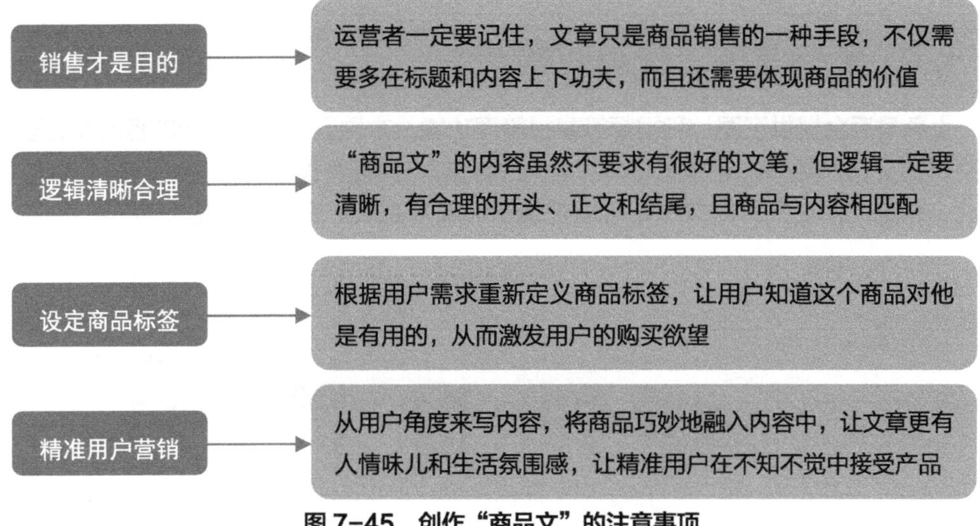

图 7-45　创作“商品文”的注意事项

7.3.6　细分领域，锚定风格

对于自媒体人来说，一定要坚持深耕细分领域，并形成自己的内容创作风格，这样你才能够更好地从所在领域中脱颖而出。例如，抖音上非常火的“❤会说话的刘二豆❤”，它其实是一只搞怪卖萌的折耳猫，而搭档“瓜子”则是一只英国短毛猫，账号主人为其配上幽默诙谐的语言对话，加上两只小猫有趣搞笑的肢体动作，这种创作风格不同于常规的宠物类内容，因此备受粉丝喜爱。

下面介绍一些打造个性化内容风格的相关技巧，如图 7-46 所示。

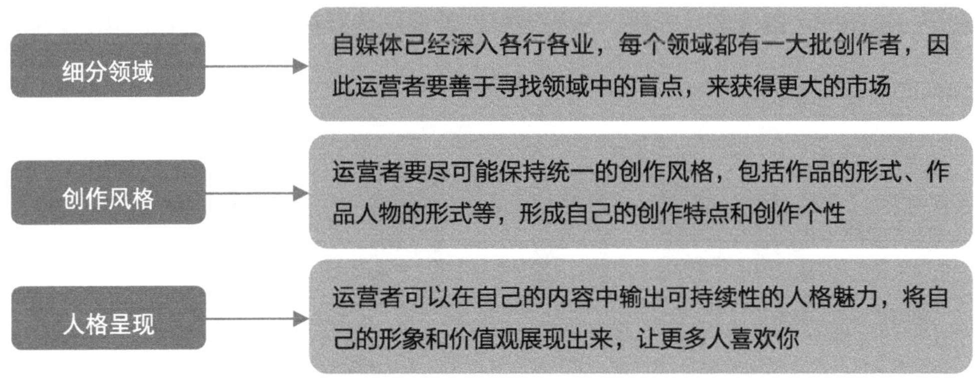

图 7-46　打造个性化内容风格的相关技巧

7.3.7　素材管理，提高效率

大鱼号后台提供了图片和视频等素材管理功能，方便运营者在进行内容创作时直接调用，提高创作效率。运营者进入大鱼号后台的“内容管理→我的素材→图片素材”页面，单击“添加图片”按钮，可以批量添加图片到素材库中，如图 7-47 所示。

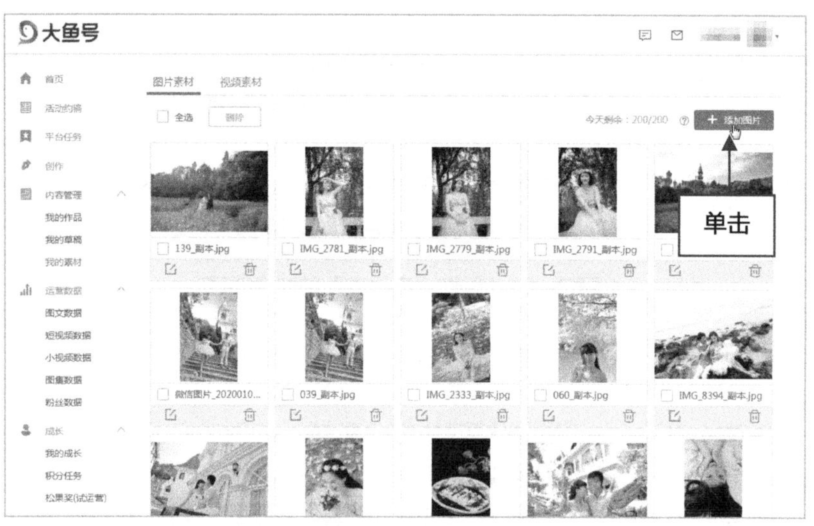

图 7-47　“图片素材”页面

选中多张图片，单击“删除”按钮，即可快速删除选中的图片。单击相应图片缩略图左下角的“编辑名称”按钮，在弹出的文本框中设置新的图片标题，单击“确定”按钮即可修改图片标题，从而更好地管理这些素材图片，如图 7-48 所示。

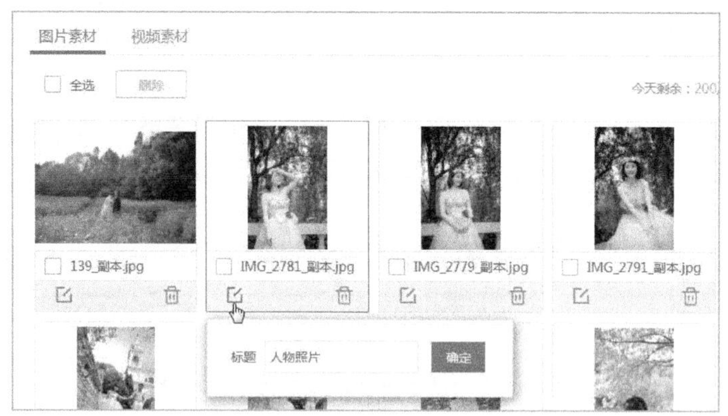

图 7-48　修改图片标题

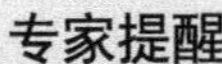

专家提醒

单击相应图片缩略图左下角的“删除”按钮，可以删除不需要的单张图片。

7.3.8 能量标识，具有特权

运营者获得大鱼号能量创作者标识后，将拥有更多特权，包括专属客服、快速审核、专属服务手册、上榜加权、流量倾斜、优先体验新产品等。另外，能量创作者每天可发布 15 篇作品，极大地增加了内容的推广面。

能量创作者目前不支持主动申请，平台综合评估运营者的行业知名度、平台贡献度、作品原创度以及持续创作能力等，邀请有实力的运营者加入能量创作者行列。从目前来看，能量创作者基本都是开通了“原创标识”且作品质量高的大鱼号。

当运营者成为能量创作者后，还需要注意保持优质内容的持续更新。同时，平台会对能量创作者进行考核，对于连续两周创作频率为 0、作品质量低下的运营者，会取消其能量创作者资格，以及相关的专属服务和特权。

被取消能量创作者资格的运营者，需要在大鱼号平台上持续创作高质量的原创作品，来重新获得该权益。

第 8 章

运营推广：抢占流量

学前提示

大鱼号运营者要想让自己的内容被更多人看到，让自己的账号被更多人关注，还需要进行运营推广。本章主要介绍 MCN 经纪公司运营技巧、优酷创作中心的管理功能，以及大鱼号的运营推广、粉丝增长和增加粉丝黏性等技巧。

8.1 MCN 运营，更为专业

MCN(多频道网络)，是 Multi-Channel Network 的缩写，MCN 模式来自国外成熟的网红运作，是一种多频道网络的产品形态，基于资本的大力支持，生产专业化的内容，以保障变现的稳定性。

MCN 的运营类似经纪公司，通过将一系列大鱼号作者联合起来，给予更多资本支持，来提升他们的运营、谈判和商业化等能力，从而保障他们持续地创作优质的内容，最终实现稳定的商业变现目标。

8.1.1 初步了解，大鱼 MCN

大鱼号推出了 MCN-MP 平台，该平台主要针对 MCN 机构用户，拥有入驻、登录、管理、邀约子账号等权限。MCN-MP 平台的主要功能包括成员邀约、成员管理、数据查看、收益提现、视频代发布等。

注意，入驻的 MCN 经营范围需与自媒体、广播电视、影视节目制作、影视策划、艺人经纪领域有关，个人用户无法申请大鱼 MCN-MP 平台。MCN-MP 平台涉及管理、财务、税务等因素，MCN 机构在入驻时还需要提供营业执照的照片，平台会对其进行审核，审核时间通常为两周。

MCN 机构需要按照 MCN 入驻注册流程正确地填写资料，保证资料真实有效，并签署相应的授权书，如图 8-1 所示。MCN 机构成功入驻后，需要在首页内完成 5 个子账号的签约任务，否则会受到禁止代收一个月的处罚，如果后续签约账号数仍不足 5 个，则平台会继续追加处罚。

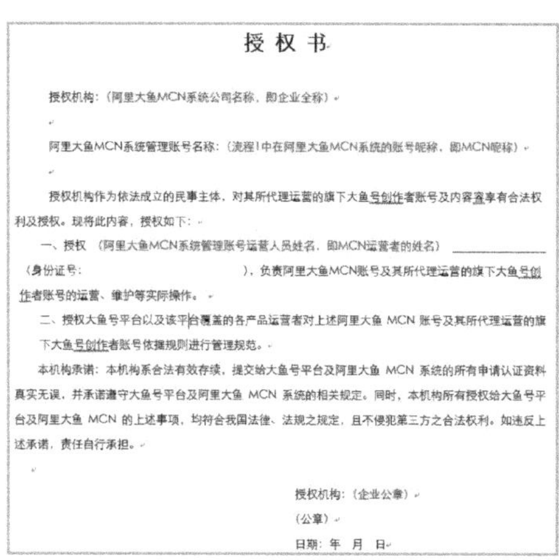

授权书

授权机构：（阿里大鱼MCN系统公司名称，即企业全称）

阿里大鱼MCN系统管理账号名称：（流程1中在阿里大鱼MCN系统的账号昵称，即MCN昵称）

授权机构作为依法成立的民事主体，对其所代理运营的旗下大鱼号创作者账号及内容享有合法权利及授权。现将此内容，授权如下：

一、授权（阿里大鱼MCN系统管理账号运营人员姓名，即MCN运营者的姓名）________（身份证号：　　　　　　），负责阿里大鱼MCN账号及其所代理运营的旗下大鱼号创作者账号的运营、维护等实际操作。

二、授权大鱼号平台以及该平台覆盖的各产品运营者对上述阿里大鱼 MCN 账号及其所代理运营的旗下大鱼号创作者账号依据规则进行管理规范。

本机构承诺：本机构系合法有效存续，提交给大鱼号平台及阿里大鱼 MCN 系统的所有申请认证资料真实无误，并承诺遵守大鱼号平台及阿里大鱼 MCN 系统的相关规定。同时，本机构所有授权给大鱼号平台及阿里大鱼 MCN 的上述事项，均符合我国法律、法规之规定，且不侵犯第三方之合法权利。如违反上述承诺，责任自行承担。

授权机构：（企业公章）

（公章）

日期：年 月 日

图 8-1 授权书模板

8.1.2 自助入驻，构建矩阵

通常情况下，很多企业都会同时运营多个自媒体账号，这样在管理方面的要求就比较高了。例如，在提现时，每个账号都需要单独提供发票等。不过，企业也可以借助 MCN 矩阵来避免这种麻烦。其中，头条号和大鱼号都支持具有统一收款的 MCN 矩阵功能，这样企业可以通过一个母账号来管理所有的子账号，提现时更加方便。

下面介绍大鱼号 MCN 功能的入驻步骤。

(1) 打开 MCN-MP 平台网址(mcn.dayu.com)，新注册一个账号，按照要求设置邮箱和密码等选项，进行注册，如图 8-2 所示。

图 8-2　MCN 注册页面

(2) 注册成功后，还需要运营者填写相关的资料、授权书。注意，在设置“MCN 系统管理账号名称”选项时，需要填写运营者的大鱼号名称，可以理解为填写要用来当作母账号的名称。

(3) 进入“成员管理”页面，单击“邀请成员”按钮，可以邀请子账号进行绑定，如图 8-3 所示。

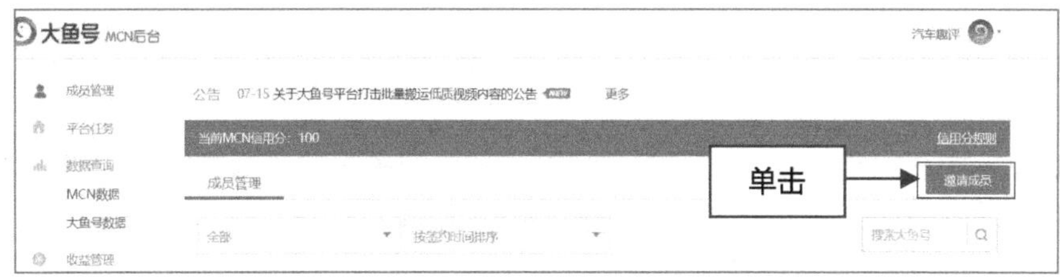

图 8-3　单击“邀请成员”按钮

(4) 接下来将子账号加入 MCN 矩阵，这一步后台也称为和子账号签约，需要运营者填写大鱼号名称、大鱼号主体(个人名称或者企业名称)，并设置是否收入统一提现，然后选择合同的时间，通常选一年即可，设置完成后，单击“确定邀约”按钮，如图 8-4 所示。

(5) 进入大鱼号后台“我的账号→MCN 合作”页面，如图 8-5 所示。在该页面中，即可看到绑定的子账号。如果要签约更多的子账号，重复上述操作即可。

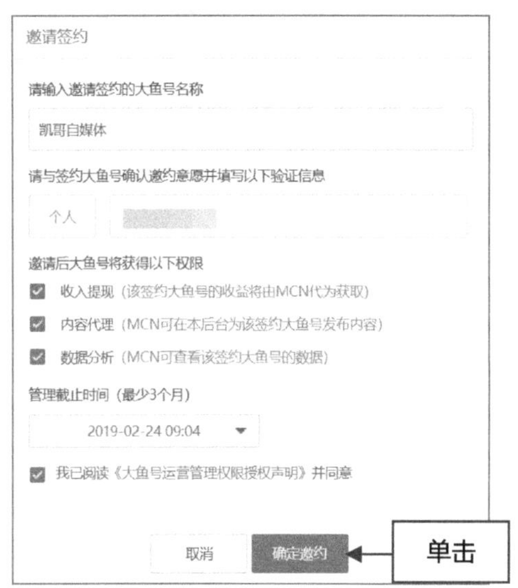

图 8-4 单击“确定邀约”按钮

图 8-5 进入“MCN 合作”页面

8.1.3 与 MCN 签约的技巧

当个人运营者收到 MCN 账号发出的邀约申请时，可以进入站内信页面查看相关的通知，同时还会在 MCN-MP 后台出现“MCN 合同”管理入口，通过这些渠道都可以查看 MCN 机构发来的邀约，同时还能选择是否接受该 MCN 合约。

与 MCN 签约时，需要注意以下事项。

- MCN 邀约的子账号必须通过实名认证。
- MCN 邀约的有效期只有 15 天，过期自动失效。
- 如果运营者已经签约了 MCN 机构，则在签约合同结束之前，无法再签约其他的 MCN 机构。

MCN 机构在制定绑定子账号的合约时，能够自主设置签约的能力和时长。

(1) **能力**：大鱼 MCN-MP 平台提供一种可选能力和两个必选功能。

- 可选能力：收入提现，对应的子账号能够实现“视频收益代收”和“图文收益代收”功能。

- **必选功能**：包括内容代理和数据分析两个概念，能够为对应的子账号实现“内容代理发布”和“查看该账号数据”功能。

(2) 时长：合约时间最短需达到 3 个月，是从子账号运营者接受邀约时开始计算的生效时长。

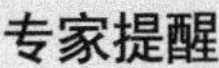

专家提醒

收益代收是指子账号与签署了具备“收入提现”能力的 MCN 合约后，子账号在平台上的收入会直接打入母账号的账户余额中。

8.2 优酷创作中心，管理功能

运营者通过大鱼号后台进入“我的账号→优酷功能”页面，在此管理视频、节目、播单、自频道等功能模块，如图 8-6 所示。注意，不同的功能模块需要用户开启相关的权益，否则不会显示出来。

图 8-6 “优酷功能”页面

8.2.1 视频管理，调整建议

“优酷视频管理”功能主要用于管理运营者发布的优酷侧视频，包括横版短视频和竖版小视频，可以将其添加到播单或节目中，以及编辑优酷视频的基础信息，如标题、标签、简介、封面图、设置是否禁止下载、设置隐私状态等。

例如，在横版短视频列表中选择相应的视频素材，单击右侧的“编辑”按钮，即可进入“视频编辑”页面，如图 8-7 所示。

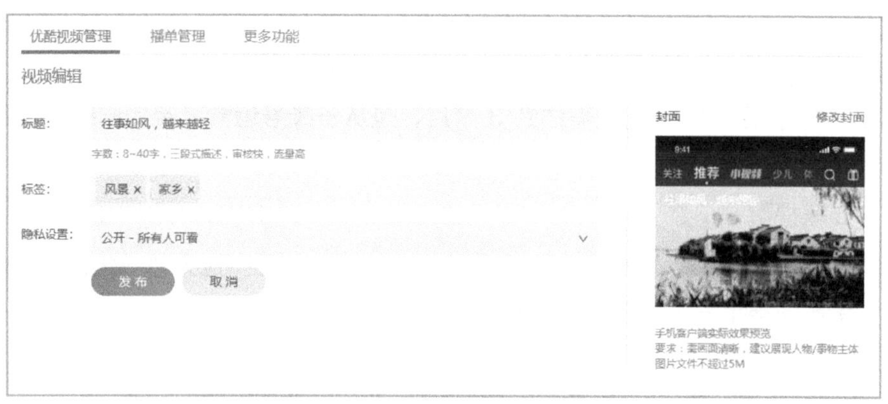

图 8-7 “视频编辑”页面

如果运营者发布的优酷视频标题和封面图不合格，虽然不会对视频的正常播放产生影响，但会影响视频的分发(推荐)效果。因此，对于不合格的优酷视频标题和封面图，运营者可以进入“优酷视频管理”页面中进行及时调整。

(1) **封面图片调整建议**：不要使用模糊、尺度过大以及违反法律法规的图片，同时图片中不能出现推广导流内容，而且在图片顶部往下的 40px 范围内，最好不要放置文字内容。

(2) **标题调整建议**：不要使用过于夸张的字眼、推广导流内容，以及毫无意义的文字符号，同时标题字数要尽可能达到平台要求。

运营者调整好封面图片和视频标题后，单击“发布”按钮，平台会再次对其进行审核，通过后不会再影响分发效果。

另外，运营者也可以进入优酷创作中心管理和编辑视频内容，如图 8-8 所示。

图 8-8 优酷创作中心

如果运营者发现优酷视频被系统屏蔽时，可以先确认视频被屏蔽的原因，然后向平台进行申诉来恢复展现。运营者可以进入“发布失败”页面，在视频封面的右下角会显示视频被屏蔽的原因，如图 8-9 所示。

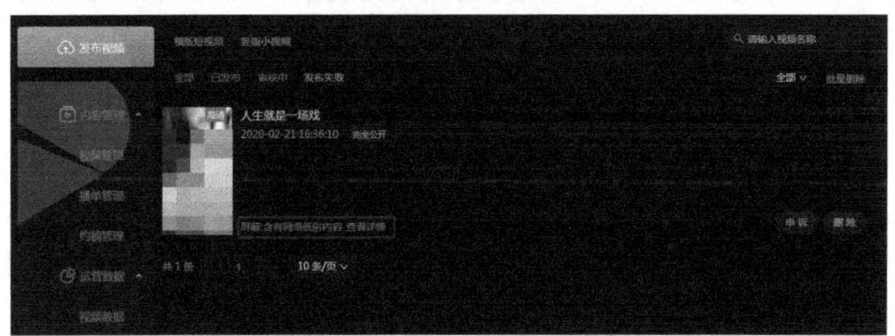

图 8-9 “发布失败”页面

在屏蔽原因中单击“查看详情”按钮，弹出屏蔽原因对话框，即可查看视频被系统屏蔽的具体原因，如图 8-10 所示。

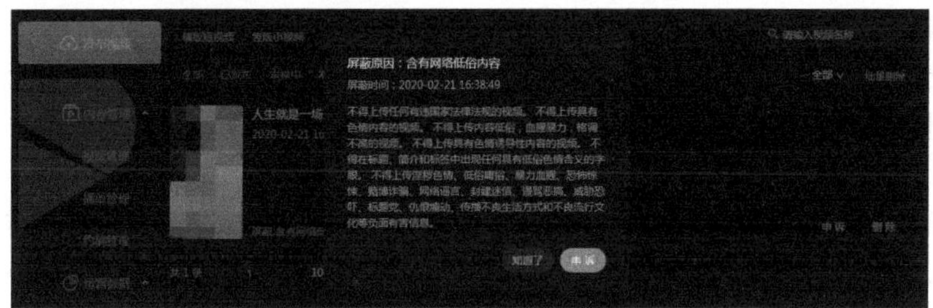

图 8-10 屏蔽原因对话框

在屏蔽原因对话框中，如果运营者认为作品被系统误判，可以单击“申诉”按钮，进入“用户反馈”页面，“问题分类”选择“内容审核”，并选中“屏蔽申诉”单选按钮，输入问题描述和联系方式，单击“提交”按钮即可，如图 8-11 所示。

图 8-11 “用户反馈”页面

专家提醒

如果运营者的视频属于非版权原因被屏蔽，建议重新编辑，去除违规内容之后，再进行上传。如果运营者的视频属于版权原因被屏蔽，则需要提供视频制作的版权证明材料进行申诉。

8.2.2 节目管理，基本操作

运营者可以将需要申请的节目类型、节目标题以及节目的基本情况，反馈给在线客服，平台安排相关运营人员与你联系，对你的节目资料进行审核，审核时间为一周内。

对于符合平台要求的运营者，平台运营人员会协助运营者在优酷创建节目。下面介绍一些大鱼号节目管理功能的基本操作方法。

(1) 把视频加入优酷节目页： 进入大鱼号后台“我的账号→优酷功能→节目管理”页面，选择要申请加入节目页的视频，单击“申请”按钮加入即可。

(2) 修改优酷节目的简介： 运营者需要联系对接的运营人员进行修改。

(3) 设置优酷节目视频的推荐看点： 推荐看点的时间点格式设置为“时:分:秒”，例如，运营者的视频时长一共 10 分钟，其转折点或者精彩点位于 5 分 20 秒，则可以将推荐看点设置为“00:05:20”。

(4) 修改节目中的视频标题： 运营者可以先将视频移出节目，然后再将视频重新加入节目，此时即可修改视频标题。注意，如果视频标题过短，则可能会无法正常显示，建议将标题设置为 12～25 字。

(5) 删除节目中的视频： 对于已加入节目的视频，是不能直接删除的，运营者可以将其先从节目中移除，然后再进行删除操作。另外，获得平台推荐的视频也无法直接删除，运营者可以单击删除视频，根据提示申请解除推荐，然后再删除。

8.2.3 播单管理，持续吸粉

优酷播单是指运营者连续发布的系列视频，类似于电视连续剧，运营者可以在优酷自频道中将其设置成一个选集(集合)进行展示，帮助运营者持续吸粉。

专家提醒

虽然一个优酷账号可以创建的播单个数不受限制，但每个播单可以添加的视频数量有上限，目前平台规定为 200 个。

下面介绍创建优酷播单的操作方法。

(1) 运营者通过大鱼号后台进入“我的账号→优酷功能→播单管理”页面，单击

“创建播单”按钮，如图 8-12 所示。

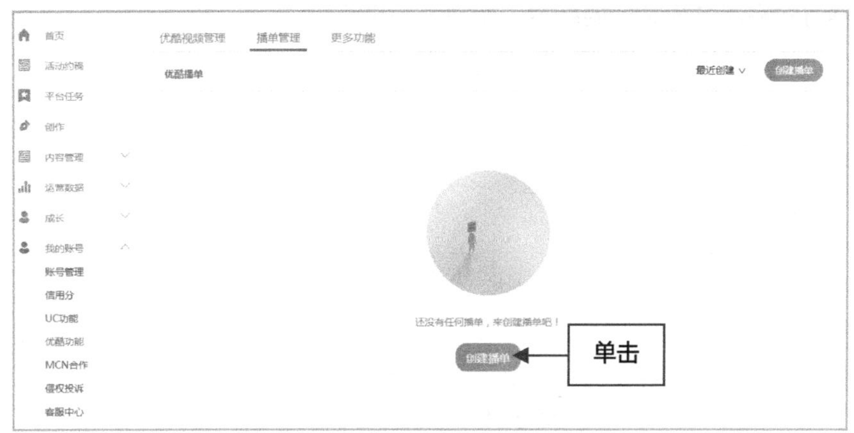

图 8-12　单击“创建播单”按钮

(2) 弹出“创建播单”对话框，输入相应的播单标题，如图 8-13 所示。

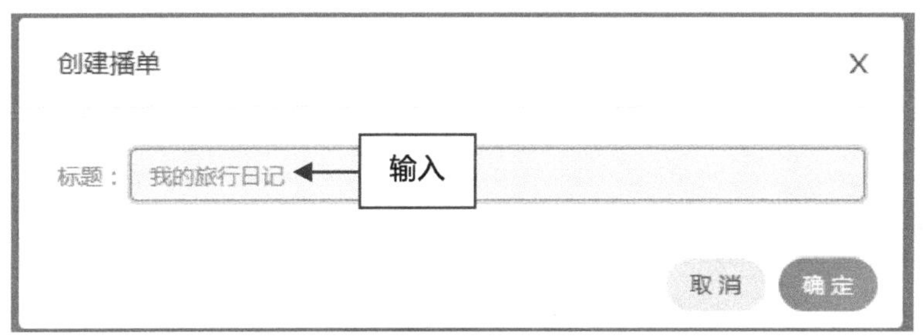

图 8-13　输入相应的播单标题

(3) 单击“确定”按钮，即可创建播单，如图 8-14 所示。单击“添加视频”按钮。

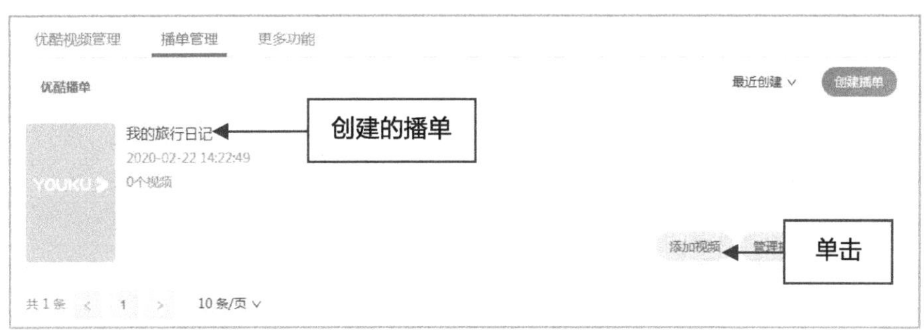

图 8-14　创建播单

(4) 弹出“添加视频”对话框，运营者可以通过 URL(Uniform Resource

Locator，统一资源定位系统)地址、从上传选择-横版、从上传选择-竖版、从收藏选择 4 种方式来添加视频到播单中，如图 8-15 所示。

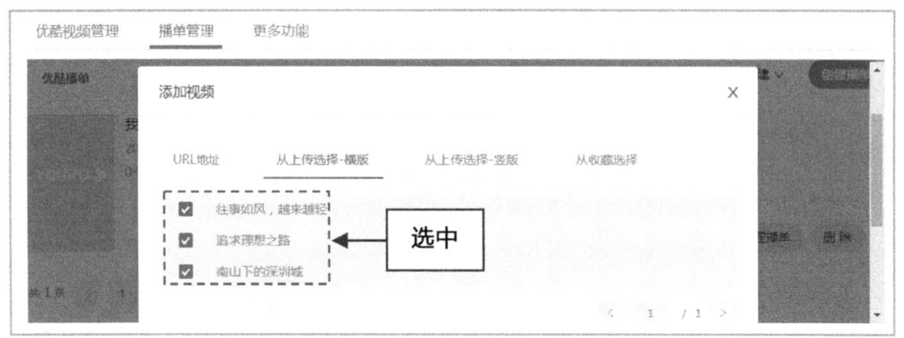

图 8-15　选择添加视频

(5) 例如，在“从上传选择-横版”列表框中选中相应的视频，单击“确定”按钮，即可将所选视频添加到播单中，如图 8-16 所示。

图 8-16　添加视频到播单中

(6) 单击播单标题，即可进入优酷平台的播单详情页面，查看其中的视频内容，如图 8-17 所示。

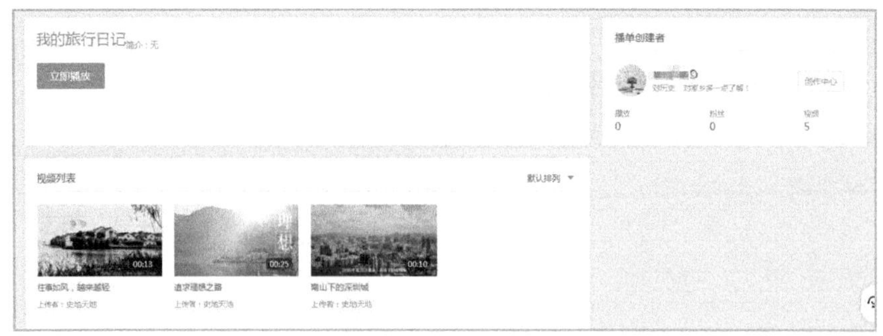

图 8-17　播单详情页面

另外，运营者也可以在“播单管理”页面单击“管理播单”按钮，进入“我的播单/管理播单”页面，在此可以进行上传封面、添加视频、编辑视频、移出视频等操作，如图 8-18 所示。单击视频前的排序数字，即可设置优酷播单的播放顺序，不过需要过一段时间系统才会同步修改。

图 8-18 “我的播单/管理播单”页面

8.2.4 做自频道，链接粉丝

自频道是视频自媒体在优酷平台的呈现方式，可以帮助自媒体人更好地收录视频、链接观众以及进行粉丝互动等。

运营者可以进入大鱼号后台的“优酷功能→更多功能”页面，单击“优酷土豆视频上传”选项区中的“立即使用”按钮，如图 8-19 所示。

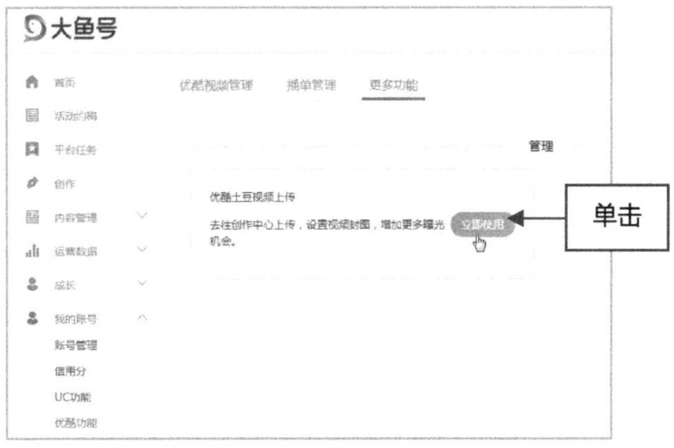

图 8-19 单击“立即使用”按钮

执行操作后，即可打开优酷创作中心的发布视频页面，运营者可以在此上传横版短视频或者竖版小视频。在优酷创作中心中，单击右上角的“上传”按钮，在弹出的菜单中选择“我的自频道”选项，如图 8-20 所示。

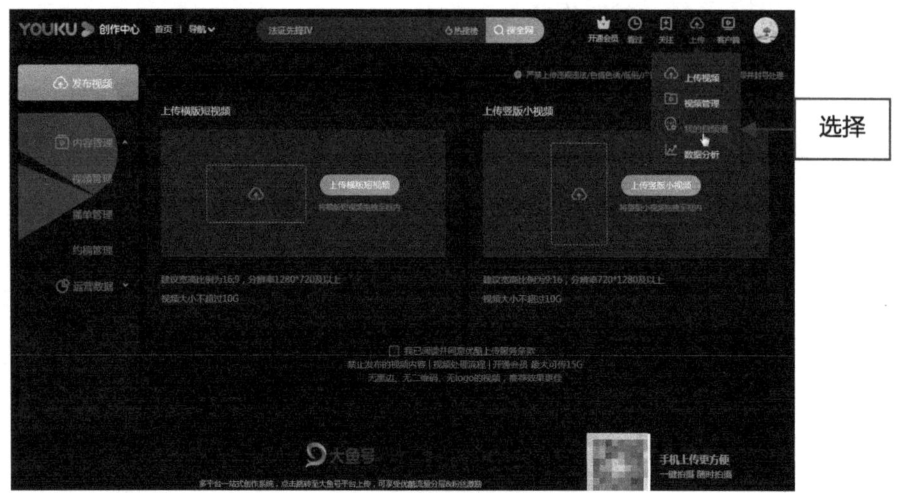

图 8-20 选择“我的自频道”选项

执行操作后，即可进入运营者的优酷自频道主页，在此可以查看优酷视频和优酷播单，以及订阅频道、粉丝数据，如图 8-21 所示。

图 8-21 优酷自频道主页

在优酷自频道主页，运营者可以将鼠标指针移向“主页”这一栏，单击尾端出现的↗图标，在弹出的导航模块菜单中单击“添加播单导航”按钮，即可添加新的播单导航模块，如图 8-22 所示。

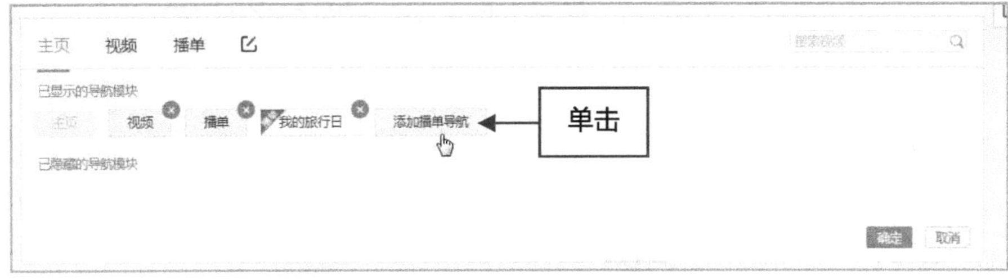

图 8-22　添加新的播单导航模块

单击主页右上角的“以他人视角预览”按钮，即可从访客视角来预览优酷自频道主页，可以帮助运营者更合理地调整各个模块功能，如图 8-23 所示。

图 8-23　从访客的视角来预览自频道主页

单击主页底部或右侧导航栏中的“添加新模块”按钮，都可以弹出“选择模块类型”菜单，运营者可以在此添加视频头条、视频、播单、制定播单等模块，如图 8-24 所示。

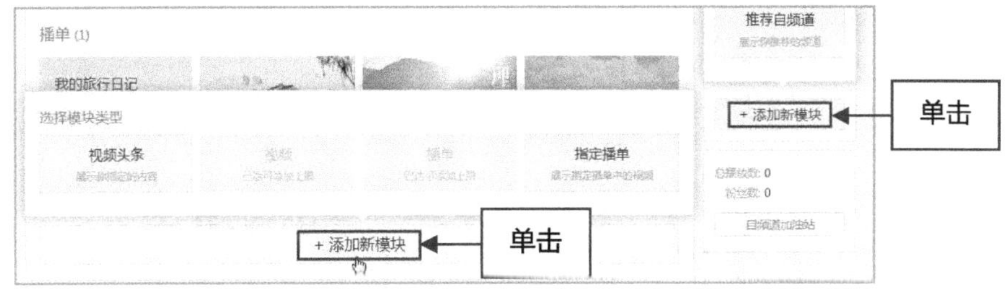

图 8-24　“选择模块类型”菜单

运营者单击自频道主页右上角的“美化”按钮，在模板中选择要更换的优酷自频道主页背景图，也可以在“自定义”模块上传头图，如图 8-25 所示。

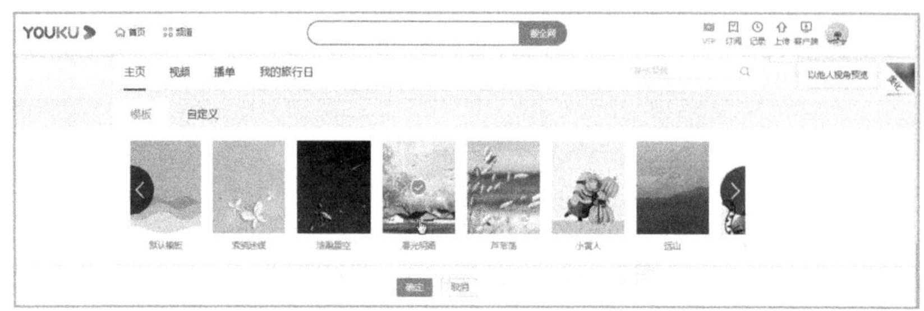

图 8-25　设置自频道主页背景图

单击优酷官网右上角的大鱼号头像，在弹出的菜单中选择“账户设置”选项，进入“设置”页面，在左侧导航栏中选择“个性域名”选项，如图 8-26 所示。

执行操作后，进入“设置个性域名”页面，运营者可以在“个性域名”文本框中输入自己的个性域名，提升自频道的辨识度，以便更好地进行宣传推广，如图 8-27 所示。需要注意的是，一个账号只允许修改一次域名，而且设置后不可再更改。

图 8-26　选择“个性域名”选项

图 8-27　设置自频道的个性域名

专家提醒

如果运营者能够持续创作和发布优质视频内容，即可成为优酷自频道的频道主，获得创作发布、流量运营、收入工具和粉丝社区等开放能力。

8.3　活动推广，把握热点

在自媒体矩阵中，大鱼号是一个非常重要的账号类型，是自媒体人不能错过的运营平台。因此，自媒体运营者需要了解各种大鱼号的运营推广技巧，如平台活动推广、热点借势营销等，让自己的账号做引流、推广时变得更加轻松。

8.3.1 紧跟活动，提升热度

大鱼号的后台经常发布一些与运营者创作内容相关的活动，主要分为以下 3 大类，如图 8-28 所示。

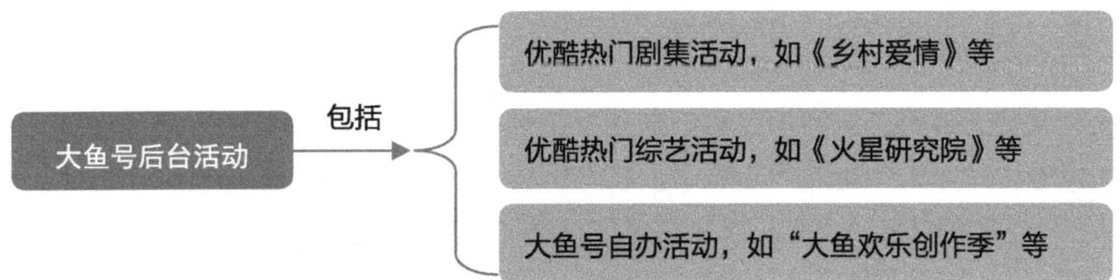

图 8-28 大鱼号后台活动

例如，在优酷《乡村爱情 12》热播时，大鱼号发布了相关的有奖征文活动，活动时间为 2020 年 1 月 16 日至 2020 年 3 月 1 日。运营者可以登录大鱼号后台，在“活动约稿”页面中选择“优酷《乡村爱情 12》有奖征文”活动广场入口进行投稿，所有领域的大鱼号作者皆可参与，活动内容要求如图 8-29 所示。

内容要求

1、内容形式要求：征集**短视频（横屏1分钟以上）、小视频（竖屏30-60s）**，参赛作品必须与《乡村爱情12》电视剧信息相关，包括但不限于**搞笑鬼畜、踩点混剪、二次配音**等等等各位老铁能想到**一切脑洞大开的形式**！

2、创作主题不限，只要老铁能想到，一切没毛病！（以下方向仅供参考）

（1）搞笑鬼畜：围绕剧集精彩片段、热梗进行搞怪、趣味、搞笑的剪辑。

a.#过年就要看乡爱# #乡爱来了才是过年#

过年如何解决家庭矛盾，就是陪家人一起看乡村爱情

b.#白天香奈儿晚上乡12#（剧情演绎）

白天是大城市里的时尚达人，晚上一秒变身乡爱人

我看乡爱我骄傲，爱就要大声说出来！

c.#谢广坤不长头发长脾气#（谢广坤作妖，气人片段鬼畜混剪）

“作精”谢广坤强势回归，气人功力再度升级，作妖剧情混剪

（2）MV二创：为精彩混剪或经典片段配上如踩点、rap、热歌等背景音乐或自行配音。

a.#用各种方式打开乡村爱情#

b.#用乡村爱情打开爱豆的日常#

c.#用乡村爱情打开二次元#

3、其他说明

（1）内容必须声明原创，切记抄袭搬运内容将会被取消评奖资格；

（2）参赛作品创作者不得歪曲、丑化内容描述；

（3）参赛作品不得使用经典文艺作品和红色作品作为素材；

（4）参赛作品不得做“标题党”，以低俗创意吸引点击；

（5）参赛作品须是活动期间创作的，不可重复提交同一作品。

图 8-29 优酷《乡村爱情 12》有奖征文活动的内容要求

运营者通过参与这些活动，不仅可以使自己的优质内容获得更多流量曝光，而且符合话题的优质原创内容还有机会获得现金奖励。例如，优酷《乡村爱情 12》有奖

征文活动中，一等奖可以获得 3000 元/人的奖金，要求单篇阅读量达到 10W+。除此之外，参与活动还可以获得栏目品牌露出和更多约稿机会。

运营者可以在大鱼号后台的通知信息、Banner 和公告内容中查看热门活动信息，也可以关注平台独播剧和独播综艺节目，预测有可能成为热点的活动，并提前准备好内容素材，及早抓住热点，从而提高自己的大鱼号热度。

8.3.2 关注时事，盯住热点

除了紧跟大鱼号后台的相关热门活动来策划内容进行营销推广外，运营者还可以跳出大鱼号后台，去寻找更多的热点，具体包括以下 3 个途径，如图 8-30 所示。

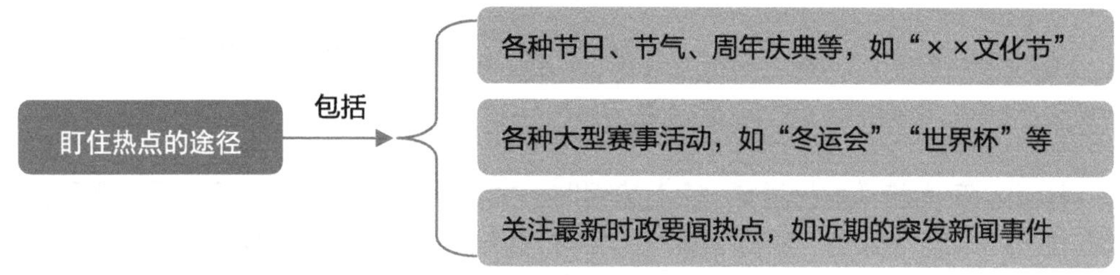

图 8-30　盯住热点的途径

运营者可以制作一个详细的热点活动日程表，在活动来临之前提前准备好文章或视频素材，快速抓住节日热度，让自己的作品快速升温，成为平台上的爆款，以及别人模仿创作的模板。

如果运营者抓不到热点，也可以从各种热搜榜中查找能够与自己内容结合的热点。如图 8-31 所示，为优酷热搜榜，包括热门搜索、剧集、综艺、电影、动漫、少儿等内容榜单，运营者可以直接在优酷首页单击搜索框右侧的“热搜榜”按钮进入。

图 8-31　优酷热搜榜

另外，运营者也可以关注一些自己喜欢的活动，如足球、篮球、综艺节目等，从自己擅长的角度出发来创作内容，让内容自带流量属性。同时，运营者还需要及时关注各种自媒体平台的发展动向，在热点到来时能够快速地做出反应，紧抓爆点，让自己的大鱼号得到更多曝光。

8.4 粉丝增长，提升数量

大鱼号的粉丝运营包括“涨粉”和“活粉”两部分，“涨粉”的目的是提升粉丝数量，让更多人关注你的大鱼号；而“活粉”的目的则是提升粉丝的活跃度，增进大鱼号和粉丝之间的黏性。

本节主要介绍大鱼号“涨粉”的相关技巧，具体包括站内、站外和线下 3 个渠道，帮助运营者提升大鱼号的权重。

8.4.1 站内吸粉，平台推广

站内吸粉是指利用大鱼号本身的平台渠道进行推广，来达到“涨粉”的目的。大鱼号站内吸粉主要有以下 3 种方法。

(1) **设置关注语。**运营者可以在自己的文章内容下方加一些关注语，来提醒用户关注自己，如图 8-32 所示。如果用户没有在文章结尾看到这句话，他可能就不会有去关注你的意识。

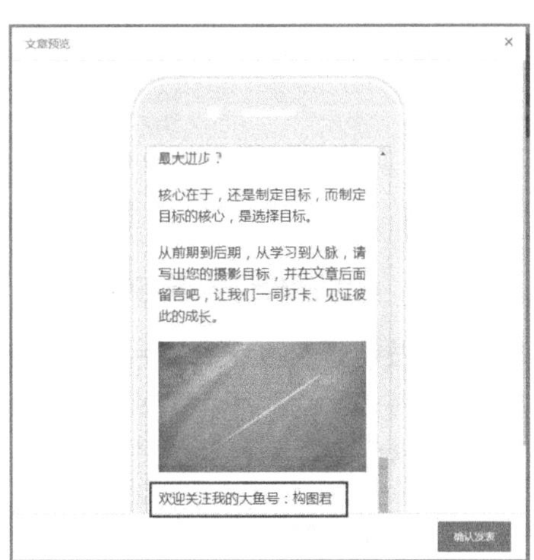

图 8-32　在文章结尾加入关注语

(2) **设置欢迎语。**欢迎语可以将自己的大鱼号为用户带来的价值呈现出来，有效地引导潜在粉丝关注。

(3) 系列化内容。运营者可以在大鱼号中创作联系性的系列化文章或视频内容，如类似电视连续剧中的第一集、第二集等，或者课程目录的入门篇、精通篇和高级篇等，吸引粉丝持续关注你的大鱼号。

8.4.2 站外吸粉，线上推广

除了大鱼号本身的平台推广功能外，运营者还可以在微博、微信、QQ 空间、钉钉、今日头条、抖音、简书、论坛等互联网渠道推广自己的大鱼号，吸引站外的粉丝关注。

例如，运营者在发微博的时候，可以在结尾处加上引导关注大鱼号的话术，吸引微博平台的粉丝关注自己的大鱼号。再如，运营者可以将大鱼号的内容转发到自己的微信朋友圈，引导微信好友关注，如图 8-33 所示。

图 8-33 将内容转发到微信朋友圈吸粉

总之，只要是可以写文章、发视频的互联网平台，运营者都可以在这些平台上为自己的大鱼号进行引流。当然，有些平台对于推广文比较反感，因此运营者在引流时要尽量利用软文的形式，在潜移默化中吸引粉丝关注你。

8.4.3 线下引流，更多渠道

大鱼号的线下引流渠道包括运营者个人的人脉圈、会议推广、地推以及定制化的引流产品等方式，运营者尽可能利用自己的各种渠道资源来推广大鱼号。

例如，定制化的引流产品这种方法主要是在各种宣传广告中植入大鱼号的账号或二维码，感兴趣的用户在看到广告内容后，通常会扫码来关注大鱼号的最新动态。运营者可以参考以下方法进行操作，如图 8-34 所示。

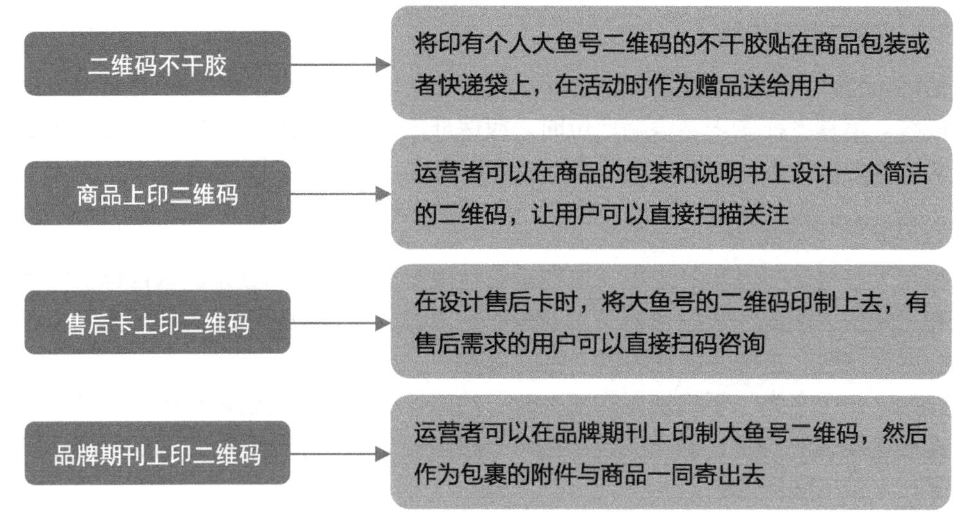

图 8-34 定制引流的参考方法

虽然这些渠道可能人流量都不大，但运营者也不能忽视它们，只要坚持不懈，这些线下渠道也能通过日积月累，为你的大鱼号带来巨大的流量。

8.5 运营粉丝，提升黏性

粉丝对于自媒体来说非常重要，不仅可以被运营者多次重复使用，而且是完全免费的流量，用户一旦成为你的粉丝后，运营者无须再为此支付推广成本。同时，大鱼号运营者还可以通过自己的粉丝随时触达精准人群，直接沟通与管理自己的用户。

当大鱼号运营者有了大量的粉丝后，还需要思考如何运营这些粉丝，让他们对你更加信任，时刻关注和查看你的内容，以及进行评论。这样，运营者的粉丝就具有相当大的活跃度，让平台认为你的内容和账号都是优质的，从而获得更多的流量扶持和变现机会。

8.5.1 内容策略，提供价值

要用内容来吸引粉丝，让他们持续关注你，大鱼号运营者首先要做的就是，持续地创作出优质的内容，为自己的粉丝带来价值。“内容为王”是自媒体运营获得成功的基础，大鱼号运营者要把握每一次与用户的相遇，了解每一个用户的心理，并且满足用户的每一个需求，这些都是内容策略定位的表现。

总的来说，运营者在做内容策略定位时，需要从 3 个方面进行综合分析，接下来笔者就对这 3 个方面分别进行简要解读。

1．注意内容警戒线

各种自媒体平台都对推送内容作出了规范和要求，这些规范和要求是自媒体内容的警戒线。运营者在做内容策略定位时，应保证内容符合规范。否则，自媒体平台账号可能会因为违反设计或运营规范而不能推送内容，甚至导致账号被封。

2．让内容名副其实

每个大鱼号都有其服务范围，这在运营者确定账号名称和锁定运营目标的时候就已经有了定位。因此，大鱼号在做内容策略定位时，应考虑已确定的服务范围，并尽可能让两者一致，这样才能让内容“名副其实”。

比如，一个名为“手机摄影构图大全”的账号，那么平台的内容应该是与手机摄影、构图等相关的内容，而不能经常推送一些心灵鸡汤、娱乐八卦方面的信息，这就偏离了其定位的服务范围。

3．让用户觉得有用

大鱼号运营者如果要获得发展，就必须引起用户的兴趣，让用户觉得你对他有用，你发布的文章或视频内容能够满足他的需求、解决他的痛点。否则，对于一个完全不感兴趣的内容，用户用了一次之后，很可能就会失去再次使用的兴趣。如此一来，运营者的大鱼号势必会出现大量用户流失。

专家提醒

运营者可以试图在某一点上将内容做到极致，针对特定用户人群，解决他们的痛点需求，那么，这些有着明确指向的用户人群将会成为你平台的忠实粉丝。

8.5.2 维护粉丝，增加互动

大鱼号的宣传推广固然重要，但是必要的粉丝维护技巧也是不可或缺的。部分运营者可能因其宣传推广吸引了一定的粉丝，但是却因为未掌握粉丝维护技巧而无法留住粉丝，这时该大鱼号要想获得快速发展很可能只是空谈。下面笔者介绍一些能够有效提升粉丝黏性的方法。

1．粉丝社群

要保存社群的活跃度，就需要多与群内的用户互动交流。因此，学会与用户进行交流是运营粉丝社群的首要步骤，继而打造信息体系、进行社交营销和客户服务，实现个体的信息交互。

用户的信息交互过程是根据目标用户群体和行业业务特征来制定的，一般而言可以分为 3 个阶段，如图 8-35 所示。

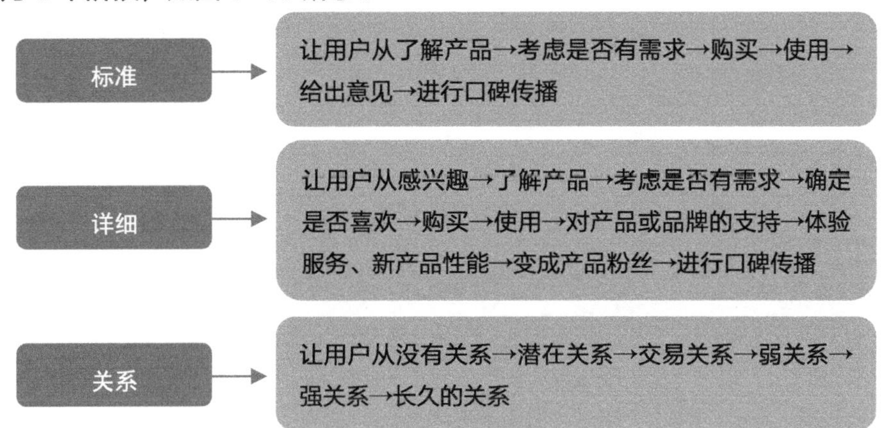

图 8-35　用户交互流程

大鱼号运营者可以建立自己的微信群、QQ 群或者微博群，并且放权给自己的粉丝，增加粉丝的话语权和管理权，这样他们在社群中会变得积极和活跃。例如，运营者可以让粉丝自己来审核新成员入群，或者组织一些粉丝活动。

另外，运营者也可以定期与粉丝在社群内进行互动，让他们知道你的最新动态，让他们感受到你的真诚。

2．激励机制

除了活动之外，运营者制定用户激励机制也是一种必要的促活粉丝的技巧，一般包括物质、精神等方法。这里的“物质”既可以是具体实体的物质，也可以是虚拟的物质，利用不同形式的物质进行用户促活，是众多自媒体运营者喜欢选择的方式。

(1) **实体奖品寄送**：把实实在在的可见的利益摆在用户面前，可以非常有效地促活用户。

(2) **积分系统**：包括积分赚取和积分消耗两个环节。

- 积分赚取：旨在鼓励用户消费。
- 积分消耗：利用积分换取其他的实在利益，从而促活用户。

相较于物质激励机制促活用户而言，精神激励机制所耗费的成本明显更少。它更多的是从满足用户的心理需求出发，用能代表人自豪、荣誉的方式来激励用户和促活用户。相较于物质激励来说，其影响明显更持久。

第 9 章

数据运营：做大做强

学前提示

学会在大鱼号平台后台查看数据并进行分析，可以让运营者找到更加精准的创作内容和粉丝群体。本章就围绕大鱼号运营的数据分析展开阐述，具体内容包括运营数据、成长体系和信用分数，帮助运营者的账号快速升级和成长。

9.1 运营数据，分析方法

大鱼号后台的运营数据功能，主要包括图文数据、短视频数据、小视频数据、图集数据和粉丝数据 5 大板块。运营者应学会通过这些工具来分析数据，才能做到精准引爆流量。

9.1.1 图文数据，调整依据

运营者在大鱼号后台进入“运营数据→图文数据”页面，在最上方显示的是“昨日关键数据”，包括推荐数、阅读数、评论数以及分享数，让运营者及时了解最新的图文数据动态，如图 9-1 所示。

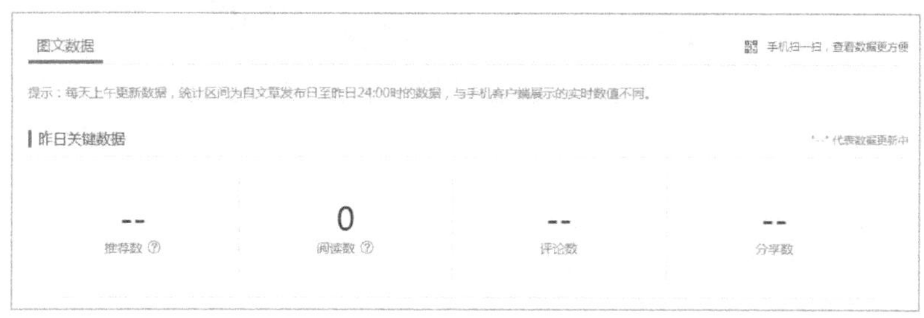

图 9-1 查看“昨日关键数据”

接下来是“趋势分析”模块，运营者可以在此选择 7 天、15 天、30 天或者自定义一个时间段，通过趋势图的方式，查看该时间段内的推荐量、阅读量、评论数、点赞数、分享数以及收藏数的变化趋势，如图 9-2 所示。

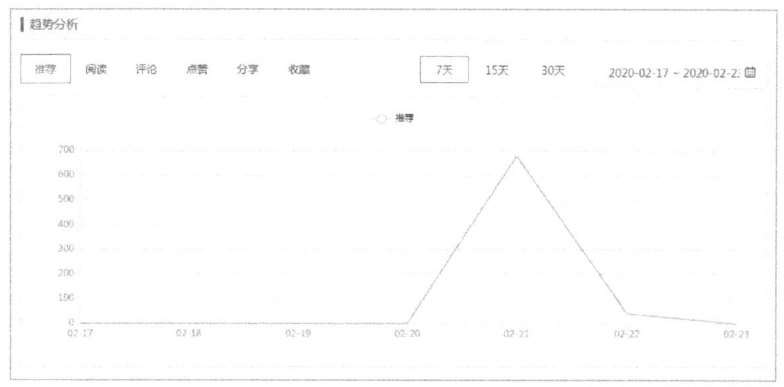

图 9-2 “趋势分析”模块

另外，在趋势图的下方，运营者还可以通过表格的形式，更加直观地看到这些图文运营指标每天的数据变化，如图 9-3 所示。同时，运营者可以单击“导出报表”按钮，将这些数据下载到 Excel 表格中，以便更好地进行分析。

日期	推荐	阅读	评论	点赞	分享	收藏
2020-02-23	0	0	--	--	--	--
2020-02-22	41	0	0	0	0	0
2020-02-21	680	11	0	0	0	0
2020-02-20	0	0	--	--	--	--
2020-02-19	0	0	--	--	--	--
2020-02-18	0	0	--	--	--	--
2020-02-17	0	0	--	--	--	--

导出报表　　1　　GO　共1页

图 9-3　使用表格分析数据

最后是“单篇分析”模块，运营者可以在此查看单篇图文内容一段时间范围内的各个运营指标数据，以及相关的趋势分析，如图 9-4 所示。

单篇分析

提示：查询指定时间区间内发布文章的历史累计数据，不含区间外发布文章的数据。

7天　15天　30天　　2020-02-17 ~ 2020-02-2

文章标题	发布时间	推荐	阅读	评论	点赞	分享	收藏	趋势分析
摄影：闲在家待腻了没？不如看看这30款网红色调，提升后期水平	2020-02-21 15:34:04	721	11	0	0	0	0	分析

1　　GO　共1页

图 9-4　“单篇分析”模块

单击“趋势分析”一列中的“分析”按钮，即可查看单篇文章的累计数据和趋势分析图，帮助运营者通过数据更好地调整文章内容，如图 9-5 所示。

图 9-5　单篇文章的数据分析

9.1.2 视频数据，分析有道

大鱼号的视频数据包括短视频和小视频两个部分，下面分别进行介绍。

1. 短视频数据分析

在“短视频数据”分析页面中，包括 UC 和优酷两个渠道，各数据指标存在一定的差别。其中，在 UC 渠道的短视频数据页面中，“昨日关键数据”模块包括播放数、点赞数、评论数和分享数 4 个指标，“趋势分析”模块则包括播放、点赞、评论、分享和收藏 5 个指标，主要用于分析 UC 浏览器平台中的运营数据，如图 9-6 所示。

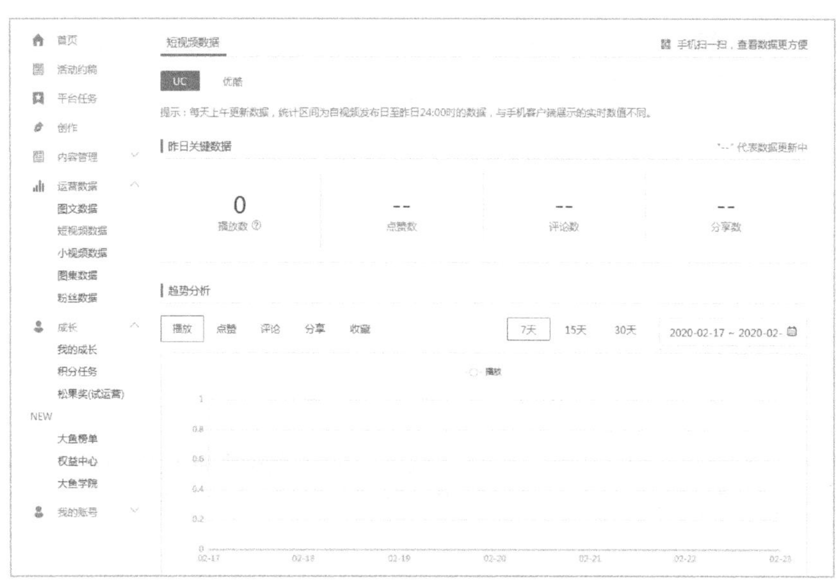

图 9-6 UC 渠道的“短视频数据”页面

页面底部为“单篇分析”模块，包括视频标题、发布时间、播放、点赞、评论、分享、收藏以及趋势分析等功能，如图 9-7 所示。

而在优酷渠道的“短视频数据”页面中，“昨日关键数据”模块没有点赞数指标，而是多了一个收藏数指标，同样在“趋势分析”模块也没有点赞数指标，这是因为优酷平台目前尚不支持点赞。因此，运营者在该平台上发布短视频时，需要重点关注播放数、评论数、分享数和收藏数等数据指标。

2. 小视频数据分析

“小视频数据”分析页面与短视频类似，不同之处在于小视频不管在哪个渠道都能进行点赞操作，如图 9-8 所示。

单篇分析

提示：查询指定时间区间内发布视频的历史累计数据，不含区间外发布视频的数据。

7天　15天　30天　　2020-02-17 ~ 2020-02-2

视频标题	发布时间	播放	点赞	评论	分享	收藏	趋势分析
往事如风，越来越轻	2020-02-21 16:06:53	0	0	0	0	0	分析
追求理想之路	2020-02-21 14:10:55	0	0	0	0	0	分析

1　GO 共1页

图 9-7　短视频数据“单篇分析”模块

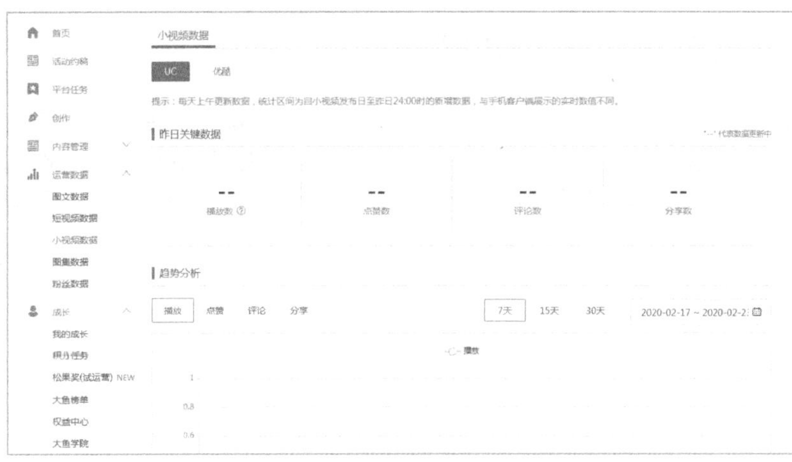

图 9-8　“小视频数据”分析页面

从这些视频数据中，运营者可以找到自己的优势和不足，因此一定要学会使用数据工具，这会让你少走很多弯路。

9.1.3　图集数据，优化改善

在进行图集数据分析时，运营者可以重点分析那些流量比较高的图集标题和图片素材，如标题是如何写的、选的图片素材是哪些方面的，从中找出对自己有利的内容。如图 9-9 所示，为大鱼号的“图集数据”分析页面。

当然，在“图集数据”分析页面中，运营者还可以很快找到图集内容流量低的原因，如图片质量问题、图片的方向错误等，从而有针对性地解决这些问题，改善图集内容的质量，这些对于运营者创作内容都很有帮助。

图 9-9　“图集数据”分析页面

9.1.4　粉丝数据，找出问题

“粉丝数据”分析页面主要包括“昨日关键数据”和“趋势分析”两个模块，同样分为 UC 和优酷两个渠道。其中，在 UC 渠道中，包括累计粉丝数、新增粉丝数、取消关注数和净增粉丝数 4 个指标的数据分析，如图 9-10 所示。在优酷渠道中，则没有累计粉丝数指标。

图 9-10　“粉丝数据”分析页面

例如，通过“取消关注数”的数据就能了解每天有多少粉丝取消了关注，一旦发现这个取消关注的趋势图呈现增长的趋势，那么运营者就要格外注意了，要努力找出问题所在，然后尽可能避免这种趋势继续增长。另外，计算用户流失率的公式是

$$用户流失率 = (取消关注用户 \div 平台累积关注人数) \times 100\%$$

专家提醒

大鱼号运营者每天发布完内容后，都需要对前一天的内容和粉丝进行数据分析，分析粉丝对内容的喜爱程度，找出哪些内容是他们喜欢看的，哪些内容是他们不感兴趣的，作为自己内容创作的一个重要依据。

9.2 成长体系，快速晋升

前面已经简单介绍过大鱼号的成长等级，这个体系是运营者在平台上的各种能力见证，包括原创能力、内容质量、发文活跃、粉丝运营、影响力等。因此，运营者一定要搞清楚大鱼号的成长体系，从而让自己在平台上更好、更快地实现晋升。

9.2.1 大鱼指数，下线升级

成长体系是原来的大鱼指数的一个升级功能，不仅让平台运营者更加清晰地看到自己的成长方向和晋升路径，而且还能对自己可以得到的权益和服务一目了然，能够更好地激发他们的创作动力。

专家提醒

大鱼指数包括5个数据维度，分别为原创指数、用户指数、活跃指数、垂直指数和质量指数。在升级为成长体系后，大鱼号平台下线了前面4个指数，只保留了质量指数，作为运营者的晋升指引、运营数据指标和权益获得条件。

大鱼指数下线，不会影响运营者的账号、作品推荐、分成收益和权益的获取。新的成长体系虽然表面上没有了原创指数，但只要运营者持续输出原创内容，同样能够快速获得“原创声明”权益，用来衡量自己的原创程度。

另外，虽然大鱼指数中的垂直指数已经下线，但建议运营者仍然要坚持在同一个垂直领域持续创作，这样有助于平台提高内容推荐的准确性，不仅可以让用户获得更多感兴趣的内容，同时也可以为运营者带来更多精准粉丝的关注。

9.2.2 质量指数，时刻关注

大鱼指数下线升级后，质量指数的计算方式不变。运营者进入大鱼号后台“成长→我的成长”页面，在“晋升指引”下方的“质量”模块中，可以查看账号的信用分，如图9-11所示。

信用分是实时更新的，作品推荐占比则次日更新。如果运营者的作品无审核问题，则表示可以获得平台推荐。

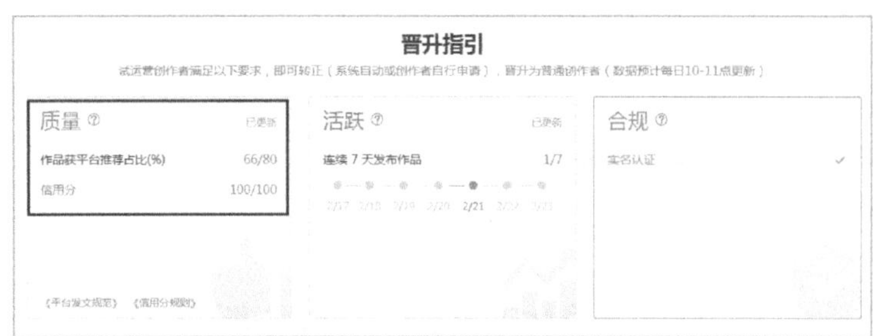

图 9-11　查看质量信用分

专家提醒

达到“金 V”级别的运营者，可以在“我的成长”页面中单击“查看考核要求”按钮来查看具体的质量指数。

运营者在查看质量指数时，如果看到质量分突然下降了，或者质量分一直保持在某个分数值，迟迟没有上涨，则需要通过分析相关作品数据找出原因。原因通常为以下 3 个方面，如图 9-12 所示。

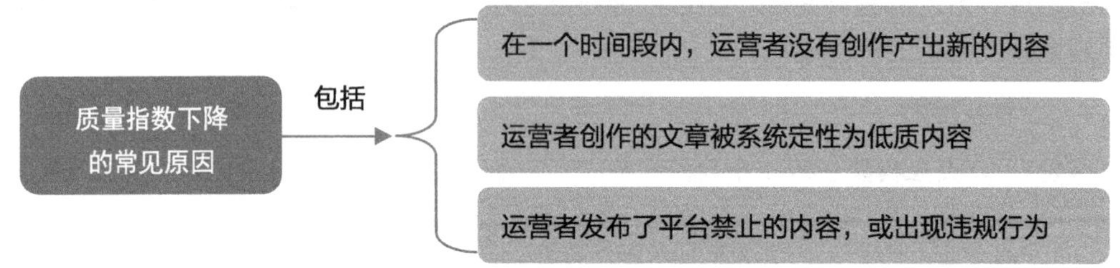

图 9-12　质量指数下降的常见原因

笔者建议运营者要结合自己的内容质量，进行动态的评估，多提高发文质量，以便在后续系统对账号评估时，可以获得更高的认可，进而提升质量分。

对于大鱼号平台的运营者来说，要想让自己的各项得分稳定上涨，就需要在平台上持续输出优质的内容，这是基础条件。下面介绍一些能帮助运营者有效提高质量指数的技巧，如图 9-13 所示。

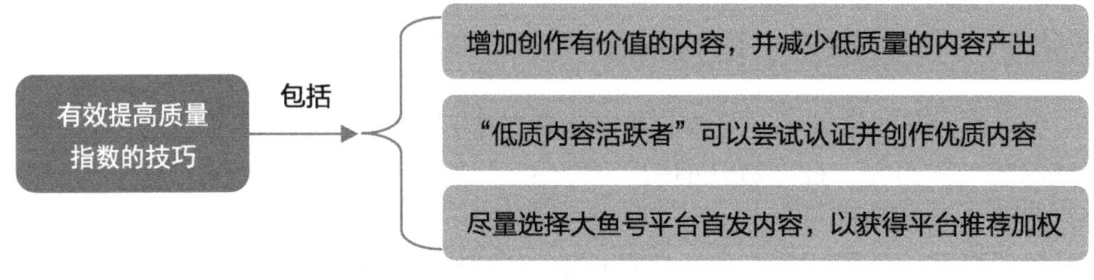

图 9-13　有效提高质量指数的技巧

9.2.3 成长等级，升级账号

当大鱼号运营者转正后，可以进入“我的成长”页面，查看最新最全的晋升规则，以及需提升的数据指标，具体数值建议以页面为准。

运营者要成为“金/银/铜 V”，涉及的模块包括原创、质量(质量指数、信用分)、活跃(发文篇数、发文天数)、粉丝(粉丝数)、合规(实名认证)等。申请晋升“金V”的审核时间通常为 10～15 个工作日，运营者可以留意成长等级页面的审核结果。

需要注意的是，除了运营者通过自身努力达到晋升要求外，平台也会对运营者的账号进行综合评估，来择优开通“金 V”。

专家提醒

关于活跃天数统计的问题，只有平台审核无问题的作品，才会纳入“活跃”指标的统计范围。如果运营者发布作品成功后，又将作品下线了，这种情况是不会纳入“活跃”指标统计范围的。

当运营者晋升的申请没有通过平台审核时，还有 15 天的调整期。运营者可以在调整期内优化自己的各项指标，当满足晋升条件后，可以再次提交晋升申请。建议运营者仔细查看系统拒绝晋升的原因，在这 15 天的调整期内做好账号运营工作。

专家提醒

当运营者的等级降级时，可以在满足条件后，再次提交晋升申请。

9.3 信用分数，合规提升

大鱼号信用分是指运营者在大鱼平台上的违规扣分情况，信用分越高代表账号违规情况越少。没有违规情况以及新注册的大鱼账号，信用分都是满分 100 分。如果账号的信用分值被扣到了 0 分，大鱼平台会直接对该账号作封号处理。

专家提醒

大鱼号信用分是衡量运营者账号“健康”程度的具体数据，运营者的信用分值越高，说明他的账号运营情况就越好。

扣减相应分值的情况包括以下 3 类账号。

- 有违规历史记录的账号。
- 正处于惩罚期的账号。
- 已经过了惩罚期的账号。

9.3.1 查看账号，信用分数

运营者进入大鱼号后台，在左侧导航栏中选择“我的账号→信用分”选项，即可进入“我的信用分”页面，查看自己当前的信用分，以及相关的扣减、奖励加分、违规撤销记录等信息，如图 9-14 所示。

图 9-14 查看账号信用分

当大鱼号运营者的信用分出现扣减或撤销等情况时，平台都会通过通知、短信、邮件等方式提醒运营者，说明扣分详情，如图 9-15 所示。

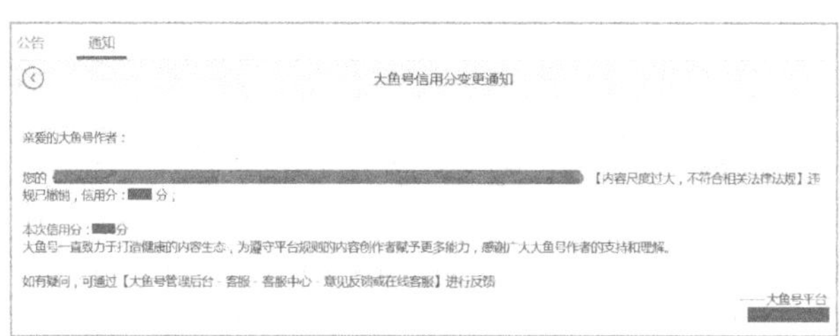

图 9-15 平台发出的信用分变更通知

9.3.2 扣分规则，牢记于心

大鱼号平台扣除信用分的处罚规则，一般是根据账号目前的剩余分数和本次扣分情况综合判定的，具体扣分规则有以下 4 个。

(1) 如果账号目前的分值不低于 80 分，并且本次扣分不高于 50 分，那么扣分就不会被禁言和封禁。

(2) 如果扣分高于 50 分，大鱼平台会根据此次扣除的分数，每多扣 5 分就增加禁言天数 1 天。

(3) 如果账号目前分数少于 80 分，那么只要被扣分，本次扣除的分数每 5 分就增加禁言天数 1 天。

(4) 如果分数被扣到 0 分或者 0 分以下，那么账号会被永久封禁。

那么，哪些行为会导致信用分被扣呢？如表 9-1 所示，为大鱼号信用分扣分的违规行为和单次扣分数额。

表 9-1 大鱼号信用分扣分的违规行为和单次扣分数额(以官方平台公布为准)

违规类型	违规行为	单次扣分
账号行为	账号资料中含有违规信息，包括反动、敏感、违法类	扣 100 分
	盗用他人账号主体和身份	
	滥用平台各项功能，含有反动、敏感、违法类内容	
	滥用平台各项功能，含有色情内容，或造成用户财务/精神上的损失	扣 50 分
	滥用平台各项功能，变相售卖(实物或虚拟)商品	扣 35 分
	侵权抄袭行为	
	滥用平台各项功能，含有欺诈内容	扣 20 分
	不符合平台规定，滥用平台各项功能	扣 10 分
	存在广告刷量、作弊等行为	扣 5 分
内容发布	假冒官方人员发布内容	扣 100 分
	发布严重违反现行政策与法律法规的内容	扣 50 分
	发布涉黄、诽谤类等内容	
	发布虚假新闻等内容	扣 35 分
	发布违反相关法律、涉嫌引导他人违法等内容	
	发布侵犯个人隐私/名誉权等信息	扣 20 分
	发布过期、旧闻等内容	扣 10 分
	发布机器翻译洗稿、语义不明等内容	
	发布诱导性标题(标题党)、诱导点击等内容	
	发布医美保健、财经荐股等涉嫌或被认定为虚假、不实、欺诈的信息	扣 5 分

专家提醒

需要注意的是，大鱼号平台的扣分规则会根据运营情况进行调整，新规则上线前将会按照此前版本规则执行扣分和处罚。

因此，运营者需要遵守大鱼平台的运营规则，尽量不被扣除信用分，保证大鱼账号的正常运营。

9.3.3 修正违规，恢复信用

对于众多运营者的扣分恢复需求，大鱼号平台还制定了相应的信用分恢复规则，帮助运营者更好地修正自身违规行为，让能够在违规后积极健康运营账号的运营者逐步恢复信用分，以便获得更多功能和权限，相关介绍如图 9-16 所示。

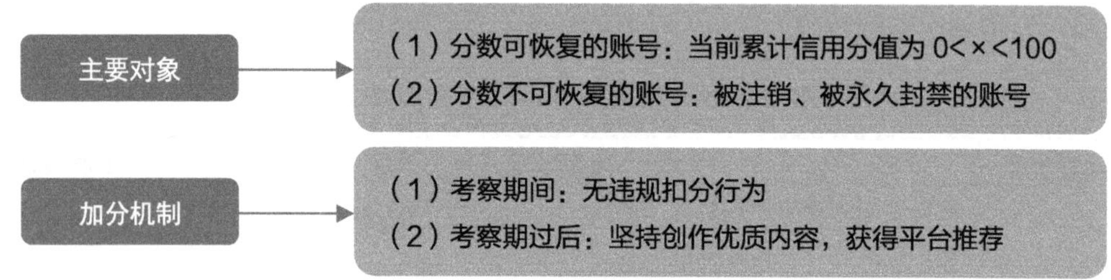

图 9-16 信用分恢复规则相关介绍

专家提醒

当运营者通过考察期后，如果创作的内容符合加分机制，则当天可获得 2 分，并会在次日 10 点前添加到信用分中。

如果运营者的信用分被误扣，或者对扣分有异议，可以进入大鱼号后台的“客服中心→意见反馈”页面，在“反馈类型”列表框中选择对应的反馈类型，如图 9-17 所示，并提交相关作品标题信息进行申诉，平台核实后，会及时回复处理。

图 9-17 选择对应的反馈类型

第 10 章

商业变现：收益爆棚

学前提示

大鱼号平台通过开放的姿态，加上具有前瞻性的自媒体思维，给予优质创作者提供生态、奖金、流量、体验等诸多方面的支持，同时也带来了多样化的收益渠道，如发奖金、签合作、下任务等，多维度赋能内容创作者变现。

10.1　10 个渠道，获得收益

总的来说，大鱼号的主要变现渠道包括 U+任务 · 商品推广收益、U+任务 · 商家营销收益、UC 分润广告收益、优酷粉丝激励收益、优酷流量分成收益、视频认领权益收入、U 创激励计划奖金收益、淘票票商品推广、参加有奖征文活动收益、积分商城兑换礼品等。本节将分别进行介绍，帮助运营者获得更多收入。

10.1.1　U + 任务，推广收益

"U + 任务 · 商品推广"权益是"U + 任务 · 内容电商"的子权益，包括"U + 任务 · 图文商品推广""U + 任务 · 短视频商品推广""U + 任务 · 小视频商品推广"等方式，符合权益条件的运营者可以进入大鱼号后台的"成长→权益中心→UC 权益"页面的高阶权益中，看到申请入口。

运营者在创作图文、短视频和小视频的过程中，可以在这些内容中插入淘宝或天猫商品推广卡片，如图 10-1 所示。当运营者的作品为商家带来商品交易时，即可获得商品交易的佣金收益。

图 10-1　在内容中添加商品

当运营者获得"U + 任务 · 商品推广"权益后，将获得 30 天的权益保留期。在权益保留期内，运营者可以在自己想保留的创作方向上，结合平台的发文要求来创作内容，平台会在权益保留期过后重新评估，给予合适的权益类型。

运营者在申请"U + 任务 · 商品推广"权益类型时，建议选择自己擅长的创作类型权益。例如，运营者一直深耕的方向是短视频领域，则可以申请"U + 任务 · 短视

频商品推广”权益，如果申请图文或小视频权益，则被拒绝的概率会大于短视频。

平台评估主要根据以下因素，来综合评定运营者的创作类型权益。

- 运营者专注的发文领域。
- 运营者发文的内容质量。
- 运营者发文产生的消费情况。
- 运营者在平台的信用违规情况。

总体来说，发文领域越专注且适合内容带货，内容质量越优质、消费情况良好，申请通过的概率就越高。

另外，运营者在使用“天猫/淘宝商品推广”功能时必须绑定阿里妈妈 PID，阿里妈妈 PID 是淘宝客推广中用来区分推广人的代码。建议运营者在绑定 PID 前，合理安排自己的 PID 与绑定大鱼号功能之间的关系。

专家提醒

“U+任务·商品推广”的 PID 相关说明如下。

(1) PID 是大鱼号运营者获得阿里妈妈交易佣金的订单归属标识。

(2) 运营者通过“天猫/淘宝商品推广”功能获得的交易佣金，都需要在阿里妈妈后台进行结算和提现，佣金结算需依赖此项标识。

(3) 在设置“U+任务·商品推广”的 PID 时，一个阿里妈妈 PID 只能绑定一个大鱼号，30 天可以修改一次绑定 PID。

运营者开通“U+任务·商品推广”权益后，可以进入大鱼号后台中的“我的账号→账号管理→商品推广 PID 信息”页面，在“PID 账号”文本框中直接填入已有的 PID 账号进行绑定。

如果运营者目前还没有 PID 账号，则可以单击“去获取阿里妈妈 PID”按钮，跳转到阿里妈妈登录页申请新的 PID 账号。成功登录阿里妈妈后，系统会提示运营者申请注册淘宝客，如图 10-2 所示。

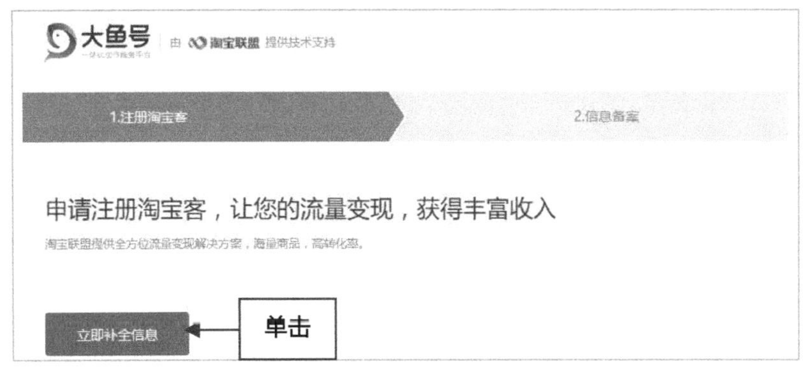

图 10-2 申请注册淘宝客

单击“立即补全信息”按钮，按照提示将信息填写完整，如图 10-3 所示。单击“下一步”按钮，进行身份认证。通过身份认证后，刷新页面，进入“信息备案”页面，在“平台昵称”文本框中输入自己的大鱼号名称即可，如图 10-4 所示。注意，该处设置的平台昵称，必须与运营者的大鱼号名称完全一致。

图 10-3　信息填写

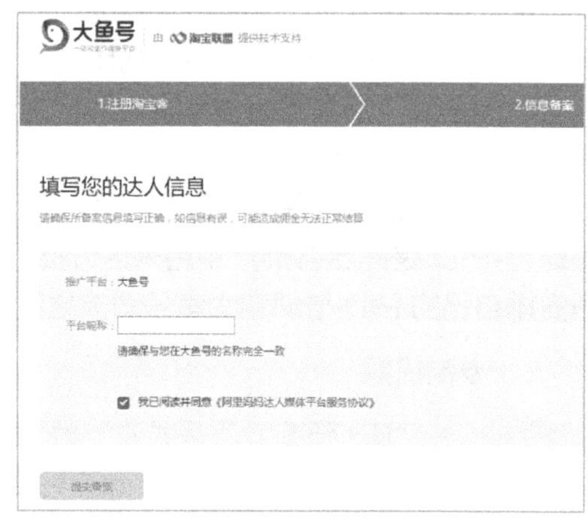

图 10-4　信息备案

单击“提交备案”按钮，成功备案后，即可生成与大鱼号对应的新 PID 账号，如图 10-5 所示。单击“复制 PID”按钮，进入大鱼号官网进行绑定即可。

最后，运营者还需要设置推广位。进入“淘宝联盟→活动推广→单品店铺推广”页面，找到要推广的商品后，单击“立即推广”按钮，弹出“设置推广位”对话框，设置“推广类型”为“导购推广”，“投放推广位”为“新建推广位”，并输入相应的推广位名称，单击“确定”按钮即可，如图 10-6 所示。运营者可以将推广位名称命名为自己的大鱼号，这样便于查看大鱼号的推广效果。

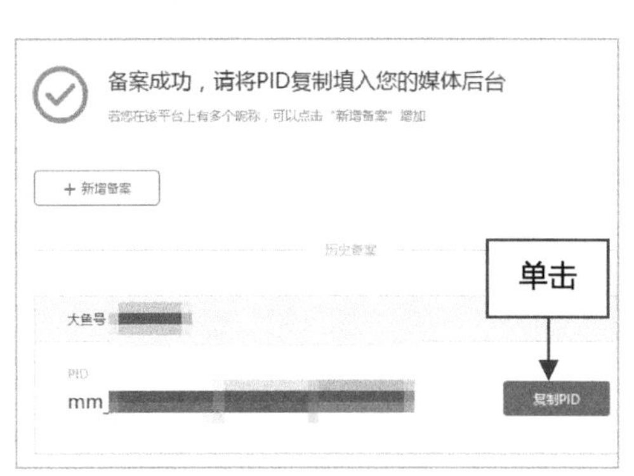

图 10-5　生成新 PID 账号

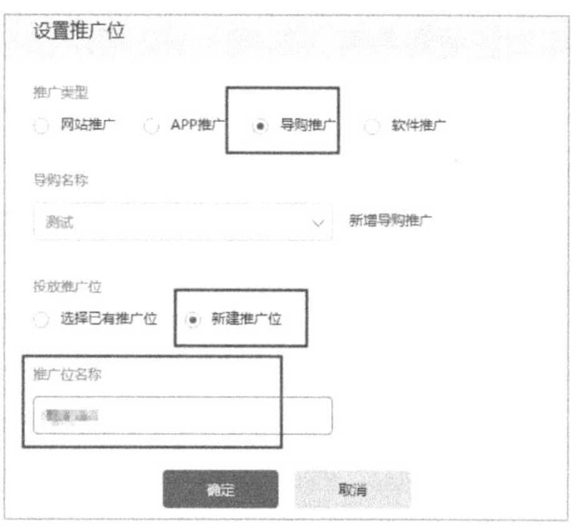

图 10-6　设置推广位

10.1.2 U+任务，营销收益

“U+任务·商家营销”即大鱼任务的升级版，目前该权益已调整至“U+任务·内容电商”模块。“U+任务·商家营销”主要用于对接运营者和商家的商业合作需求，赋能大鱼号创作者实现商业变现。

在“U+任务·商家营销”平台中，品牌广告主、大鱼官方和商家等用户都可以发布有偿的撰稿任务，吸引优质创作者在自己的内容中插入商品卡片，当商品通过创作者的内容实现成交后，创作者即可获得成交佣金收入。

“U+任务·商家营销”的PID与“U+任务·商品推广”权益的PID区别如下。

(1)“U+任务·商家营销”PID是大鱼号账号通过“阿里V任务”平台接受商家任务的唯一身份标识。如图10-7所示，为“阿里V任务”平台首页。

图10-7 “阿里V任务”平台首页

(2)“U+任务·商家营销”的费用结算以及淘宝客推广的佣金结算，都需要依赖此PID标识。

(3)“U+任务·商家营销”绑定PID后不能再进行修改，而且该PID账号必须同阿里妈妈账号和“V任务身份”一一对应。

“U+任务·商家营销”包括官方任务和商家任务两种类型，其区别和参与方式如表10-1所示。

表 10-1 “U+任务 · 商家营销”的任务类型

任务类型	官方任务	商家任务
任务发布者	由大鱼号平台创建并发布	由需求方即商家创建并发布
任务接受者	面向所有创作者和需求方进行“招标”	定向派单给某个大鱼号，该大鱼号作者确认是否接受
参与方式	任务发布后，创作者和商家根据任务与自身的匹配程度，确定是否报名。商家会从已报名的作者中选择中意的大鱼号进行合作	商家任务通常会要求作者在文章中进行商品推广，因此作者除了任务本身的稿酬外，还有机会通过用户购买商品而获得推广佣金

运营者在申请“U＋任务 · 商家营销”权益前，只要满足以下 3 个条件中的任意一个，即有机会开通权益。

- 原创账号，有一定的软文创作能力。
- 大鱼号的质量指数＞105 分。
- 大鱼号的累计粉丝数＞3000。

对于满足条件的运营者，平台会向其发出开通“U＋任务 · 商家营销”权益的邀请，运营者可以多关注站内通知，自助完成开通申请。

当运营者成功地获得“U＋任务 · 商家营销”权益后，若没有商家下单发配任务，也可以自己主动通过以下渠道联系商家。

- “阿里 V 任务”平台中的“商家广场”或“官方活动”。
- 曾为店铺做过淘宝客推广并有成交记录的商家。
- 淘宝联盟平台上开设佣金的商家等。

在“U＋任务 · 商家营销”这种变现模式中，运营者创作的内容是任务的主要产出物，因此酬劳也是针对这些内容来设定的。运营者可以根据自己的内容流量，结合平台提供的建议报价，来自定义设置任务的酬劳，即内容创作费用。

运营者进入大鱼号后台的“我的账号→账号管理→商家营销任务信息”页面，在“修改资料”选项区中重新设置创作报价，即可修改大鱼号的日常报价。

专家提醒

运营者通过“U＋任务 · 商家营销”任务产生的文章，与普通文章是共用每日发文数量额度的。

10.1.3 UC 分润，广告收益

“UC 分润”是 UC 端上的权益，属于一种平台广告的收益方式。运营者可以在 UC 端发布内容时添加“UC 分润”功能，这样平台会在内容页面中插入相应的广告

卡片，当这些图文或视频内容被有效阅读或播放时，运营者即可获得收益。

"UC 分润"收益的计算维度包括以下 3 个。

- 作品本身质量。
- 读者消费情况。
- 优化互动情况。

"UC 分润"权益的开通条件如下。

- 已转正，且信用分 = 100。
- 已获"图文/视频原创声明"权益。

专家提醒

另外，平台也会对一些大鱼号进行评估，若运营者在某个行业中的影响力非常高，平台也会向他们发出开通"UC 分润"权益的邀请。

开通"UC 分润"权益的相关注意事项如下。

- "金银铜 V"等级的运营者享有"UC 分润"权益的优先激活权，其他符合条件的创作者则采用分批开放的形式获取。
- "UC 分润"暂不开放的账号类型：入驻账号类型为"政府/其他组织"、账号的主体注册为"境外"。
- 运营者可查看日预估收益。
- "UC 分润"权益有回收机制。

在获得"UC 分润"权益后，运营者可以进入大鱼号后台的"创收→收益数据→UC 分润收益"页面，查看详细的收益情况。下面介绍一些可以帮助运营者提高"UC 分润"收益的方法，如图 10-8 所示。

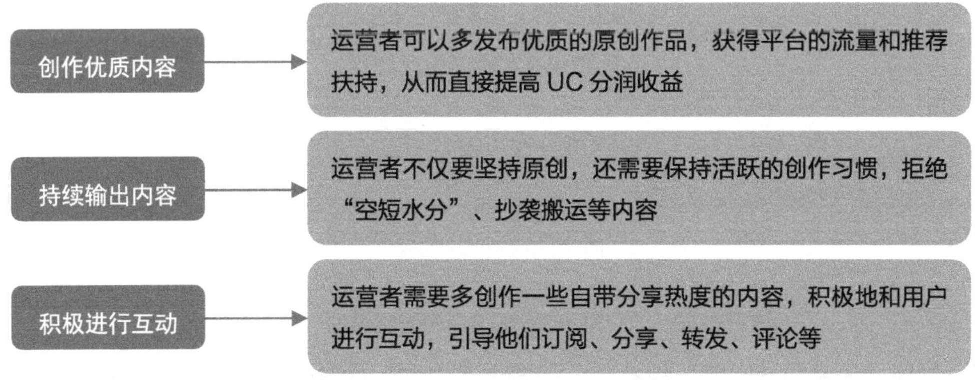

图 10-8 提高"UC 分润"收益的方法

只要用户对运营者的内容偏爱程度高，内容对于平台的贡献度自然也越高，最终可获得的"UC 分润"收益也会越多。

大鱼号平台发布了《UC 广告分成权益规则调整》公告，新规定关于"UC 分润"权益关闭规则作了一些细节补充，相关内容如图 10-9 所示。

调整前	调整后
存在以下任一行为，则关闭分成权益。 1. 存在广告刷量作弊行为。 2. 其他情况的违规且性质比较严重。	账号符合以下任一情况，则关闭分成权益。 1. 存在广告、内容刷量等作弊行为。 2. 信用分 < 80 分。 3. 近 90 天发文（包括图文、视频、图集）< 3 篇。

图 10-9 "UC 分润"权益关闭规则的细节补充

同时，对于已开通"UC 分润"权益的运营者，如果符合权益关闭要求，平台会给予 3 天的调整期。运营者若在超过调整期还没有解决这些问题，平台将会取消其"UC 分润"权益，直到运营者再次符合开通资格。

10.1.4 优酷粉丝，激励收益

不同于"UC 分润"权益的是，"优酷粉丝激励"这种变现模式仅针对优酷端的权益，同时与"优酷流量分成"权益绑定，如图 10-10 所示。

图 10-10 "优酷流量分成&优酷粉丝激励"申请入口

开通"优酷粉丝激励"权益后，运营者可以鼓励优酷端的粉丝，吸引他们观看自己发布的视频，并让他们积极参与评论和分享。同时，平台会根据运营者的粉丝观看和互动量级这两个指标进行评估，给予运营者 2～60 倍的收益加权。

开通"优酷流量分成&优酷粉丝激励"权益的基本条件为"账号已转正，信用分为满分”，同时还需要满足以下任一条件。

- 获得“视频原创声明”权益。
- 被平台评估为行业影响力较大的大鱼号。

下面介绍一些提高“优酷粉丝激励”收益的方法，如图 10-11 所示。

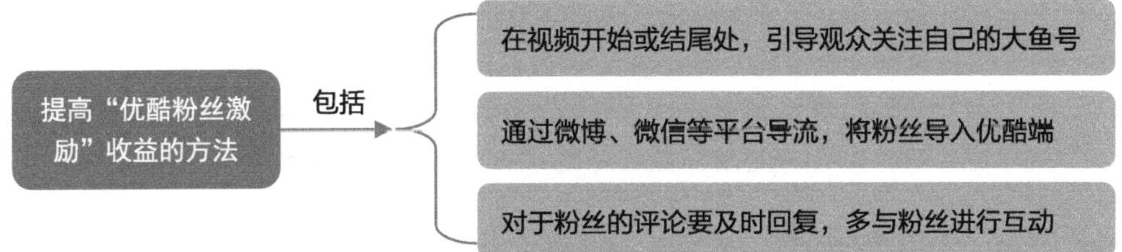

图 10-11 提高“优酷粉丝激励”收益的方法

运营者可以在大鱼号后台查看前一日的“优酷粉丝激励”收益情况，同时可以在每月的 10 日，查看上一个月的“优酷粉丝激励”收益情况。

另外，大鱼号还针对“优酷流量分成&优酷粉丝激励”权益制定了相关的关闭规则，如图 10-12 所示。运营者一定要注意合规运营，避免权益被关闭，从而影响自己的收益。

“优酷流量分成&优酷粉丝激励”的关闭规则如下：

1、当您账号符合以下任一情况，则可能会被关闭分成权益：

（1）存在广告、内容刷量等作弊行为；

（2）信用分 < 80分。

（注：如果对信用分的扣除存在异议。申诉流程>>信用分被误扣之后如何申诉？。）

说明：对于已开通“优酷流量分成&优酷粉丝激励”权益，但账号情况在权益关闭门槛内的创作者，系统会发出提醒，还请尽早根据新规则调整运营策略。

若在收到通知3日后，账号情况仍在权益关闭门槛内，平台将关闭您账号的“优酷流量分成&优酷粉丝激励”权益。

2、重新申请时间：

（1）因为“存在广告、内容刷量等作弊行为”导致分成权益关闭的，90天后符合开通条件可重新申请；

（2）因为“信用分 < 80分”导致分成权益关闭的，60天后符合开通条件可重新申请。

规则发布后，平台将持续对此类违规作弊行为进行排查，希望每位创作者积极遵守平台规则，共同维护平台良好生态秩序，营造优质、健康的内容生态。

图 10-12 “优酷流量分成&优酷粉丝激励”权益的关闭规则

专家提醒

“优酷粉丝激励”收益的计算公式如下。

创作者收入 = (粉丝观看播放量 ÷ 1000) × 流量分成单价 × 奖励倍数

其中，“粉丝观看播放量”只统计有效播放量，对于通过作弊手段获得的粉丝观看播放量，平台不会进行计算。

“流量分成单价”与优酷流量分成单价相同。

“奖励倍数”则根据运营者发布的内容产生的“粉丝观看播放量级”“粉丝互动量级(净增粉丝数、评论、分享等)”等因素综合计算得出。

10.1.5 优酷流量，分成收益

“优酷流量分成”权益同样是优酷端的创收权益，获得“优酷流量分成&优酷粉丝激励”权益资格的运营者可以在发布视频的同时加入权益，这样当视频在优酷端获得有效播放时，运营者就会得到相应的流量分成收益。

运营者开通“优酷流量分成&粉丝激励权益”权益后，可以在发布视频内容时，选中“加入优酷流量分成&优酷粉丝激励”复选框，这样视频就能为运营者带来收益。注意，只有在大鱼号后台上传视频才有加入权益的入口，在优酷端上传视频时是没有权益入口的，因此也不会获得分成收益。

加入“优酷流量分成”权益的视频，既可以是运营者原创的内容，也可以是非原创视频，但千万不能出现明显的广告内容。否则，一旦被平台发现内容里面有广告，是不会通过审查的，同时还将核减相关收益结算。

“优酷流量分成”收入的计算公式如下。

创作者流量分成收入 = (加入流量分成视频的有效播放量 ÷ 1000) × 流量分成单价

(1) **有效播放量**：包括以下两个必要条件。

- 视频被观众打开。
- 视频正片内容被观众正常播放。

注意，通过作弊或不正当方式获取的播放量，是不会计入有效播放量的。

(2) **流量分成单价**：主要受到以下因素的影响。

- 视频的原创度。
- 视频内容的质量。
- 上传视频活跃度。
- 视频品类、完整度。
- 用户观看完成率。
- 用户观看时长。
- 用户喜爱度。

专家提醒

分成单价会根据视频内容的不同而有所差别，同时添加“原创声明”的视频获得的分成加权会更高一些。

总的来说，运营者能够获得多少“优酷流量分成”收入，主要取决于自己发布的视频能够被多少观众观看及观看的次数。运营者可以采用以下方法来提高视频的播放次数。

- 努力提高视频的内容质量，优化标题及封面图，增加视频的点击率和播完率，获得更多的平台流量和推荐资源。
- 多发优质的原创视频，获得平台给予的更多分成加权。

另外，运营者也可以在开通“优酷流量分成”权益的同时，继续开通“UC 分润”权益，同时获取两种收益。

10.1.6 视频认领，权益收入

“视频认领”权益主要针对已开通“优酷流量分成”权益的运营者，当运营者在优酷平台上看到有与自己原创的视频雷同的作品时，可以进行认领操作，这样雷同视频产生的广告分成收入将会直接打入运营者的大鱼号账号。

加入“视频认领”权益的视频需要符合一定的条件，如图 10-13 所示。

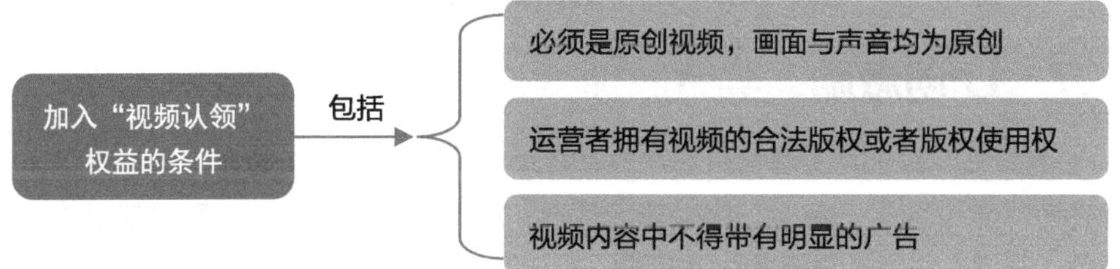

图 10-13 加入“视频认领”权益的条件

如果运营者在加入“视频认领”时，没有通过平台审核，平台给运营者发送私信通知，运营者可以根据平台审核结果对视频内容及时地进行调整，以达到认领要求。同时，对于违规视频，平台对上传者作出相应处罚。例如，非原创视频的处罚如图 10-14 所示。

专家提醒

运营者在发布视频时，添加广告分成的同时会自动开通“视频认领”权益。如果运营者的视频已经加入“优酷流量分成”，但“视频认领”图标却呈灰色状态，无法开启认领。此时，运营者可以先取消加入“优酷流量分成”，然后将视频重新加入广告分成后，再尝试进行认领。

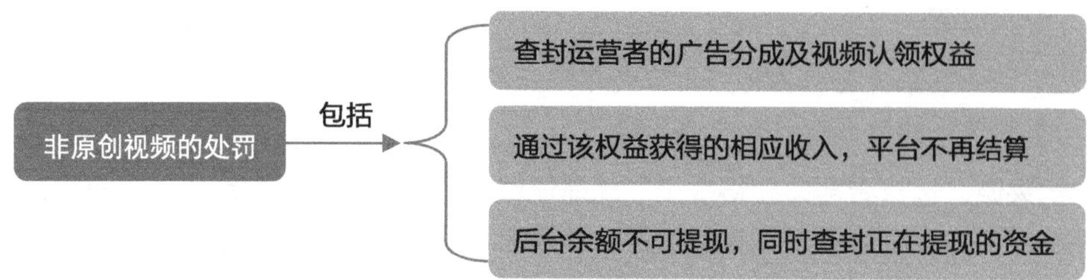

图 10-14　非原创视频的处罚

“视频认领”权益的收入与广告分成收入相同，其计算公式如下。

广告分成收入 = 不同客户和类型广告销售之和(广告销售单价 × 此类型广告曝光) × 30%

影响“视频认领”权益收入的主要因素和相关注意事项，如图 10-15 所示。

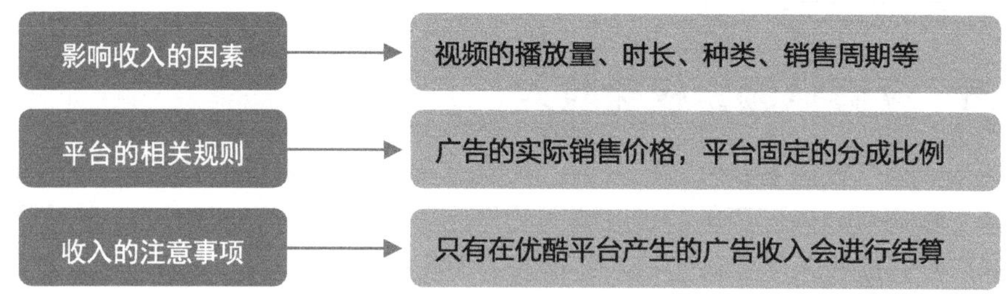

图 10-15　影响“视频认领”权益收入的主要因素和相关注意事项

10.1.7　U 创激励，奖金收益

“U 创激励”计划是大鱼号针对优质创作者推出的分级奖金激励方案，对于首次成功晋升为“金 V”或“银 V”等级的运营者，即可拥有权益资格，同时获得第一笔晋升基金，并进入平台的晋升基金考核期。

“U 创激励”计划的考核一共有两轮，其具体详情运营者可以进入大鱼号后台的“成长→我的成长”页面，在右上角单击“详细规则介绍”链接进行查看，如图 10-16 所示。

从 2020 年 1 月起，平台会在每月 9 日发布获得晋升基金的名单，运营者进入大鱼号后台的“成长→大鱼榜单”页面，平台会在此公示自媒体垂类影响力奖、成长晋升基金的获奖名单，如图 10-17 所示。同时，平台还会发送通知和站内信给获得晋升基金的大鱼号。

单击“榜单规则”按钮，可以查看榜单介绍、上榜要求、参与方式、排榜标准、奖励详情等更多详情，如图 10-18 所示。

另外，大鱼号平台在 2020 年 1 月还推出了“大鱼 U 创计划——松果奖”，专注于鼓励优质内容创作者，为每一篇受到平台认可的优质作品提供专项奖金与平台扶持。“松果奖”面向所有符合条件的原创图文或视频作品，具体要求如下。

(1) **账号类型**：个人、企业、群媒体。

(2) **权益条件**：已获得图文或视频“原创声明”权益。

(3) **作品体裁**：图文、短视频。

图 10-16 大鱼号晋升、考核的详细规则

图 10-17 大鱼 UC 榜单

平台每月对所有已入驻大鱼号的自媒体原创创作者进行综合指数排名，通过UC端专业运营评定小组综合评估，评选出各榜单Top20创作者，以荣誉榜单公示平台，各榜单最为优秀的TOP10创作者将得到奖金激励。
自媒体垂类影响力奖由19个垂类榜单组成，覆盖30个创作垂类。
科技影响力榜上榜作者为科技领域优质创作者。

【上榜要求】
截至自然月最后一天，如同时符合以下五项条件，即可获得榜单竞逐资格。
1、大鱼号入驻类型为「个人」或「群媒体」或「企业」
2、大鱼号主体信息已审核通过
3、当前信用分为100分
4、已获得「图文原创声明」或「视频原创声明」权益
5、截至自然月最后一天，有发文行为的天数≥5，且声明原创作品数≥5（其中视频时长>15S）

【参与方式】
创作者如符合参与要求，即自动获得当月榜单竞逐资格，无须进行报名。
平台每月对符合竞逐资格的创作者进行评选，筛选出各垂类榜单的最终名单，每月9日公布。

图 10-18　查看更多榜单规则详情

针对不同类型的作品内容，平台制定了相关的评选规则。比如图文内容的具体评选要求如下。

- 图文体裁形式的作品，字数要超过 1000 字。
- 文章为运营者原创，同时要开启“声明原创”，平台的评选依据主要看文章的内容质量和读者喜爱程度。
- 文章内容符合大鱼号的内容规范，对于“标题党”、正文错字病句多、商业推广、通稿类文章等内容不予奖励。

专家提醒

平台在评选文章内容时，主要基于内容(价值度、专业度、充实度)和表达(文章结构、可读性、排版质量)两个维度，对文章的内容价值、组织结构及语言表达进行综合评估。

“松果奖”的参与方式很简单，2020 年 1 月奖项公告发布后，符合要求的运营者创作的优质原创作品均有机会被平台主动筛选到评选池中，获得现金奖励。平台每天会奖励 10～500 篇图文、短视频优质作品，每篇奖励 500 元。

运营者的作品获奖后，可以进入大鱼号后台的“成长→松果奖→我的获奖记录”页面进行查看，同时还可以生成获奖海报，发布到自己的社交平台上，分享荣誉。另外，运营者可以进入大鱼号后台的“成长→松果奖→获奖榜单”页面，查阅发布日获奖榜单及历史获奖榜单，如图 10-19 所示。

专家提醒

运营者发布的作品内容越优质，获奖的概率就越大，而且同一优质创作者发布的不同优质作品，可以多次获奖。

图 10-19 查看获奖榜单

10.1.8 商品推广，交易佣金

运营者获得“淘票票商品推广”权益后，可以在创作的图文内容中插入淘票票的商品推广卡片，当消费者通过该文章进入商品页面有效下单成交后，运营者将获得相应的佣金收益。

“淘票票”是阿里旗下的一个电影售票平台，其目标用户就是喜欢去电影院看电影的电影消费者，如图 10-20 所示。“淘票票商品推广”权益目前仅对部分创作者邀请试用，比较适合影视相关领域的创作者进行变现。

图 10-20 “淘票票”平台

10.1.9 有奖征文，活动收益

大鱼号平台会不定期发布征文、约稿等活动，运营者可以进入大鱼后台的“活动约稿”页面中查看，如图 10-21 所示。

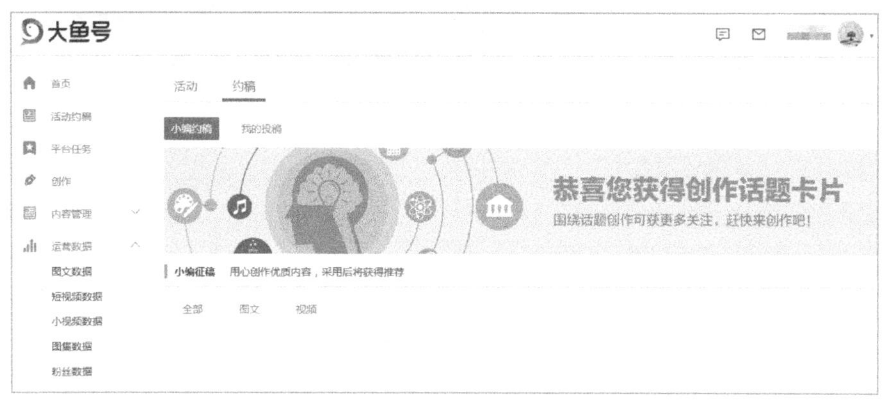

图 10-21 “约稿”页面

在“活动”页面中，运营者可以选择符合自己内容定位的活动来参与，进入“活动详情”页面，可以查看具体的活动时间、面向人群、内容要求、奖项设置、评奖规则、参与方式和注意事项，如图 10-22 所示。

图 10-22 “活动详情”页面

在“活动详情”页面中，提供相应的“上传图文”或“上传视频”活动参与入口。例如，单击“上传图文”按钮，即可跳转到图文创作界面，同时弹出“活动服务协议”对话框，运营者需要阅读、同意并遵守《大鱼号创作者活动服务协议》，方可开始创作活动文章，如图 10-23 所示。

图 10-23 “活动服务协议”对话框

单击“同意”按钮后，进入文章创作页面，在页面下方的“活动征稿”选项区中，选中相应的活动即可，如图 10-24 所示。

图 10-24 选中相应的活动

10.1.10 积分商城，兑换礼品

运营者进入大鱼号后台的“成长→积分任务→我的积分任务”页面，单击“领取积分”按钮，领取已获得的积分，如图 10-25 所示。单击“积分明细”按钮，即可

查看积分获取的时间和原因。

图 10-25 单击“领取积分”按钮

在“每日任务”选项区中，列出了平台提供的任务，运营者可以选择相应的任务，单击“去完成”按钮，跳转到内容创作页面编辑和发布内容。在页面下方“我的成就”选项区中，运营者达成相应任务后即可点亮卡片，获得相应的积分值，如图 10-26 所示。

图 10-26 “我的成就”选项区

当运营者获得足够多的积分后，可以进入“积分商城”页面，使用积分兑换某个权益商品，如图 10-27 所示。在兑换权益商品时，运营者还需要满足兑换成长等级要求、积分余额和每日限兑次数等。

图 10-27 “积分商城”页面

在兑换权益商品时，运营者需要注意查看对应的商品详情介绍，如图 10-28 所示。运营者兑换的虚拟商品可以在个人账户的“我的物品”页面查看，同时还可以将这些商品赠予粉丝。如果运营者兑换的是实物商品，则需填写正确的收货地址，平台会在 15 个工作日内将实物商品寄出。

专家提醒

需要注意的是，有些虚拟商品是存在有效时间的，建议运营者以商品的实际介绍为准，同时在商品失效前使用。

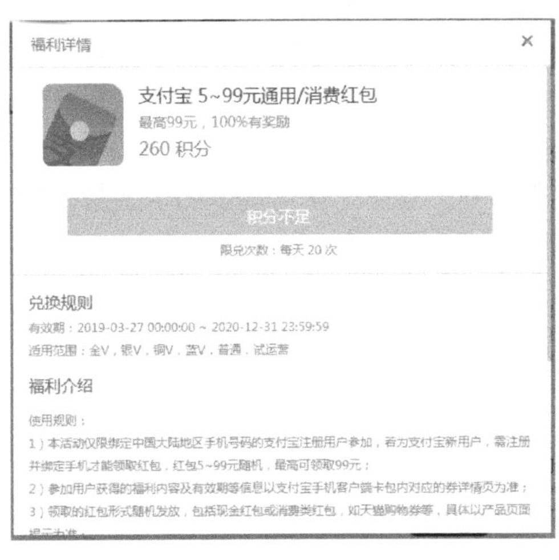

图 10-28 查看对应商品的详情介绍

10.2 收益提现，注意事项

上面笔者介绍了很多大鱼号的收益渠道，相信只要运营者能够坚持创作优质内容，就能获得不菲的收益。但是，运营者在结算大鱼号收益、进行提现以及获取发票时，还需要注意一些相关事项，以保障自己的收入安全到账。

10.2.1 收益结算，注意事项

在大鱼号的收益结算方面，运营者需要注意以下事项。

1．预估收益和实际结算收益不符

预估收益并不是运营者获得的实际收益，而是系统针对运营者完成的任务估算的收益，这个数据仅供参考。最终收益以运营者的账户“余额”为准。

另外，针对境内个人用户，平台展示的预估收入为税前收入，而账户“余额”中的收入为税后收入。

2．在站外渠道进行传播有收益分成吗？

如果运营者开通了广告分成权益，并且同意授权作品在站外渠道进行下发，因此产生的收益，平台将给予运营者一定比例的广告分成，并直接发放到运营者的大鱼号账号。如果运营者还没有开通广告分成权益，则暂时无法获得作品在大鱼号平台以外的其他渠道下发产生的广告收益。

3．预估收益可能会延迟出账

在收益分析中，“UC 分润”“优酷流量分成”权益的收入数据可能会显示为“待出账”状态。这是因为平台的数据统计量比较庞大，因此每日“预估”数据可能会延迟 2～3 天出账。运营者碰到这种情况时，可以稍后再去查看。

如果超过 3 天，预估收益仍然显示为“待出账”状态，则可能是由于运营者的电脑或浏览器启用了广告拦截插件，建议检查并关闭以下功能。

- 电脑中的广告拦截插件。
- 浏览器中的广告拦截插件。
- 浏览器自带的广告拦截功能。

专家提醒

如果运营者关闭了广告拦截插件后，“待出账”状态仍然没有恢复正常，则建议及时联系平台客服进行处理。

10.2.2 账号提现，注意事项

在大鱼号的收益提现方面，运营者需要注意以下事项。

1．大鱼号支持的收款方式

不同的账号类型，可以使用的提现收款方式有所差别。

(1) **境内个人大鱼号：**可以使用绑定的个人支付宝账户进行提现。

(2) **境内媒体/企业大鱼号：**可以通过绑定的对公银行账户进行提现。

(3) **境外大鱼号：**可以通过绑定的收款账户进行提现。

2．账户余额的提现方法

大鱼号平台上提现的具体方法如下。

(1) **提现金额要求：**运营者的账号余额≥100 元，方可执行提现操作。如果运营者没有达到这个标准，则可以在收入自动累积到 100 元后再提现。

(2) **提现窗口期：**大鱼号平台规定，运营者可以在每月的 11 日 10 点到 15 日 24 点，发起提现申请，提取上个月的收益。逾期后没有提现的运营者，需要等到次月的 11 日 10 点到 15 日 24 点这个时间段再申请提现。

(3) **收益出账期：**每月 11 日 10 点前。

3．申请提现后账号被封，能到账吗？

如果运营者已经发起提现申请，但还没有正式收到平台的打款，在此期间账号被平台永久封禁，则根据平台的相关规定，运营者不会收到打款，而且提现申请也会被冻结。

10.2.3 发票信息，注意事项

增值税专用发票通常包括 3 联，第一联为记账联，第二联为抵扣联，第三联为发票联，需要快递寄送的是抵扣联和发票联。在大鱼号发票中，需要注意的是，开票人和复核人不可以为同一个人，收款人等则没有限制。

另外，境外用户在提现开具 invoice(发票)时，需要注意以下事项。

- 可收款币种为非人民币时，需打印非人民币 invoice 模板。
- 企业用户需打印企业类型 invoice 模板。如图 10-29 所示，是主体类型为境外主体、收款开户行在境内的企业类型 invoice 模板。

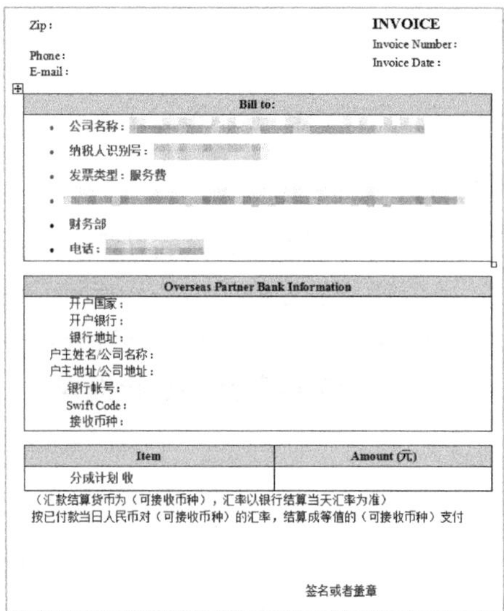

Zip :

Phone :
E-mail :

INVOICE
Invoice Number :
Invoice Date :

Bill to:
• 公司名称：
• 纳税人识别号：
• 发票类型：服务费
•
• 财务部
• 电话：

Overseas Partner Bank Information
开户国家： 开户银行： 银行地址： 户主姓名/公司名称： 户主地址/公司地址： 银行帐号： Swift Code : 接收币种：

Item	**Amount (元)**
分成计划 收	

（汇款结算货币为（可接收币种），汇率以银行结算当天汇率为准）
按已付款当日人民币对（可接收币种）的汇率，结算成等值的（可接收币种）支付

签名或者盖章

图 10-29　相关企业类型的 invoice 模板

- invoice 文件中必须盖章或者签字，同时将扫描件邮件发送至大鱼号服务平台邮箱，并在邮件标题中注明 invoice。